現代会計学概論

● 改訂版 ●

松原成美 編著

税務経理協会

改訂版　はしがき

　本書が刊行されてから早くも4年の歳月が流れた。この間企業会計をめぐるさまざまな問題が来るべき21世紀に向け指摘されてきた。

　すなわち，平成9年には「商法」の計算規定に関する一部改正がなされ，時を同じくして，いずれも企業会計審議会から改訂「連結財務諸表原則」が公表され連結財務諸表が制度化された。さらに平成10年3月には「連結キャッシュ・フロー計算書の作成基準」が同じく10月には「税効果会計に係る会計基準」が公表され，それぞれ平成11年4月以後に終わる会計年度から実施されることとなった。また，平成11年1月に，「金融商品に係る会計基準の設定に関する意見書」が発表され「金融商品会計基準」による時価評価が導入されることとなった。

　さらに，平成11年10月には「外貨建取引等会計処理基準」が企業会計審議会から公表されている。

　したがって，本書ではこれらの関連する新しい基準及び改正の内容について，できるかぎり解説し読者によりよく理解を深めてもらう意味でここに改訂版として公刊することとした。なお，この改訂版についても，税務経理協会の大坪嘉春社長には大変ご理解をいただき，また書籍編集局次長の峯村英治氏には前回同様お世話になった。ここに心から厚くお礼申し上げたい。

　平成12年春

　　　　　　　　　　　　　　櫻が満開の生田の研究室にて

　　　　　　　　　　　　　　　　　　　編者　松　原　成　美

はしがき

　本書は，現代における会計学のほぼ全領域にわたって，これをやさしく論述したものである。

　近年，会計学は，会計技術のめざましい発達や，会計環境の著しい変化と拡大に伴い新しい理論展開が要求される。さらに，高度な理論構成が必要となってきている。

　このような，現状において，会計学の全貌についてこれを簡単にかつ的確に把握することは極めて困難といわざるを得ない。

　そこで本書では，現代会計学の基礎知識を体系的に解説し，今日激動期にある会計理論の基本的な考え方を浮き彫りにしようと試みたものである。

　したがって，その構成としては，まず第1章において会計の意義とその研究領域を考察し，第2章では会計の基礎概念となる会計公準ならびに会計主体論さらには会計構造論を紹介した。第3章で簿記と会計のしくみと，その関連を明らかにし，第4章では企業会計原則を〈ルール〉になぞらえ，その内容をユニークに説明した。

　なお，現代の会計学において，重要な問題の1つでもある損益会計論については，第5章で収益会計を，また第6章で費用会計をそれぞれ詳しく述べている。さらに，この損益会計と同じく重要な問題領域として，貸借対照表論があげられる。すなわち，資産・負債・資本の諸問題について，特に第7章では資産会計の全領域にわたって詳細にこれをとりあげ説明した。また第8章で負債会計をそして第9章では資本会計について，それぞれ具体的にわかりやすく解説した。

　第10章は，原価計算について述べている。今日，製造業においては，この原価計算の手続を十分に認識し理解する必要があるからである。同時に管理会計，経営分析，会計監査などの研究分野の重要性に鑑みて，本書では特に第11章と第12章において管理会計論（Ⅰ）および（Ⅱ）として，それぞれのアプローチ

からこれを考察した。第13章は経営分析について，さまざまな手法をやさしく解説し，第14章では会計監査の概要を説明し特に公認会計士と監査制度について記述した。

さらに，わが国の経済の国際化に伴い，外貨換算会計の分野が重視されるようになった。第15章では，その会計処理，手続に関してコンパクトにまとめた。続いて第16章では，連結会計をとりあげ，特に連結会計手続について具体的に考察した。なお，われわれの日常生活と密接な関係を有する税の問題については，第17章で税務会計をとりあげ，そのしくみについて説明している。

以上が本書の内容の概略である。

これら，それぞれの章では，できるだけやさしい表現でもって，また章によっては，図解や計算例も豊富に示し読者の理解に少しでも役立つように十分に配慮したつもりである。

いずれにしても，現代会計学の重要な問題についてはほぼ網羅したはずである。しかし，なにぶんにも分担執筆のためその分量には限りがあり，また，今日会計学の範囲がますます広範に及ぶことから，必ずしもそのすべての領域を余すことなく説明したものではないことをお断わりしなければならない。

しかしながら，本書を通読することにより，読者が会計学に対する明確な基礎知識を得られるならば編者にとって望外の喜びとするところである。

最後に，本書の出版に際し常日頃より何かとご高配を賜わっている税務経理協会社長の大坪嘉春氏にはここに深く感謝したい。また，書籍編集局次長の峯村英治氏にはいろいろとお手数を煩わした。心からお礼申し上げたい。

平成 8 年 8 月

　　　　　　　　　　　　　　　　　　　生田の研究室にて

　　　　　　　　　　　　　　　　　　　　編者　松　原　成　美

執筆者一覧（執筆順）

松原　成美	専修大学教授	（第1章）
氏原　茂樹	東京都立短期大学教授	（第2章）
中嶋　隆一	明海大学教授	（第3章）
伊崎　義憲	前九州産業大学教授	（第4章）
髙木　泰典	千葉商科大学教授	（第5章）
田嶋　敏男	産能大学助教授	（第6章）
千葉　啓司	上武大学助教授	（第7章）
西村　勝志	愛媛大学助教授	（第8章）
岡崎　英一	福井大学助教授	（第9章）
奥村　輝夫	専修大学教授	（第10章）
郷家　英昭	千葉商科大学助教授	（第11章）
山本　正彦	東邦学園短期大学教授	（第12章）
岩崎　功	中京学院大学教授	（第13章）
花里　八郎	公認会計士・文京女子大学大学院講師	（第14章）
近田　典行	明海大学助教授	（第15章）
岩崎　勇	富士短期大学教授	（第16・18・19章）
青木　廣志	税理士	（第17章）

目　　次

改訂版はしがき
はしがき

第1章　会計の意義と研究領域

- 第1節　会計の定義……………………………………………………3
- 第2節　会計の種類……………………………………………………5
- 第3節　企業会計の目的………………………………………………6
- 第4節　財務会計と管理会計…………………………………………7
  - 1　財務会計…………………………………………………………8
  - 2　管理会計…………………………………………………………8
  - 3　財務会計と管理会計の特徴比較………………………………8
- 第5節　制度会計と情報会計…………………………………………9
  - 1　制度会計…………………………………………………………9
  - 2　情報会計…………………………………………………………12
- 第6節　会計制度とキャッシュ・フロー計算書……………………13
  - 1　キャッシュ・フロー計算書の沿革……………………………13
  - 2　キャッシュ・フロー計算書の意義……………………………15

第2章　会計の基礎概念

- 第1節　会計公準………………………………………………………17

	1 会計公準の内容 …………………………………………………… 17
第2節	会計主体論 ………………………………………………………… 20
	1 ビジネス・エンティティの概念と会計主体論の関係 ……… 20
	2 会計主体論の内容 ………………………………………………… 20
第3節	会計構造論 ………………………………………………………… 22
	1 会計構造論の発展 ………………………………………………… 22
	2 発生主義的会計構造 ……………………………………………… 26
	3 動態論的会計構造 ………………………………………………… 28

第3章　簿記と会計

第1節	簿記・会計の意義 ………………………………………………… 31
	1 基本視点 …………………………………………………………… 31
	2 簿記とは …………………………………………………………… 31
	3 会計とは …………………………………………………………… 32
	4 会計行為との関連 ………………………………………………… 33
第2節	簿記・会計の歴史 ………………………………………………… 34
	1 複式簿記の起源説 ………………………………………………… 34
	2 複式簿記の普及 …………………………………………………… 35
	3 簿記の役割 ………………………………………………………… 36
第3節	簿記・会計の前提 ………………………………………………… 37
第4節	簿記と会計の関連 ………………………………………………… 38

第4章　企業会計原則

第1節	会計と会計行為 …………………………………………………… 41

　　　　　　　　　　　　　　　　　　　　　　　目　次

　第 2 節　会計原則は会計行為のルールである ……………… 42
　第 3 節　〈規制ルール〉としての一般原則 ………………………… 45
　第 4 節　〈構成ルール〉としての損益計算書原則
　　　　　および貸借対照表原則……………………………………47

第 5 章　収 益 会 計

　第 1 節　損益計算原理 ……………………………………………… 55
　　　1　財産法の仕組み……………………………………………55
　　　2　財産法の欠陥………………………………………………56
　　　3　損益法の仕組み……………………………………………57
　第 2 節　収益の意義………………………………………………59
　　　1　収益の概念…………………………………………………59
　　　2　収益の分類…………………………………………………59
　　　3　収益の控除項目……………………………………………60
　第 3 節　収益の認識………………………………………………60
　　　1　認識と測定…………………………………………………60
　　　2　収益の実現…………………………………………………61
　第 4 節　特殊販売形態の収益の認識 …………………………… 65
　　　1　委託販売の実現……………………………………………65
　　　2　試用販売の実現……………………………………………66
　　　3　予約販売の実現……………………………………………67
　　　4　割賦販売の実現……………………………………………68
　第 5 節　役務収益の認識 ………………………………………… 69
　第 6 節　収益の測定…………………………………………………69

第6章　費用会計

第1節　費用の意義 …………………………………………………… 71
第2節　費用の種類 …………………………………………………… 72
 1　費用の分類視点 …………………………………………………… 72
 2　期間費用と期間外費用 …………………………………………… 72
 3　営業費用と営業外費用 …………………………………………… 73
第3節　費用の認識 …………………………………………………… 74
 1　発生主義の原則 …………………………………………………… 74
 2　費用の発生 ………………………………………………………… 75
第4節　費用の測定 …………………………………………………… 75
 1　費用の測定基礎 …………………………………………………… 75
 2　費用配分の原則 …………………………………………………… 76
 3　経過勘定の計上 …………………………………………………… 77
第5節　費用収益対応の原則 ………………………………………… 79
 1　費用収益対応の原則の意義 ……………………………………… 79
 2　対応関係の態様 …………………………………………………… 80

第7章　資産会計

第1節　資産認識と測定 ……………………………………………… 83
 1　資産概念 …………………………………………………………… 83
 2　資産の分類 ………………………………………………………… 84
 3　資産の測定 ………………………………………………………… 85
第2節　流動資産 ……………………………………………………… 86
 1　現金・預金，金銭債権 …………………………………………… 87

目次

  2 有価証券 …………………………………………………87
  3 棚卸資産 …………………………………………………88
  4 その他の流動資産 ………………………………………91
 第3節 固定資産 ……………………………………………… 92
  1 有形固定資産 ……………………………………………92
  2 無形固定資産 ……………………………………………97
  3 投資その他の資産 ………………………………………98
 第4節 繰延資産 ……………………………………………… 99

第8章 負債会計

 第1節 負債の意義 ……………………………………………… 103
  1 負債の概念と分類視点 …………………………………… 103
 第2節 流動負債 ……………………………………………… 107
  1 流動負債の意義・内容 …………………………………… 107
 第3節 固定負債 ……………………………………………… 109
  1 固定負債の意義・内容 …………………………………… 109
 第4節 引当金 ………………………………………………… 110
  1 引当金の意義・内容 ……………………………………… 110
  2 関係諸法令の引当金・準備金 …………………………… 114
 第5節 偶発債務 ……………………………………………… 116
  1 偶発債務の意義 …………………………………………… 116
  2 偶発債務の発生原因 ……………………………………… 116
  3 偶発債務の表示 …………………………………………… 117

第9章　資本会計

第1節　資本会計の諸問題 …………………………………………… 119
第2節　資本の部の内容……………………………………………… 119
　1　資本概念の多様性 …………………………………………… 119
　2　資本の部の位置づけ ………………………………………… 121
　3　資本の部の分類方法 ………………………………………… 122
第3節　資本の部の表示方法 ………………………………………… 123
第4節　資　本　金 …………………………………………………… 124
第5節　資本準備金・利益準備金 …………………………………… 127
第6節　その他の剰余金 ……………………………………………… 130
第7節　配当可能限度額 ……………………………………………… 132

第10章　原　価　計　算

第1節　原価計算と工業簿記 ………………………………………… 135
　1　原価計算とは ………………………………………………… 135
　2　販売業と製造業の売上原価 ………………………………… 136
第2節　原価計算の基礎………………………………………………… 137
　1　原価の概念 …………………………………………………… 137
　2　原価の大きさ ………………………………………………… 138
　3　原価の種類 …………………………………………………… 138
　4　原価計算の目的 ……………………………………………… 138
　5　原価計算の種類 ……………………………………………… 139
第3節　全部原価計算 ………………………………………………… 139
　1　個別原価計算 ………………………………………………… 139

2　総合原価計算 ………………………………………… 141
　　3　標準原価計算 ………………………………………… 144
第4節　部分原価計算（意思決定志向原価計算）………… 145
　　1　直接原価計算 ………………………………………… 145
　　2　損益分岐点分析 ……………………………………… 147
　　3　差額原価収益分析 …………………………………… 147

第11章　管理会計論(1)

第1節　管理会計の意義 ……………………………………… 149
第2節　管理会計の本質 ……………………………………… 151
第3節　管理会計の史的変遷 ………………………………… 154
第4節　管理会計と財務会計 ………………………………… 157

第12章　管理会計論(2)

第1節　意思決定会計 ………………………………………… 163
　　1　経営計画 ……………………………………………… 163
　　2　設備投資計画と会計 ………………………………… 165
　　3　特殊原価調査 ………………………………………… 167
第2節　業績評価会計 ………………………………………… 169
　　1　短期利益計画 ………………………………………… 169
　　2　予算管理 ……………………………………………… 171
　　3　原価管理と標準原価計算 …………………………… 173

第13章　経営分析

第1節　経営分析の意義 …………………………………… 177
第2節　経営分析の種類 …………………………………… 177
第3節　経営分析資料の収集 ……………………………… 180
第4節　企業の全体像の把握 ……………………………… 181
第5節　経営分析の具体的手法 …………………………… 182
第6節　分析結果の総合判断 ……………………………… 193

第14章　会計監査

第1節　監査の意義と発達 ………………………………… 195
第2節　監査の種類 ………………………………………… 197
第3節　監査基準および監査手続 ………………………… 200
第4節　証券取引法と公認会計士 ………………………… 203

第15章　連結会計

第1節　連結会計の概要 …………………………………… 207
　　1　連結財務諸表の目的 ………………………………… 207
　　2　連結範囲の決定基準 ………………………………… 208
　　3　連結会計手続の流れ ………………………………… 209
第2節　連結会計手続 ……………………………………… 215
　　1　投資と資本の相殺消去 ……………………………… 215
　　2　当期純利益と利益処分の処理 ……………………… 219

目　次

　　3　内部取引の相殺消去 ·· 221
　　4　未実現損益の消去 ·· 221

第16章　外貨換算会計

第1節　外貨換算会計の概要 ·· 225
第2節　外貨建取引等会計処理基準 ·· 226
　　1　外貨建取引等会計処理基準の意義 ·································· 226
　　2　外貨建取引等会計処理基準の基本的な考え方 ······················ 227
第3節　外貨建取引の換算 ·· 228
　　1　概　　要 ·· 228
　　2　取引（時）の換算 ·· 229
　　3　決算時の処理 ·· 229
　　4　決済に伴う損益の処理 ·· 231
第4節　在外支店の財務諸表項目 ·· 231
　　1　概　　要 ·· 231
　　2　原　　則 ·· 232
　　3　特　　例 ·· 232
　　4　換算差額の処理 ·· 233
第5節　在外子会社等の財務諸表項目 ······································ 233
　　1　概　　要 ·· 233
　　2　具体的な換算 ·· 233

第17章　税務会計

第1節　租　税　制　度 ·· 235

1　財政と租税 ……………………………………………………… 235
　　　2　税の種類 ………………………………………………………… 236
　　　3　申告と納税 ……………………………………………………… 237
　第2節　税務会計 …………………………………………………………… 239
　　　1　税務会計の意義 ………………………………………………… 239
　　　2　企業会計上の利益と課税所得 ………………………………… 239
　　　3　課税の公平を支える重要な原則 ……………………………… 242
　第3節　法　人　税 ………………………………………………………… 243
　　　1　納税義務者と課税範囲 ………………………………………… 243
　　　2　課税標準——課税所得計算の基本構造 ……………………… 243
　　　3　益金・損金の計算原則 ………………………………………… 244
　　　4　税務調整 ………………………………………………………… 245
　第4節　税効果会計 ………………………………………………………… 247
　　　1　税効果会計の意義 ……………………………………………… 247
　　　2　法人税等の会計処理方法 ……………………………………… 248
　　　3　税効果会計による損益計算書の作成事例
　　　　　——将来減算一時差異に基づく事例 ………………………… 250

第18章　国際会計基準

　第1節　国際会計基準の重要性 …………………………………………… 253
　第2節　IASCとIASの歴史と現状 ……………………………………… 253
　第3節　新構想の概要 ……………………………………………………… 255
　第4節　IASの概要 ………………………………………………………… 257
　第5節　IASとわが国基準との主要な相違点 ………………………… 259

第19章　環境会計

第1節　環境問題 ………………………………………………… 261
第2節　環境会計の意義と体系 ………………………………… 262
第3節　認識・測定 ……………………………………………… 263
第4節　内部環境会計 …………………………………………… 264
第5節　外部環境会計 …………………………………………… 264
第6節　新　動　向 ……………………………………………… 265

索　　引 …………………………………………………………… 267

現代会計学概論

第1章　会計の意義と研究領域

第1節　会計の定義

　会計学の研究対象である会計の定義については，一般に広く知られている代表的な二つの見解がある。その一つは，アメリカ公認会計士協会（AICPA）の用語委員会が1941年に公表したもので，次のように定義されている。[1]
　「会計とは，少なくとも部分には，財務的性格をもつ取引および事象を，意味のある方法で，貨幣単位によって，記録し，分類し，要約し，かつその結果を解釈する技術（art）である」[2]。
　この定義は，広く多くのひとびとの共鳴と支持を得てきたのである。しかし，その後アメリカ会計学会（ＡＡＡ）の基礎的会計理論委員会（ASOBAT）より1966年に次のような定義が公表されたことで，唯一の権威ある座を失うに至った。さて，この"ASOBAT"の定義は以下のとおりである。
　「会計とは，情報の利用者が事情に精通したうえで判断や意思決定を行うことができるように，経済的情報を識別し，測定し，そして伝達する過程である」[3]。
　この両者の会計についての定義を比較検討してみると，前者（AICPA）は，複式簿記を前提として，記録・分類・要約といった具体的な会計の手続き的な側面に重点が置かれ，いわゆる伝統的な会計の見解を表わしているものと理解することができる。
　これに対し後者（ＡＡＡ）は，最近における情報科学のめざましい進歩発展に影響を受け，会計の情報提供機能の側面に重点を置くものである。これは，会計情報をかならずしも貨幣計数的ないし財務的取引にのみに限定せず，会計を経済的意思決定への役立ちと看做し，意思決定のための情報システムと規定

し，新たな理論を展開するものである。すなわち，会計は情報利用者の判断や意思決定に役立つことを目的とし，ただたんに貨幣数値で表現された財務的情報のみならず非財務的情報をも含む。つまり，過去の取引数値のほかに，将来の予測数値をも含んだ多様な経済的情報の識別・測定・伝達といった三つの機能を有するものであるとみることができるのである。

　要するに，前者（AICPA）は，伝統的な側面に立脚し，会計の具体的な行為を中心とした会計情報として，その対象をもっぱら貨幣数値で表現される貨幣計数的ないし財務的な取引に限定し，いわゆる情報の送り手側に立って，情報作成の一連のプロセスに重点が置かれているものとみることができる。

　これに対し後者（AAA）は，近年における著しい情報メディアの発達の影響から情報提供機能を重視し，情報の受け手側に立ち，意思決定に役立つためのものとして，そこでは，会計を情報提供機能ないし伝達システムとしてとらえようとしている点である。

　このことは，従来の伝統的な会計方法から離れて，企業の利害関係者が意思決定を行う場合に，有用な会計情報を識別する必要があるとする。その具体的な基準として，(1)目的適合性（relevance），(2)検証可能性（verifiability），(3)不偏性（freedom from bias），(4)量的表現可能性（quantifiability）の四つをあげ，会計とは何か，またあるべき会計理念ないし，会計理論についてこれを示唆しているのである。

　いずれにしても，われわれは，以上の観点から，今日の会計を次のように定義することができる。すなわち，

　「会計とは，組織体の営む経済活動を，その情報の利用者が，自ら意思決定を行う為に役立つ有用な情報として，体系的に識別し，測定し，伝達し，そして分析するプロセスである。」とする。

第2節　会計の種類

　経済活動を営む組織体の性格上の相違により，会計は一般に消費経済の会計と生産経済の会計に大別できる。個人または家庭における家計や，国家または地方自治体および行政諸機関である官庁会計などは前者の例であり，これに対して企業または会社などの会計すなわち企業会計は後者の例である。われわれが研究対象とする会計は，主として，この生産経済の会計，特に企業会計である。そのなかでも会社会計に属する株式会社会計が中心となる。なぜなら，消費経済の会計は，個人または家庭における消費生活に係わる会計，すなわち家計簿のような金銭の収支会計にほかならない。また同じく，官庁会計も，財産の保全や管理を重視するがあくまで営利企業ではないから企業会計のように損益計算は行わず，収支会計である。その他非常利法人たる学校法人や宗教法人などの公益法人の会計も営利を目的としない法人の会計であるから収支会計にほかならない。

　なお，今日会計と名のつくものにはこの他社会会計，さらには社会責任会計などがある。

　社会会計は，1942年に，J.R.ヒックスがその著「経済の社会的構造」のなかで，企業会計を私的会計と呼ぶのに対し，国民経済会計を社会会計と名付けたことに由来する。社会会計は，国民経済全体としての経済活動を複式記入の方法によって簡潔に表示する。

　その内容は，国民所得勘定を中心とした，国際収支表，産業連関分析，資金循環分析および国民貸借対照表などからなっている。

　なお，これらは，経済学の研究領域に属する分野である。

　社会責任会計は，近年，企業の社会的責任が厳しく問われるようになって注目されてきた会計領域の一つである。

　すなわち，企業の社会的責任の履行の状況を説明するための会計を社会責任会計と呼ぶ。具体的には，社員の能力開発，職場環境の改善，消費者に対する

製造物責任などに関する費用，さらには，地域住民のための公害防止，公害補償のための諸費用が発生する。これらの支出費用を明確に区別し説明しなければならない。

しかしながら，これらの支出費用を正確に認識し，測定し，開示するためには，様々な困難な問題が生ずる。今後の研究がまたれるところである。

なお，この社会責任会計は，社会監査および社会関連会計，企業社会会計と呼ばれる会計とほぼ同義である。

いずれも企業の社会的責任に関わる情報の開示をいかにして行うかという点で，これらの会計がかかえる問題は共通している。いずれにせよ，前述の消費経済の会計（家計・官庁会計など）や生産経済の会計（企業会計）は，微視的会計（micro-accounting）と呼び，社会会計や社会責任会計は，これを，巨視的会計（macro-accounting）と呼ばれている会計である。

第3節　企業会計の目的

企業会計の目的としては，今日次の二つの側面からこれを考察することができる。その一つは，企業会計は，受託責任の解明手段としての機能を重視する側面を有するものであるとする点である。すなわち，財産の所有者である委託者から当該財産の管理運用について委託を受けた受託者が，委託者に対してその結果を報告するいわゆる会計責任（accountability）を明らかにすることを基本目的とするものである。

特に企業規模の拡大に伴い，出資と経営の分離が進んだ，株式会社形態においては，受託者としての経営者が，委託者である株主に対して，その管理運用に関する受託責任を明らかにするために真実な報告を行うことにより，その責任が解除されるのである。

その二つは，企業会計は，多数の種々な利害関係者に対して有用な情報を提供し，意思決定に役立つための機能を重視する側面を有するものであるとする点である。[4]

すなわち，会計情報を受け取った企業の利害関係者は，それによって企業の内容についての的確な判断のもとに，それぞれが必要な行動をとり意思決定に役立てることになるのである。

例えば，株主などの出資者は，会社が公表する決算書類（財務諸表）を見て，配当可能な利益額や，経営者の業務執行状況などを判断し，ひき続き株主として留まるか否かを意思決定する。また銀行などの債権者は，財務諸表によって会社財産の担保能力ないし支払能力を判断し，その融資額を決定する。

さらに，国や地方自治体の行政諸機関も，法人税その他企業課税に対して，その税額の適否を知るためにこれを利用する。

また，従業員は，賃金・賞与などのいわゆる労働報酬や福利厚生などについて，会社が公表する業績内容のいかんによっては，労働条件の改善要求のさいの判断としてこれを利用する。

企業会計によって提供される会計情報は，その他の利害関係者（消費者，地域住民，一般大衆など）にも，いろいろな面で利用されている。

このように，企業には，各種の利害関係者が，それぞれの立場で会計情報を利用している。したがって，企業会計は，これらの利害関係者に対し，企業の経営成績や財政状態を示すところの損益計算書や貸借対照表といった財務諸表を有用かつ適切な情報として提供するものでなければならない。要するに，企業会計の基本目的は，企業に生起した様々な情報を会計的手段によって，正確かつ真実な会計情報として，これを企業の利害関係者に伝達することにある。したがって今後各種の利害関係者が意思決定を適切に下すことができるような有用な情報開示（ディスクロージャー）の改善・充実をはからなければならない。

第4節　財務会計と管理会計

企業会計は，一般に，その機能の相違によって，財務会計（financial accounting）と管理会計（management accounting）に分けられる。

1　財務会計

　財務会計とは，企業外部の利害関係者である株主，債権者，国などに対して，企業の経営成績および財政状態に関する会計情報を提供することを目的としている。いわゆる，外部報告会計とも呼ばれている。

2　管理会計

　管理会計は，企業内部の経営管理者に対して，企業の経営管理に役立つための有用な会計情報を提供することを目的としている。財務会計が外部利用者のための会計であるのに対して，この管理会計は内部利用者のための会計であることから内部報告会計とも呼ばれている。

3　財務会計と管理会計の特徴比較

(1) 財務会計は，会計情報の計算範囲として，共通の尺度である貨幣金額によって測定された貨幣価値計算たる財務的な情報が中心である。管理会計は，これら財務的な情報以外に物量計算たる非財務的な情報も含まれていること。

(2) 財務会計は，会計情報に関する計算内容として，配当可能利益や課税所得の算定に主眼がおかれるため，過去的計算や要約的計算が重視される。これに対して，管理会計は，将来のための意思決定に役立つための会計，すなわち未来計算を重視した会計であること。

(3) 財務会計は，外部の利害関係者に報告するための会計情報の性格として，会計処理・手続き・表示に関しては一定の社会的・客観的（検証可能性）・固定的そして拘束性が加えられるのに対し，管理会計は，企業の内部者に対する会計情報の報告であるから，財務会計のように原則として社会的な規制は加えられず，私的・主観的・任意的そして弾力性のある会計であること。

(4) 財務会計は，企業の外部利害関係者のための会計（有用な意思決定を行うための会計）であるのに対し，管理会計は，内部経営管理者のための会計

第1章　会計の意義と研究領域

（企業の経済活動の目標，実現のための計画・統制といった業績管理の会計）を指向していること。

いずれにしても，財務会計と管理会計の区別は，会計を遂行する機能の面の相違からくるものであるとみることができる。

第5節　制度会計と情報会計

1　制度会計

外部報告を目的とする財務会計のうち，法律その他の社会的制度により規制され，拘束を受けている会計の領域を一般に制度会計と呼んでいる。[5]

わが国における制度会計としては，(1)証券取引法会計，(2)商法会計，(3)税務会計がある。

(1) 証券取引法会計

証券取引法会計とは，投資家保護の見地から，投資意思決定のために企業の経営内容に関する有用な会計情報を開示することを目的としている。

証券取引法による規制は，有価証券の発行市場と流通市場からなっている。

前者の規制は，発行価額ないし売出価額の総額が5億円以上の有価証券を募集しまたは売り出す会社は有価証券届出書を大蔵大臣に提出し（第4条），その写しを証券取引所などに提出しなければならない（第6条）。さらに，有価証券届出書と同じ記載内容の目論見書を作成しなければならない（第13条）。

これに対して，後者の規制としては，有価証券報告書を毎決算期経過後3か月以内に大蔵大臣に提出しなければならない（第24条）。

また半期報告書（事業年度が1年の場合は，6か月間）を当該期間経過後3か月以内に大蔵大臣に提出する（第24条の5）。以上の書類は大蔵省や証券取引所などに保管され，広く公衆の縦覧に供される（第25条）。

証券取引法の会計規制は，有価証券届出書，目論見書，有価証券報告書などに含まれる財務諸表（貸借対照表，損益計算書，利益金処分計算書ないし損失金処理計算書，附属明細書など，これらを証券取引法上，財務書類と呼ぶ）の作成に関して

定めたものである。[6]

　これらの財務諸表の作成方法を具体的に定めたものとしては，財務諸表等規則（正式名称は「財務諸表等の用語，様式および作成方法に関する規則」），中間財務諸表規則，連結財務諸表規則などがある。

　なお，証券取引法は，開示主義に立脚するものであるから，有価証券の発行会社の経営成績や財政状態に関する会計情報を定期的に作成し，開示させている。これらの会計情報は信頼できるものでなければならない。従って，同法は，会社と特別の利害関係のない独立の第三者である公認会計士または監査法人の監査証明を要請している（第193条の2）。

　また，有価証券届出書や有価証券報告書などには，この公認会計士または監査法人の監査報告書が添付される。

(2) 商法会計

　商法会計は，その特徴として債権者と株主の利害調整，とりわけ債権者の保護を目的としながら維持すべき資本を明確にし，それを超過する純資産額としての配当可能利益の算定に重点をおく会計である。[7]

　商法は，全ての企業に対して，会計帳簿と貸借対照表の作成を命じている（第32条①）。そして，それらの作成に関する規定の解釈については，特に「公正なる会計慣行」を斟酌すべきことを規定している（第32条②）。

　この「公正なる会計慣行」の代表的なものは企業会計原則である。なお，商法会計での中心をなす株式会社については，会社の計算規定（第281条～第295条）や計算書類規則（正式名称は「株式会社の貸借対照表，損益計算書，営業報告書及び附属明細書に関する規則」）において詳細な規定を設けている。すなわち，貸借対照表，損益計算書，営業報告書，利益処分案および附属明細書の作成や公開さらには監査などについて具体的に規制を加えている。

　貸借対照表と損益計算書は，利益決定に関する基本的な計算書類であり，営業報告書は，会社の状況や営業の経過などについて文章や数字によって説明した状況報告書である。また利益処分案は株主総会で利益処分を決定する際の原案で，これが株主総会での唯一の決議書類であり，その処分が決定される。

次に附属明細書は，これらの書類の記載内容を補足するための重要項目の期中増減や内訳明細などを表示したものである。なお，この附属明細書を除く四つの書類は，監査役と会計監査人（公認会計士または監査法人）の監査を受けた後に，株主総会に提出され承認されることになる。

また，商法は大会社に対して，商法特例法（正式名称は「株式会社の監査等に関する商法の特例に関する法律」）により，この大会社に対しては計算書類の公開や監査などについて具体的な規定を設けている。その他，商法は株式会社に対し，資本金の計上，資産の評価，配当可能利益の限度額などについてより詳細な規制を加えている。

(3) 税務会計

税務会計は，課税所得の計算を目的とする会計であり，このうち個人の課税所得の計算は所得税法が法人企業の課税所得の計算には法人税法が適用される。なお，これらの法律だけでは十分網羅できないので施行令，施行規則，取扱通達などの規定が設けられている。

また，課税上特別な取扱いをする必要がある場合については，特に国の政策的な配慮のもとに，租税特別措置法その他の関係法令が定められている。

いずれにしても，税務会計は，税法の諸規定にしたがって課税所得を計算するための会計であり，課税の公平性を基本理念とする会計でもある。

そのために，法人税の課税所得と，企業会計上の決算利益，すなわち企業利益との間には，税法で「別段の定めのある事項」が規定されており両者には差異が生ずることになる。

課税所得が企業利益と異なるのは，まず第1に租税理論上の問題がある。例えば，法人の受取配当金は企業会計上は収益であるから利益に含めるが，法人税ではその80％を所得に含めず，受取配当金の益金不算入の扱いをしている。第2には，税金は納税者が国に納付するものであるから，税務行政上の立場が重視される。例えば，引当金の設定には，課税の公平を期すために企業の判断にまかせることなく一定の設定限度を定め，これによることとしている。第3には，政策的な配慮による特別の定めを設けている。例えば税法独自による各

種の準備金や特別償却などその他多くの制度が，法人税法だけでなく，租税特別措置法において規定されている。

　なお，このような「別段の定め」以外の収益および費用（税法では益金・損金と呼ぶ）についての計算は一般に「企業会計原則」によるものと解釈されている。

2　情　報　会　計

　情報会計とは，会計情報の利用者がその意思決定や判断を合理的に行うことができるような情報を提供するための会計を意味する。近年，わが国においては前述の制度会計としばしば対比され用いられるようになった。この新しい情報会計は，法の規定やまたは慣行に支配されるものではない。すなわち，制度化された会計の枠外にあって，意思決定者の求めに応じて随時にかつ自由に情報提供を行うことを基本理念とする意思決定会計（operational accounting）の意味で用いられる。

　この場合の意思決定者とは，企業内部の経営管理者だけに限定せず，広く投資家をはじめとする外部の利害関係者をも含むものとして理解され，この点で管理会計における従来の意思決定会計の範囲より広範なものとして認識される。

　会計情報が情報利用者の意思決定に役立つという情報本来の機能においては，伝統的な財務会計にみられるような過去の取引事象にかかわる過去的・貨幣的・客観的な証拠の裏付けがある情報のみに限定されてはならないとする。すなわち，将来の計画や予測を含む未来的・物量的な予測情報も必要とする。それによって，現在における企業のすべての状況をより正しく認識し把握することこそ不可欠な前提であるとするものである。

　したがって，企業の財政状態や経営成績を過去の取得原価だけでなく現在の原価でもって測定する必要性を説くものである。具体的には，取替原価・修正原価・正味実現可能価値・収益還元価値などの測定基準の方法によって現在の企業のすべての状況を正しく把握しようとするものである。

　しかし，これらは客観的な証拠という点や計算の困難性がある。特に，取得

原価のように，納品書や請求書および領収書といった証憑書類による証拠は乏しいといわざるを得ない。また，将来の純収入を一定の割引率によって現在価値に換算する収益還元価値の測定基準に至っては，証拠らしい証拠はほとんど何も存在しないのである。

情報会計は，このような客観的な証拠のあるなしにかかわず意思決定に役立つ情報を提供するための測定方法の研究をめざしている。

そこにおいては，客観性ないし検証可能性よりも，不偏性に重点が置かれるのである。

したがって，この情報会計は伝統的な財務会計の機能と抵触することになる。これを少しでも解消する方法として，今日，多元的測定ないし，多元的評価が提唱されている。

この方法は，伝統的な財務会計における取得原価を基礎として，取替原価や修正原価の併用による財務諸表の作成であって，いわゆる2本化（立）ないし3本化（立）による財務諸表の開示を意味する。

取得原価による会計は受託責任の報告としての会計情報であり伝統的な財務会計の機能に役立つ制度会計である。これに対し，取替原価や修正原価は，株主その他全ての情報利用者の意思決定に役立つ情報会計の提供となるものである。当然，そこでの利益も2とおりに計算されるが，おのおのの役割ないし機能は異なるものと理解されなければならない。たえず変化する今日の経済社会において，それに対応するための新しい企業会計として，この情報会計の役割ないし機能は今後益々重視されるのである。

第6節　会計制度とキャッシュ・フロー計算書

1　キャッシュ・フロー計算書の沿革

わが国の証券取引法は資金情報の開示として，昭和61年10月に企業会計審議会から『証券取引法に基づくディスクロージャー制度における財務情報の充実について（中間報告）』を公表している。この『中間報告』によって，資金繰り

に関する情報の改善が提言された。すなわち，昭和62年4月以降公表される有価証券報告書および有価証券届出書の「経理の状況」において，財務諸表以外の情報として個別ベースによる資金収支表が開示されてきた。

また，同時に，資金運用表や財政状態変動表についても資金に関する情報として検討されてきたのである。これらの添付書類はキャッシュ・フロー計算書に類似するものであった。

従来から，企業の経営活動の状況報告書としては，貸借対照表と損益計算書が基本財務諸表であるとして重視されてきた。

しかし，最近では，投資家への情報開示という一連の流れの中で，一会計期間におけるキャッシュ・フローの状況を示すキャッシュ・フロー計算書の開示の必要性が求められるようになった。

平成10年3月に『連結キャッシュ・フロー計算書等の作成基準の設定に関する意見書』が企業会計審議会から公表された。これにより，キャッシュ・フロー計算書は，貸借対照表や損益計算書と並んで基本財務諸表の一つとして作成開示が義務づけられることとなったのである。

これにより証券取引法で適用される会社は平成11年4月以降に終わる事業年度（中間期のものについては平成12年4月以降に終わる中間会計期間）から，キャッシュ・フロー計算書が導入されることになった（連結財務諸表規則第76条～第84条）。

なお，このキャッシュ・フロー計算書は，すでにアメリカでは1987年11月に財務会計基準書第95号において『キャッシュ・フロー計算書』を公表している。また，1992年12月には，国際会計基準第7号『キャッシュ・フロー計算書』が改訂公表された。したがって，今日においてはこの『キャッシュ・フロー計算書』は，主要な財務諸表の一つとなっているのである。

わが国においても，平成9年6月の『連結財務諸表制度の見直しに関する意見書』において，連結キャッシュ・フロー計算書を導入し，従来の個別ベースの資金収支表に代わる『連結キャッシュ・フロー計算書』が，主要な財務諸表の一つとして位置づけられることとなった。

第1章　会計の意義と研究領域

これにより，わが国の会計基準も，アメリカの基準や国際会計基準と肩を並べることができるようになったといえよう。

2　キャッシュ・フロー計算書の意義

　わが国の企業会計制度においては，基本財務諸表といえば，貸借対照表および損益計算書が情報開示のための主要な財務諸表であると説明されてきた。そして，この基本財務諸表により会社の財政状態と経営成績が把握できるものと見なされてきた。しかしながら貸借対照表や損益計算書からみて経営状態良好な会社がしばしば倒産する場合があるいわゆる「黒字倒産」である。昔から「勘定あって銭たらず」という言葉があるが，これは財務諸表上は黒字であるにもかかわらず，支払いのための資金が不足することを意味している。たとえば，商品80万円を購入し，代金を2カ月後決済で手形で支払い，その商品を100万円で売却して代金を4カ月後決済の手形で受け取った場合，商品をいくら売却しても，この代金が回収できなければ資金ショートが生ずる。すなわち，キャッシュ・フローという点から見ると，上例の場合，支払手形と受取手形の決済時期のズレ等から黒字倒産となることが容易に理解できるであろう。なぜ，財務諸表によって判断に違いが生ずるかといえば，それは，期間損益計算とキャッシュ・フローが一致しないからである。つまりキャッシュ・フローとは，まさにキャッシュの『流れ』のことである。貸借対照表と損益計算書からでは，一会計期間のキャッシュ・フローすなわち資金の流れを把握することができない。また，会社がどのような活動からキャッシュ・フローを獲得し，これをどのような活動に投資したのかについてもわからないのである。

　このために，基本財務諸表の一つとして古くから，貸借対照表および損益計算書に加えてキャッシュ・フロー計算書が重要視され，これを利用することによって，投資家の意思決定に役立つ情報を提供することができるものであるといわれている。

　なお，キャッシュ・フロー計算書が，企業がキャッシュをどのように獲得し利用しているかを，利用者に適切に開示するためには，キャッシュ・フローの

一つの源泉別区分表示が必要である。すなわち，キャッシュ・フロー計算書を(1)営業活動によるキャッシュ・フロー，(2)投資活動によるキャッシュ・フロー，(3)財務活動によるキャッシュ・フローの各区分でもって計算し情報開示される。

いずれにしても，会社の健全な経営のためには，営業キャッシュ・フロー，投資キャッシュ・フローおよび財務キャッシュ・フローのバランスを適切に維持しなければならない。

(注)
1) AICPA, Committee on Terminology, Accounting Terminology Bulletin No.1, Review and Resume, 1953, p.9。
2) なお，AICPAは，その後，1965年会計原則業書第7号（Accounting Research Study, No.7) および，1969年CPAの職業上の手引き（A Description of the Professional Practice of CPA's）においても会計の定義を改定公表している。
3) AAA, A Statement of Basic Accounting Theory, 1966, P.1. 飯野利夫訳「アメリカ会計学会，基礎的会計理論」国元書房。
4) その1の視点に立って企業の会計諸現象を分析しようとする見解は，これを会計責任アプローチ（accountability approch）といい，その2の視点からこれを分析しようとする見解を意思決定アプローチ（decision-making approch）と呼んでいる（井尻雄士，「会計測定の理論」東洋経済新報社，1976，ⅰ頁）。
5) これに対し，非制度会計が存在する。例えば，インフレーション会計，人的資源会計，環境会計，社会責任会計などである。なお，この非制度会計は，将来，経済社会の発展と時代の要請により，制度会計の枠組みに組み込まれるケースが多い。
6) 証券取引法で，その作成・開示が義務づけられていた連結財務諸表は，有価証券報告書などの添付書類であったが，制度改正により，これを有価証券報告書などの本体へ組み入れられた（1990年の日米構造協議最終報告の「改善措置」による）。
7) 商法の会計に関する規定は，第1編総則第5章に商業帳簿に関する規定（第32条〜第36条）および第2編会社，第4章，株式会社，第4節に会社の計算に関する規定（第281条〜第295条）が設けられている。
8) 大会社とは，資本金5億円以上または負債合計額200億円以上の会社を，小会社とは，資本金が1億円以下で負債が200億円未満の会社をいう。

第2章 会計の基礎概念

第1節 会計公準

1 会計公準の内容

会計公準（accounting postulates, accounting conventions）は，企業会計が成立するための基本的前提または仮定であり，基本的な目標ないし命題を示すとともに，会計理論構成上の基盤を提供する。

したがって，会計公準は，会計主体論，会計構造論はもとより会計原則論の理論基盤ともなっている。

例えば，会計公準を基盤として，企業会計の具体的な行為規範を指示する会計原則ないし会計基準（accounting standards）が成立する。

会計公準として取り上げる内容については，論者により多少異なっているが，通常は，企業実体の公準，継続企業の公準，貨幣評価の公準があげられている。

(1) 企業実体の公準

企業実体については，会計主体論における会計的判断の主体ないし立場を措定する会計主体とは異なる概念であることに注意しなければならない。この概念は，企業会計が行われる場所または範囲を限定する会計単位（accounting unit）の設定を可能にする。

会計公準としての企業実体（business entity, ビジネス・エンティティ）は，企業の実体が企業主とは別個に存在している1単位であり，基金の提供者とは区別され，独立した制度として考えられている。

したがって，企業会計上，企業という経済主体を出資者とは別個のものとみることが可能となり，企業実体の概念により会計の対象ないし客体を技術的・

形式的に限定することができる。こうして，企業の各種会計記録や財務諸表を作成するための範囲が限定され，資本拠出者のものとしてではなく，企業実体のものとしてあつかわれることになる。

歴史的にみれば，企業実体概念の成立は，家計とは別に企業会計という独立した領域の形成を可能にし，複式簿記機構の成立基盤を提供している。

また，企業そのものの存在を前提とすることにより，会計の計算技術的な特徴である〔資産＝負債＋資本〕または〔資産－負債＝資本〕という基本等式も成立することになる。

このような，企業実体概念は，企業を株主ないし各種利害関係者等のいずれの視点からみるべきかという会計主体論とは，異なっている点で注意すべきである。

(2) 継続企業の公準

継続企業（going concern）の公準もまた，会計理論を構築する場合の基本的な前提の一つである。これは，会計の対象としての企業が解散や清算などをすることなくそのままに事業を継続するという前提である。

しかし，現実には，企業経営を継続しようとしても企業の解散や清算が生じてしまうこともあるが，それを前提にして企業の経営を行っているわけではないから，企業の経営活動は基本的には継続していくという前提で会計理論を構築することになる。

中世の冒険商人が営んでいた組合企業（コメンダ：commenda）が，例えば，商船による貿易を行う場合には，一航海が終了して帰港するごとに一事業として口別に利益を計算していた。また，季節的に開かれる当座的市場（メッセ：messe）の商人は，断続的に事業活動を営んでいたために，一定期間ごとに期間を区切って損益を計算する「期間損益計算」ではなく，「口別計算」が行われていた。

ところで，企業生命が短い当座企業であれば，一定の事業終了後に，当座企業の利益を計算することができるが，企業の経営活動の継続性を前提にする継続企業の場合には，経営活動の成果を明らかにするため，人為的に会計期間を

区切って計算せざるを得なくなる。この意味で、継続企業の公準は、期間損益計算の前提を提供しているとみることもできる。なお、このことはシュマーレンバッハ（E. Schmalenbach）がとなえた「一致の原則」、すなわち期間利益の合計＝全体利益という等式を成立させることにもなっている。

現代の会計は、半永久的に経営活動を継続するという継続企業を前提にしている。したがって、企業活動の全継続期間を一定の会計期間（1年ないし6か月）に人為的に区切って決算を行い、財務諸表をとおして会計情報を利害関係者に提供している。

一定の会計期間は、会計年度または事業年度等ともいわれる。期間損益計算を行う場合には、期間損益の決定と期末における資産・負債・資本を決定する計算手続きが必要となり、これを決算という。

期間損益計算に伴い、期末における決算整理手続きが要請されるが、その例をあげれば、①期末商品棚卸高の把握と売上原価の計算手続き、②固定資産等の減価償却をとおした原価配分手続き、③経過勘定項目の整理手続き等がある。

(3) 貨幣評価の公準

貨幣評価（manetary valuation）の公準は、会計では経営活動に関する数値を貨幣計数で全体的・統一的に測定・表示するという基本的前提である。

企業会計の処理の過程で、部分的に重量や容積等の物量単位が用いられることもあるが、企業の経営活動の状況を把握するためには、経済的交換の媒体となっている貨幣を共通の測定尺度（単位）として評価することが要請されることになる。

貨幣評価の公準は、つねに貨幣価値が一定であるという前提も含める場合もあるが、貨幣価値の変動が生ずるのが現実であるから、それを含めると公準自体の現実適合性が後退することになる。

現実には貨幣価値が変動しているため、評価単位の同質性を欠くという面からの検討がなされ、各種の指数等を用いて価値修正を要求する議論が展開されている。

しかし、現実に存在している公表会計制度は、企業が投下した資本の期間的

な回収剰余を利益として計算している。また，投下資本額は，現実に行われた取引価額を基盤としていることから客観性も認められる。

したがって，貨幣評価の公準は，急激な貨幣価値の変動が生じないかぎり，会計目的との関連から社会的に合意がえられる一定の変動幅であれば，制度会計上適合性が認められるものと考えられるのである。

第2節　会計主体論

1　ビジネス・エンティティの概念と会計主体論の関係

ビジネス・エンティティ（business entity）つまり企業実体という用語は，次の二つの意味で用いられることがある。ビジネス・エンティティを会計公準の一つとしてとらえ，企業主とは区別された企業そのものの存在を仮定し，会計の対象または客体を限定するための技術的・形式的な会計単位を示す概念とみる場合である。

これに対し，ビジネス・エンティティという用語が会計主体論を扱う場合の会計主体として用いられる場合がある。会計主体の概念は，企業観に依存し，会計理論を展開する場合の会計の見地ないし立脚点を意味する。つまり，「どのような立場から企業の会計が行われているものとみるのが現実的であり，また，効果的であるかといったこと，または，異なる立場をとることによって企業会計上の解釈や処理体系のなかにどのような差異があらわれてくるかといったこと」[1]などを問題とするのが会計主体論であり，会計の実質面にも影響を及ぼす概念である。

2　会計主体論の内容

企業観ないし企業の本質観に関する主要なものをあげれば，次のとおりである。

(1) 資本主理論

資本主理論には，原初的な資本主理論のほかに資本主を重視した主体論とし

ての代理人理論も含まれる。原初的な資本主理論は，個人企業ないし小規模で個人的な性格の強い企業に適合する。

　この理論では，企業を所有主である資本主の立場からとりあげ，資本主の見地から会計上の処理や手続きを行い，資本主持分に関連させる。

　したがって，企業の資産や負債は全て資本主に帰属するものとみる。このため，資本主の所有する資産から資本主が負っている負債を差し引いた差額は，資本主に帰属する正味財産としてとらえられる。このような資本主理論は，個人企業には，そのまま妥当する場合が多いが，今日の株式会社にそのまま適合することにはならない。

　株式会社は法人格をもち，権利義務の帰属主体となっているため，資産・負債・資本も直接には資本主に帰属しない。しかし，商法では，資本を株主の出資額に限定していることや，債権者に対する支払利息は費用処理するが，株主に対する配当は利益処分としている扱いに資本主理論的な考え方も混在しているとみることもできる。

(2) 代理人理論

　代理人理論は，企業を株主集団から財源を委託された資金運用のための代理機関とみる。つまり企業の究極的な所有者たる株主と経営を委託された経営者との間を委任と代理の関係としてとらえ，会計上の諸概念を説明する。

　したがって，株主は経営者に対して出資金の運用を委託することになり，経営者は，運用成果を報告することによって受託責任が解除される。なお，株主の出資額のうち資本金に組み入れられた部分は株主持分とされ，それ以外の払込剰余金は委任額を超える部分であり，企業主体持分と考えられている。

(3) 企業主体理論

　資本主理論は資本主と企業を一体と考えるが，企業主体理論は企業自体の独自性を重視し，資本主とは別個に存在するものとみなし，企業自体を会計主体とみる。

　したがって，資産は企業自体に帰属するとともに，負債および資本は等しく企業自体の資金源泉としてとらえることになる。また，利益についても，分配

されるまでは企業自体に帰属するとみる。

これらの関係は，資本主理論の特質が資本等式（積極財産〈資産〉-消極財産〈負債〉=資本）で示されるのに対して，貸借対照表等式（資産＝他人資本〈負債〉+自己資本〈資本〉）として示される。

(4) 企業体理論

企業体理論は，企業の社会的な役割を強調する企業観をとり，その立場から会計の諸問題を取り上げる。この理論によれば，企業を各種の利害関係者集団つまり出資者，債権者，従業員，消費者等によって構成されている社会的な制度とみる。利害関係者集団は企業の経済活動に参加し，経済的価値の創出に貢献している。従って，そこでの企業自体の立場は，各種利害関係者間の利害調整をはかることにある。企業の利益は，利害関係者に配当・利息・給料等として配分されることになるが，これらは，企業利益の配分要素として同質化されることになる。

企業体理論では，各種の費用項目と配当や税金等の利益処分項目が同質視されているため，現行の公表会計制度のもとでは問題が残る。会計主体論としては，経済社会秩序の基盤が所有関係にあることから，企業主体論的な資本主理論，つまり，企業の社会的機能に制約された資本主理論として展開されるべきものと思われる。[2]

第3節　会計構造論

1　会計構造論の発展

会計は，企業の資本運動について貨幣数値を単位として把握する計算構造となっている。企業は利益を追求する組織体であり，会計構造も利益を算定する仕組みとして現れる。

しかし，経済社会の発展・変化につれて，企業規模の拡大化がすすみ，企業をとりまく利害関係者の関心内容の変化に照応して会計構造も変化してきている。

第2章　会計の基礎概念

　つまり，企業の経済的基盤が脆弱で企業の生命も短い当座企業から，企業の規模が拡大しその生命も長期に及ぶ継続企業になれば，利益計算構造も変化する。また，信用経済が未発達で，全ての取引が現金で決済されていた時代から信用取引が確立し，投下設備も大規模化すれば，利益計算構造も変化する。

　さらに，利害関係者の関心内容が，債権者としての関心を重視したものから，投資者としての関心を重視したものに変化すれば，それに伴って利益計算構造も変化する。

　つまり，利益計算を基盤とする会計構造は，計算対象とする企業資本運動の質的変化及び量的拡大に伴って推移する利害関係者の関心内容に照応するかたちで現れる。

　これらの関係を図示すれば，次のとおりである。[3]

① ┌ 口別利益計算構造 ……… 当座企業を前提とする取引別の利益計算構造
　 └ 期間利益計算構造 ……… 継続企業を前提とする期間ごとの利益計算構造

② ┌ 現金主義的利益計算構造 ……… 信用経済が未確立で設備依存度も小さい段階の企業
　 │ （現金主義的会計構造）　　　　を前提とする現金収支に基づく利益計算構造
　 └ 発生主義的利益計算構造 ……… 信用経済が確立し設備依存度も大きい段階の企業を
　　　（発生主義的会計構造）　　　　前提とする費用収益の対応に基づく利益計算構造

③ ┌ 財産法的利益計算構造 ……… 債権者的関心に対する適合性を前提とする利益計算
　 │ （静態論的会計構造）　　　　構造
　 │ 損益法的利益計算構造 ……… 投資者的関心に対する適合性を前提とする利益計算
　 │ （動態論的会計構造）　　　　構造
　 └ 多元的利益計算構造 ……… 多角的関心に対する適合性を前提とする利益計算構
　　　（情報論的会計構造）　　　　造

　なお，現行の財務会計における計算構造は，①期間利益計算構造であり，②発生主義的利益計算構造であり，③損益法的利益計算構造として特徴付けることができる。

　上記の分類は，経済社会の発展・変化に伴って会計構造も推移してきたことを示している。それぞれの特徴を要約すれば，次のとおりである。

　第1の，口別利益計算構造から期間利益計算構造への発展の過程は，次のような経済的背景によっている。

例えば，中世における当座企業ないし冒険企業の利益計算は口別計算によっていた。当時の当座的冒険企業は，一航海ごとに交易が終わって帰港すれば商船を処分し清算を行い，出資者等に利益を分配した。このため，利益計算は，当初の投下資本と最終の回収資本との比較によって行われていた。

　当座企業の時代から継続企業の時代に変遷してくると資本の運動も1回だけの投下・回収で終結するのではなく，複数の資本運動が反復的・継続的に循環することになる。したがって，口別計算は不合理となり，継続的に繰り返えされる資本運動を人為的に区切って利益計算を行う期間損益計算となる。

　第2に，現金主義的利益計算構造から発生主義的利益計算構造への発展の過程を述べれば，次のとおりである。

　現金主義的利益計算は，現金の入金と出金の比較により利益を算定する。つまり，入金額を収益とし，出金額を費用として利益を計算する会計構造である。こうした利益計算は，冒険的当座企業の口別計算にみられた。

　継続企業においては，巨額の資本が設備に投下され，資本を回収するまでに長期間を要することになる。このため，設備投資に資本を投下した時点でそれを全額費用として計上することは不合理であり，企業が設備を利用する期間にわたって支出額を配分する必要が生じる。また，信用経済の発達に伴って，商品の引き渡しの時点に入金されず，一定期間経過後に入金することも多くなり，入金時を収益の計上時点とすれば，不合理が生ずる。このため，利益計算において，収益および費用を入金の時点ではなく，経済的な価値の増減事実が発生したときに計上する発生主義的利益計算構造が現れた。

　第3に，財産法的利益計算構造から損益法的利益計算構造，多元的利益計算構造への発展の過程は，次のようである。

　財産法的利益計算構造（以下，財産法）は，期間の損益を期首と期末の純資産（資本）の差額として計算する会計構造である。すなわち，期首における資産と負債の差額から期首資本を求め，期末における資産と負債の差額から期末資本を求めて，両時点間の純財産（資本）の増減額として損益を計算する。

財産法の算式を示せば，次のとおりである。

　　　損益＝期末資本－期首資本

　　　　　＝（期末資産－期末負債）－（期首資産－期首負債）

　なお，期中に資本の追加・払戻しがあれば，それは当然に加減する。上記の計算方法の特徴は，簿記による継続記録を前提にしないで，期首と期末における財産の実地棚卸に基づく財産目録（inventory）による貸借対照表を作成して，両者の純財産の変動額を損益として算出する。

　財産法の長所は，実地調査に基づいて現実に存在する財産から損益を求めるため，具体的で確実な計算方法である。短所としては，結果的な損益の計算方法であるため，損益の発生原因が明らかにされない。

　財産目録的な貸借対照表の作成が重視されたのは，企業の財務的基盤が弱かったため，債権者が企業の債権返済能力に関心を示していたためである。

　貸借対照表の機能を一定時点における財産状態の表示に求める静的貸借対照表を基盤とする会計構造を静態論的会計構造と称し，のちにみる動態論的会計構造と対比される。

　企業をとりまく，社会・経済的諸条件の発展・変化につれて，利益計算構造は，財産法的利益計算構造から損益法的利益計算構造へと変化した。

　変化の要因としては，証券資本主義の発達による株主群の収益性への関心，固定設備の巨大化等に伴う財産評価の複雑化等に伴い，収益・費用の期間対応に基づく損益法的利益計算構造が重視されるようになってきたためである。

　損益法的利益計算構造（以下，損益法）は，損益計算のもう一つの方法であり，一会計期間の収益から費用を差し引いて損益を計算する方法である。

　算式で示せば，次のとおりである。

　　　損益＝収益－費用

　収益には，商品販売益，受取手数料，受取利息，有価証券売却益等が含まれる。費用には，商品の売上原価，給料，広告宣伝費，通信交通費，消耗品費等が含まれる。従って，収益と費用の差額として損益を明らかにすれば，その発生原因も明確にできる。

損益法は,組織的簿記の記録に基づいて誘導的に収益・費用を抽出・集計し期間損益を算定する。なお,この場合にも,期首と期末の資産・負債・資本を抽出・集計して,両者の差額として期間損益を算定することができ,収益と費用の差額として算定された期間損益と金額的に一致する。この場合の資産・負債・資本は,組織的簿記により誘導的に計算されたものであり,前述の財産法に基づく実地棚卸の資産・負債・資本とは本質的に異なる。

現在の企業会計においては,損益法と財産法が併用されている。つまり,損益法においては,収益と費用の差額として損益が算定されると同時に,誘導的に期首と期末の貸借対照表も作成されるため両者の資本の差額として損益が算定され,両者の損益は金額的に一致する。

財産法においては,実地棚卸に基づく棚卸法によって貸借対照表が作成されたが,損益法においては,誘導法によって貸借対照表が作成される。しかし,損益法においては,誘導法に基づいて作成された貸借対照表であっても一部に実地棚卸に基づく記録の修正すなわち棚卸法も取り入れて不備を補っている。

損益法的利益計算構造と動態論的会計構造についてみれば,損益法的利益計算構造は利益計算の側面からみた会計構造の特徴を示し,動態論的会計構造は,動的貸借対照表観に基づく会計構造として捉えることができる。

最後に,多元的利益計算構造(情報論的会計構造)は,企業を取りまく環境の複雑化に伴って利害関係者の関心も多岐化してきたため,現行の動態論的会計構造を基盤としながらも,現在価値ないし資本価値等に基づく多元的な評価会計が思考されている。

2 発生主義的会計構造

経済社会の発展変化は,企業に信用取引の発達,固定設備の増大をもたらした。このため,現金の収入・支出に基づいて収益および費用を認識する現金主義会計構造では対応しきれなくなったため,経済価値の増減事実に基づいて収益・費用を認識する発生主義的会計構造が生まれた。

発生主義的会計構造の特質としては，次の点をあげることができる。
　① 当該会計期間に発生した費用の額を認識・測定し計上すること
　② 当該会計期間に発生した収益の額を認識・測定し計上すること
　③ 上記の両者の収益・費用を期間的に対応させること

(1) **費用の計上**

　発生主義的会計構造では，費用は発生主義の原則によって認識され，収益は，実現主義の原則によって認識される。そのうえで，費用・収益対応の原則が適用される。

　費用の発生について検討してみると用役費消に伴う費用の発生以外は，まず，資本の投下が行われ，それに基づいて費用が発生することになろう。例えば，建物・機械等の設備資産に資本が投下され，経営上の使用をとおして次第に価値が減少し費用が発生していくという関係にある。つまり，資金を支払って建物・機械等を購入すれば，その購入代価が原価として認識され，その設備資産の価値の費消に基づいて費用が認識されることになる。

　例えば，建物を購入し現金を支払った場合は，貨幣資本の¥1,000,000が，建物という物的資本へ形態変化し，原価が認識される。建物の原価は，使用ないし時の経過に伴って経済価値の減少を生じ，費用化する。建物等の原価が費用化した部分は，減価償却費の計上という手続きをとおして認識される。

　なお，製造企業においては投下資本の運動はやや複雑になる。例えば，製品の製造のために材料を費消した場合は，材料費の認識がなされるが，これは製造工程で仕掛品と当期製品製造原価を構成し，当期製品製造原価のうち販売された部分が売上原価としての費用となる。

(2) **収益の計上**

　費用は，発生主義によって認識するが，収益は，実現主義によって認識する。現行の利益計算構造は，投下資本の回収剰余としての分配可能利益の算定を目的としている。したがって，収益の認識においても未実現利益を計上することができず，期間収益として計上できるのは，実現利益に限られることになる。もし，未実現利益の計上を認めたならば，それを処分したときに企業資本の喰

い潰しを招くことになり，継続企業の前提とも矛盾することになる。従って，期間収益として計上できるのは，処分可能利益を前提としたうえでの実現利益ということになる。

(3) **費用・収益の対応**

費用収益対応の原則は，費用・収益の実質的対応関係と費用・収益の形式的対応関係の面から捉えることができる。

費用・収益の実質的対応関係は，期間収益と期間費用との間に原因（努力）と結果（成果）の関係が認められることを意味する。

因果関係の対応形態は，次のように分類することができる。

まず，個別的・直接的対応関係であるが，これは，例えば，商品の売上高と売上原価の関係にみられる。

次に，期間的・間接的対応関係であるが，これは，個別的には対応関係を確認できないが，期間的には，収益と費用の対応関係を確認できる場合である。例えば，売上高と給料・減価償却費・広告宣伝費等との間には収益を獲得するための価値の減少項目としての費用を期間的・間接的な対応関係として捉えることができる。

3 動態論的会計構造

会計構造を企業会計の目的および貸借対照表の機能の面からみると静態論的会計構造と動態論的会計構造に分類することができる。

静態論的会計構造は，会計目的を債権者への債務弁済能力の表示におき，その目的に適合して作成される静的貸借対照表に基づく会計構造である。

動態論的会計構造は，会計の目的を利害関係者の中心的な関心となっている収益力の表示におき，貸借対照表の機能もそれに適合するように動的に把握しようとする会計構造である。

動態論的会計構造は，費用・収益の期間的対応による利益計算が基盤となっており，貸借対照表の機能もその面から位置づけられることになる。つまり，動態論的会計構造における貸借対照表は，期間利益計算の結果を示すと同時に，

第2章　会計の基礎概念

次期の利益計算の出発点となっているために，期間損益計算の連結環の機能が認められる。

（注）
1）鳰村剛雄著「財務諸表論精説」税務経理協会，平成5年，21頁。
2）鳰村剛雄著「前掲書」，26頁。
3）鳰村剛雄著「体系財務諸表論」税務経理協会，平成5年，36頁。

第3章 簿記と会計

第1節 簿記・会計の意義

1 基本視点

　会計を学ぶ場合に，（複式）簿記を学習しておくとその内容がより把握しやすい。それは，会計が簿記を基本前提として，相互に関連しあっているからである。

　しかしながら，簿記と会計がどのように関連しあっているのか，あるいは，それらが相互にどのような役割を果たしているのか，といった点を明らかにしなければ簿記・会計の内容を理解することはむずかしい。

　そこで，これらの点を明らかにするために，簿記と会計のそれぞれについて，意義や特徴を明確にしておく必要がある。と同時に，簿記・会計の歴史的発展に触れることにより，史実を認識しておくことが有効である。そうすることで，理解の裏付けが一層可能となるからである。また，簿記・会計の成立要件ともいうべき基本的前提を考慮することで，簿記・会計の取り扱うべき対象が限定され，それらの目的や役割の考察対象が定めやすくなる。

　このような基本視点にたって，それぞれの内容を順に学んでいくことで，簿記と会計との関連が，より明確に理解されることになる。そして，会計理論を学ぶ上でも大変有効な手段として役立つことになるであろう。

2 簿記とは

　簿記は"bookkeeping"という英語の訳語で，「帳簿記録」すなわち帳簿（book）の「簿」と記録（keeping）の「記」を組み合わせた略称であるとい

われる。

　ここで簿記とは，家計・企業・政府といった特定の経済活動を営むもの（これを経済主体という）を対象として，それらの経済主体に属する財産の増減変化を帳簿に記録・計算し，整理して，その原因と結果を明らかにする一連の手続きをいう。このうち，本章で対象とされる経済主体は企業である。したがって，ここでいう簿記とは，企業の簿記をいう。

　簿記はその記帳方法や仕組みの違いにより，単式簿記と複式簿記とに分けられる。このうち，一般に，企業の経済活動を記録・計算する場合に用いられる簿記は複式簿記であり，企業の簿記は，複式簿記を意味する。

　ところで，簿記はその仕組みを成り立たせる上で，いくつかの特徴を有している。その1つは，貨幣額による計算を前提としている，ということである。すなわち，企業の経済活動により生ずる財産価値の増減変化を，貨幣額で計算するということであり，貨幣そのものを普遍的な価値尺度として扱っている点に特徴がある。

　第2に，企業の経済活動のうち，記帳の対象となる取引（価値の流入と流出）を二面的に把え，記録するということである。

　第3に，この記帳にあたっては，勘定という簿記特有の計算単位を用いる点に特徴がある。この場合，勘定につけられる名称を勘定科目といい，各勘定別に元帳（総勘定元帳ともいう）に転記される場所のことを勘定口座という。

　そして，記録計算された取引内容を，ある一定の期日（決算日）に勘定別に集計し，整理して財産の増減変化を明らかにしなければならない。そのため，簿記は，必然的に期間損益計算を前提とする，という点が第4の特徴である。

　このように，簿記にはそれ自体特有な，いくつかの特徴が存在する。

3　会計とは

　企業の究極目的は利益の獲得にあり，そのために企業は種々の経済活動を行う。企業の会計（Accounting）は，まさにこの経済活動を対象としており，したがって，会計は企業の経済活動を認識し，貨幣額でもって測定し，記録・計

算し，報告する一連の計算報告技術である。

　この意味では，簿記と会計の区別はさほど明確ではない。しかしながら，会計の領域は単なる形式的な記帳行為にとどまらず，認識・測定といった質的行為をも含む，より理論的側面にまでその範囲が及んでいる。

　このうち，認識とは，企業の利益獲得活動にかかわりのある取引を識別することであり，会計上の基本要素である資産，負債，資本，収益，費用のどれが増減し，あるいは発生したのかを把握する行為である。

　また，測定とは，認識した会計上の基本要素の増減あるいは発生の大きさを貨幣額でもって決めることをいい，これを「評価する」ともいう。

　企業の経済活動が会計的に認識・測定されると，次に記録することが必要である。その際に，複雑な経済活動を秩序正しく記録・整理するために，一定のルールにしたがった記録方法がとられる。これが複式簿記である。

　認識・測定・記録された結果は，一定の期間ごとに会計報告書としてまとめられ表示される。これは，企業の経営成績（損益の状況）および財政状態（財産の存在形態）に関する情報を，企業の利害関係者に伝えるためである。

　利害関係者はこれらの会計情報を利用して企業の状況を判断し，経済的意思決定に役立てるのであるから，提供される会計情報が企業の利害関係者にとって有用なものとなる，という視点にたって会計報告書が作成されなければならないのはいうまでもないことである。

4　会計行為との関連

　会計の実務面でみれば，企業の経済活動に基づく会計上の取引が認識・測定されれば，次に複式簿記による記録がなされ，その結果に基づき会計報告書が作成され，報告される。したがって，ここでは会計上の目的と，それを果たすための手段という関係で，会計と簿記をとらえることができる。

　また，認識・測定および表示という三つの行為は，前二つが計算の内容を，後者は内容を表示する行為であり，会計行為の内容を実質的に規定する面にかかわるものである。したがって，会計は主に実質面を，簿記は記録という別個

の面を，それぞれ対象領域としていると見ることもできる。[1]

さらには，簿記は記録行為のみをあつかうのに対し，会計は認識・測定・記録・表示のすべての行為をもあつかうという広い解釈のもとに，会計は簿記をも含むより広い領域を対象とするものと理解することも可能である。

このように，簿記と会計の関係についてさまざまな把らえ方ができるが，少なくとも，互いに不可欠な関係にあることは事実であり，密接な関係を保っているといえる。このことは，簿記・会計の発達に関する歴史をたどれば，さらに明らかになってくる。

第2節　簿記・会計の歴史

1　複式簿記の起源説

複式簿記の起源は古く，古代ローマ時代の代理人簿記にまで溯ることができる。[2] 古代ローマ時代は，貴族が商売に従事することは禁じられていたため，貴族（主人）のかわりに奴隷が代理人として商売を営み，主人の命令に従って奴隷が会計帳簿を作成したとされる。このような，代理人が記入した簿記のことを代理人簿記というが，この代理人簿記の特徴は，主人勘定と現金勘定の重視にあり，債権・債務勘定が設けられ，損益勘定は存在しない点にあるという。[3]

しかし，このような時代を実証できるような証拠資料は不足しており，未だ，この説は推論の域をでていない。

これに対し，中世イタリアの商業都市の発展に関連し，資本概念の成立に端を発した資本主簿記に複式簿記の起源を求める考え方がある。[4] こちらが現在では通説となっている。とりわけ，1340年のジェノア市庁財務官の財務帳簿は有名で，人名・商品・名目（損益）の各勘定が使用され，左右対照の勘定形式が採用されている。

2 複式簿記の普及

複式簿記の解説書として現存する世界最古の簿記書は，1494年に出版されたルカ・パチョーリの『算術・幾何・比および比例総覧』であり，ふつう『ズンマ』と呼ばれている。また，この簿記法は現在の複式簿記の原型とされるものである。いわゆるヴェネツィア式簿記と称されるこの記帳方法は，日記帳，仕訳帳，元帳の三つの帳簿を用いているところに最大の特徴があるが，その後，オランダ，フランス，イギリス，ドイツなどに伝えられ，ヨーロッパ各地の商業都市へと普及し，しだいに改良されていったのである。なお，その間，1600年にはイギリスがロンドンに東インド会社を設立し，後の永久資本による株式会社設立のきっかけとなっている。[5]

やがて19世紀に入ると，18世紀の末以降における産業革命を契機として，工場制機械工業の発達により工業簿記並びに原価計算の発達が促され，また，株式会社制度が生成・発展するに至った。

とりわけ，株式会社の発展は所有と経営の分離をもたらし，資本の維持と利益の分配をめぐって株式会社会計を産みだし，さらには会計監査の導入が導かれるようになった。[6] まさに，19世紀の時代は，株式会社のめざましい普及とともに，複式簿記から近代会計への発展が急速に進んでいった時代であったといえる。

この時代には，アメリカにも普及していったが，わが国に近代的な複式簿記がはじめて紹介されたのは，明治6年（1873年）のことである。その年の6月と12月に，2冊の本がそれぞれ出版されている。1つは『帳合之法』であり，これはアメリカの文献（Bryant and Stratton's Common School Book-keeping）を，福沢諭吉が翻訳し出版したのものであって，同年6月から翌年にかけて出版されている。他の1冊は，イギリス人アラン・シャンドの草案により大蔵省編で出版された『銀行簿記精法』であって，明治6年12月に出版されている。これらの本は，いずれも同時期にはじめて日本へ近代的簿記法を紹介したという点で，日本における近代簿記会計の幕開け的存在といえよう。

3 簿記の役割

　さて，複式簿記の沿革について，世界的な流れの概要を簡単に述べたが，それぞれの時代において，簿記が果たす役割も変遷を遂げてきていることが理解される。

　帳簿記入の対象が，もっぱら金銭の貸借や債権・債務の発生・消滅といった内容を記録することにあった，個人商人の時代には，簿記の役割は，主に備忘記録，あるいは財産の保全目的にあり，そこでは債権・債務の変動について明確に把握することが第１義的な関心であった。

　その後，中世における組合企業の出現にいたり，資本提供者と受託者との関係（委託－受託の関係）による商業活動を営む時代になると，簿記の役割は受託責任（会計責任）を果たすこと，すなわち，受託者が委託者に対し行う，資本の受け入れと運用に関する財務報告責任というものが考慮されるようになった。

　そして，19世紀に入り，株式会社の発達とともに，企業活動が活発になり企業規模が拡大して行くにつれ，簿記は新たに会社経営上の管理手段としての役割を担うようになった。[7] すなわち，簿記は単なる帳簿記入の組織的記録法という存在から新たな存在へと進化していったのである。

　また，株式会社のめざましい普及とともに，委託－受託の関係から生じる委託経営に対する会計監査の問題，資本と収益の区別に関する問題，投下資本の維持に関する問題などが新たに生じてきた。とりわけ，継続企業という前提のもとに生ずる評価の問題，例えば，決算時において在庫となっている商品について，決算時にその商品の価格が購入時よりも下落している場合，どちらの時点での価格で商品を評価したらよいのか，あるいは，建物などの固定資産を使用したことにより，どれぐらいの価値の減少があったのか，といった減価償却の問題など，[8] これまでの簿記が扱ってきた範囲を超える新たな問題が多数発生してきたのである。

　これにより，帳簿記入に関して，単なる記帳技術だけで済んだ時代とは異なり，評価という新たな分野をも考慮に入れなければならない時代へと進化したのである。簿記から会計へ，すなわち，記録技術の時代から認識・測定という

評価の問題を加えた時代への移り変わりである[9]。

したがって，歴史的な面から見ても，簿記と会計とは大変密接に関連して発展してきたことが理解される。また，簿記が，主に記録行為の技術的進化をなしてきた一方で，会計は，簿記を前提として，さらにはより広い範囲の問題をもその範疇に取り入れて進化してきたということである。

これらの点から見ても，簿記は記録行為という形式面を主に対象としてきたのに対し，会計は質的な面である認識・測定という行為をも対象領域として発達してきたことが明らかとなる。

第3節　簿記・会計の前提

複式簿記が発展するにつれ，記帳範囲が増え，さらには資本勘定の生成や資本概念の成立へと進化し，いつしか家計と企業の分離という歴史的事実が生じていった。そして，株式会社制度の発達とともに，家計と企業簿記会計との明確な分離がなされていくようになった。

ところで，企業の簿記会計では，複式簿記の，さらには企業会計の基本的前提となるもの，すなわち，簿記・会計がこれなくしては成立し得ない，基本的仮定ともいうべき概念が存在する。これを一般に会計公準と呼んでいる[10]。会計公準は，論者により，その内容がいろいろと異なっているが，このうち一般的にあげられる主なものは，企業実体の公準，継続企業の公準，貨幣評価の公準である。

これらの公準の内容は，前章で説明されているので省略するが，このうち，簿記・会計の歴史的な発展形態からみれば，店（企業）と家庭（家計）との区別が曖昧あるいは未分離のような個人企業のようなケースでは，それぞれの会計行為を区別せよ，というのが企業実体の公準で，歴史的には，中世イタリアの時代における定住的商業経営などを契機として生じた，店（企業）と家計の分離という経済事象に基づくものとみられる。

また，継続企業の公準の拠り所となる継続企業という考え方がでてきたのは，

歴史的には，中世イタリアの頃，一航海ごとに終了する口別（損益）計算を行っていたコメンダ（Commenda）という組合企業が，しだいに複雑化し，継続的な事業活動を営むようになったあたりからであろうと思われる。

これら三つの会計公準は，現代における簿記会計理論を成り立たせる基本的仮定であり，簿記・会計の発生史的な面からみても，一般的な合意に基づく最も基本的かつ例外のない事項といえる。

第4節　簿記と会計の関連

簿記と会計がどのように関連しあっているのか，という問題意識のもとで，これまで主に歴史的アプローチにより，それぞれの発生史的な側面から関連性を探ってきた。その結果，例えば，取引規模や取引形態の変化，それに伴う計算対象や内容の変化，さらには簿記あるいは会計の発展過程における役割の推移，といった様々な歴史的要因が，簿記と会計との関連に影響を及ぼしてきたことが把握された。

このうち，取引規模や取引形態の変化という面では，個人商人による商業経営からコメンダのような組合企業による冒険事業とその定住的商業経営，さらには株式会社の生成・発展といった企業規模の拡大化，複雑化などが簿記あるいは会計への重要な影響要因となっている。

それとともに，歴史的に見て，簿記の計算内容も，企業規模あるいは取引形態の変化に伴い，収支計算→財産計算→損益計算へと変化してきたのである。[11]

ここで，注目すべき点は，中世イタリアの組合企業のように，当初は当座的事業（冒険事業）のため，1航海ごとに企業を解散していたものが，しだいに継続性をおび，定住的商業経営に変わっていったという事実である。これにより，1航海ごとに終了していた口別計算（口別損益計算）が，継続性を前提として，期間損益計算へと変化していったと推測される。

そのため，口別計算の頃までは，単に1航海の終了後に手取金をすべて分配し，次の航海にはまた出資するといった方法による単なる収支計算的な方法で

第3章 簿記と会計

済んだものが，期間損益計算へと進化することにより，新たに評価という問題を考慮しなければならなくなった，ということである。

そして，さらには19世紀に入ってからの株式会社のめざましい普及とともに，評価問題を中心とした様々な問題の取り扱いが，簿記から会計への発展の大きな原動力になったと見ることができる。すなわち，簿記は，それまで計算技術的に進化してきたが，評価という問題を契機に，理論的問題をも含めた会計を支える手段として発展して行った，という理解である。最も，この場合に，会計と簿記が区分される関係にあるというわけではなく，むしろ逆に密接な関係を保ちながら発展していったと見るべきである。

次に，企業形態の変化と，簿記（あるいは会計）情報内容への関心の推移を探ることにより，現在の簿記と会計の関連を考えてみる。

個人企業のように出資者＝経営者のような段階では，簿記の主な役割は備忘記録・財産保全管理目的にあったが，中世の組合企業の頃には，受託責任による財務報告目的が簿記の主な役割となり，株式会社が普及した頃には，簿記は企業の経営管理目的に対する手段としての役割を担ってきた。

これらすべての目的は，簿記の役割を，帳簿記入の側（経営者の側）からみた目的と関連付けているが，株式会社が普及した今日の状況では，簿記は，投資家のような外部利害関係者の立場を含め，利害関係者集団の様々な利用目的や利害調整のために，その処理方法が影響されていると考えられる。

結論として，簿記は，会計理論の対象となる会計事象すなわち会計（会計行為）による規制を所与のものとして受けとめ，その内容を記録面でどのように示すか，ということを主な役割とする学問領域と解される。つまり，会計が理論的領域を形成しながらも，その土台となる記録・計算部分は簿記が支えている関係にあって，土台を含む全体を会計と見るか，土台部分を除いた部分を会計と見るかの相違はあるが，会計の方が簿記よりもその範囲は広いと解される。

ただし，今日では，簿記と会計は相互に密接に関連しており，また不可分な関係にあり，形式と内容の関係，あるいは，技術面と理論面の関係と，単純に割り切る見方は適切ではないといえよう。

（注）
1） 鳰村剛雄著「会計学一般原理」，白桃書房，1991年1月，12〜15頁参照。
2） 久野光朗著「簿記論講義」，同文舘，平成2年3月9版，7頁参照。久野教授は，『形式的かつ技術的な側面と，二重性概念を重視して記帳の均衡性に力点を置く立場』としての代理人簿記と，『資本とその資本の運用によって生ずる損益との資本主的計算制度の確立に複式簿記の起源を求める立場』としての資本主簿記の二つに大別されている。
3） 片岡泰彦著「簿記要論［改訂版］」，白桃書房，1993年4月，2頁参照。
4） 片野一郎著「リトルトン会計発達史」，同文舘，昭和48年12月，245〜252頁参照。
5） 片野一郎著「前掲書」，312頁，およびフレデリック・ドルーシュ総合編集，木村尚三郎監修，花上克己訳「ヨーロッパの歴史　欧州共通教科書」，東京書籍，1994年10月第1版，249頁参照。
6） 片野一郎著「新簿記精説（上巻）」，同文舘，昭和62年5月5版，7〜8頁参照。
7） 片野一郎著「リトルトン会計発達史」，255頁参照。
8） 片野一郎著「前掲書」，327〜349頁参照。
9） 神戸大学会計学研究室「会計学基礎論」，同文舘，平成3年3月，34頁および武田隆二著「簿記Ⅰ（簿記の基礎）4訂版」，税務経理協会，平成3年9月，5頁参照。
10） 鳰村剛雄著　「前掲書」，36〜40頁参照。
11） 片野一郎著「新簿記精説（上巻）」，14〜16頁参照。

第4章　企業会計原則

第1節　会計と会計行為

「会計」という語[1]はわかりきっているようであるが，意外にわかりにくい。日常的には，「お会計」という語で示されるように，「現金の支払い」の意味で使用されたり，あるいは「簿記」と結んで「簿記会計」と表現されるように単なる記帳の技術と解され，軽くみられがちである。現金の支払いや記帳の技術にすぎないのであれば，会計学という研究領域の成立する余地はない。

会計は単一の事象ではなく，作る行為と作られるものという2つの事象からなる。作る行為は会計行為であり，作られるものは財務諸表である。会計行為は財務諸表を作成し開示する行為である。財務諸表は代表取締役が株主に対して「財政状態及び経営成績」について説明する責任，すなわち会計責任を果たすために作成し開示する書類である[2]。

財務諸表はつきつめていえば，仕訳の集合である。仕訳は伝票（伝票といっても記録媒体として紙片のもののみを想定しているわけではない。伝統的な仕訳帳でも電子記録でもかまわない）に記入される。仕訳といっても，期中における取引の仕訳だけでなく決算整理仕訳をもふくむ。財務諸表を作成するためには，この広い意味の伝票を起票しなければならない。伝票の起票にかかわる行為は会計処理と呼ばれる。財務諸表は起票した伝票を分類・集計し一定の用語・様式に従って作成される。財務諸表を作成する行為は表示と呼ばれる。このように，会計行為は会計処理と表示という2つの行為からなる。

第2節　会計原則は会計行為のルールである

　行為はルールに従って遂行される。会計行為も行為であるからルールに従って遂行される。会計行為のルールが会計原則である。
　ルールといえば，道徳やエチケットのルールのように行為を規制するルールが連想される。ルールにはこのほかに，ゲームのルールのように語を定義をすることによって行為を作り出し，作り出すことによって結果的に行為を規制するルールがある。前者は〈規制ルール〉と呼ばれ，後者は〈構成ルール〉と呼ばれる。いずれも行為を規制するが，〈規制ルール〉と〈構成ルール〉とでは，規制の根拠が異なる。
　道徳やエチケットは自然発生的に慣習として発達したものでルールによって作り出されるものではない。「人に親切にせよ」という道徳や「結婚式に招待されたら礼服を着ていけ」といったエチケットは，ルールによって作り出されるものではない。このように〈規制ルール〉は既存の慣習を行為の〈あるべき姿〉と考え，その方向に行為を導くように規制するので行為の評価を伴う。
　〈構成ルール〉は耳なれない語であるから野球というゲームを例にとって説明しておこう。野球というゲームはルールによって作り出されるものであって，ルールがなければ存在しない。野球のルールにおいては，「セーフ」「アウト」「ストライク」「ボール」「ホームラン」などの語が定義されている。審判員が「アウト」と宣告すると，ランナーは「アウト」という語の定義に従ってベースから去るように規制される。この規制は定義によって作り出されるものであって，善いとか悪いといった行為の評価の入る余地はない。[3]
　〈構成ルール〉においては，定義が重要な位置を占めるので説明しておくことが必要である。定義は語の意味の規約である。「三角形は三つの直線によって囲まれた閉じた平面図形をいう」という三角形の定義を取り上げてみよう。この定義は「三角形」を，①「三つの直線によって囲まれている」，②「閉じている」，③「平面図形である」，という3つの性質をもつ語として使うことに

しようと規約している。

　ここで，3つの性質が存在しなければ「三角形」は存在しない。3つの性質はそれぞれ「三角形」の必要条件である。「三角形」が存在すれば3つの性質も存在する。「三角形」は3つの性質の十分条件である。必要条件のセットが必要十分条件である。必要十分条件は「本質」とも呼ばれる。そこで，定義は語の必要十分条件の規約ということができる。[4]

　ルールに〈構成ルール〉と〈規制ルール〉の区別があるように，会計行為のルールである会計原則にも，〈構成ルール〉としての性格をもつものと〈規制ルール〉としての性格をもつものとがある。〈規制ルール〉としての会計原則は，会計行為をその〈あるべき姿〉に導くように規制する。これに対して〈構成ルール〉としての会計原則は，語を定義することによって会計行為を作り出し結果的に会計行為を規制する。

　会計原則は国際的に統一される傾向にあるが，国ごとにバリエーションがある。わが国において制定されている会計原則は企業会計原則と呼ばれる。

　会計原則は会計行為のルールであるが，企業会計原則は必ずしも会計行為のルールとして規定されていない。損益計算書の作成に関するルールとして損益計算書原則が規定され，貸借対照表の作成に関するルールとして貸借対照表原則が規定され，そして，損益計算書および貸借対照表に共通なルールとして一般原則が規定されている。一般原則においては会計行為のルールとしての形式がとられているが，損益計算書原則および貸借対照表原則は，損益計算書および貸借対照表の作成とかかわらせる形式でルールが配列されている。そのため，会計行為のルールとしての形式はとられていない。なお，主要な項目に対する注解として企業会計原則注解がつけられている。

　企業会計原則においては，一般原則は総論，損益計算書原則および貸借対照表原則は各論の位置を占めている。しかし，一般原則と損益計算書原則および貸借対照表原則の関係は，総論と各論の関係として位置付けられるものではない。両者の間には，性格の相違がある。

　企業会計原則は会計行為の代わりに「会計方針」という語を使っている。そ

のため，行為とルールの区別がはっきりしない。その結果として，「方針」「手続」「方法」の使い方に混乱がみられる。

注解1-2は「会計方針」を「財政状態及び経営成績を正しく示すために採用した会計処理の原則及び手続並びに表示の方法をいう」と定義し，そのうえで，「有価証券の評価基準及び評価方法」「たな卸資産の評価基準及び評価方法」「固定資産の減価償却方法」「繰延資産の処理方法」「外貨建資産・負債の本邦通貨への換算基準」「引当金の計上基準」「費用・収益の計算基準」という例を示している。

「方針」はルールを指す語である。注解1-2の定義においては，「方針」を「原則」「手続」「方法」と同じ意味で使うことにしようと規約している。また，例示からわかるように，「原則」と「基準」が同じ意味で使われている。「原則」と「基準」はルールを指す語であるが，「手続」と「方法」は行為を指す語であるから区別しなければならない。

会計行為は会計処理と表示からなるので，会計行為のルールである「会計方針」も会計処理に関するルールと表示に関するルールとからなる。注解1-2は前者を「会計処理の原則及び手続」と呼び，後者を「表示の方法」と呼んでいる。ルールであることを明らかにするため，「会計処理の原則及び手続」を〈会計処理のルール〉と呼び，「表示の方法」を〈表示のルール〉と呼ぶことにする。

「企業会計原則は，企業会計の実務の中に慣習として発達したもののなかから，一般に公正妥当と認められたところを要約したものであって，必ずしも法令によって強制されないでも，すべての企業がその会計を処理するに当って従わなければならない基準である」と定義されている。

この定義において，「企業会計の実務の中に慣習として発達したもの」は，道徳やエチケットと同様に自然発生的に発達したものであってルール以前に存在しルールによって作られたものではない。しかも，慣習を「一般に公正妥当と認め」ることは行為の評価につながる。企業会計原則のこの側面は〈規制ルール〉とみることができる。

第4章 企業会計原則

　企業会計原則は昭和24年に制定された。その前文である「企業会計原則の設定について」にうたわれているように，制定当時における「企業会計の実務」は，「欧米のそれに比較して改善の余地が多く，且つ，甚しく不統一であるため，企業の財政状態並びに経営成績を正確に把握することが困難な実情」にあった。そのため，「慣習として発達したもののなかから，一般に公正妥当と認められたところを要約したもの」が，制定当時の「企業会計の実務の中」に存在していたとはいえない。企業会計原則のこの側面は新たに作り出されたルールといえるので〈構成ルール〉とみることができる。

　ともあれ，企業会計原則においては，〈規制ルール〉および〈構成ルール〉という性格の異なるルールが同居している。〈規制ルール〉は一般原則に，そして，損益計算書原則および貸借対照表原則は〈構成ルール〉にあたる。

第3節 〈規制ルール〉としての一般原則

　一般原則は次のような7つのルールよりなるが，三を除き，ルール以前に存在し既存の会計行為を規制するので〈規制ルール〉としての性格をもっている。当然のことながら，会計行為を規制するルールが列挙されている。

　一般原則の一は「企業会計は，企業の財政状態及び経営成績に関して，真実な報告を提供するものでなければならない」と述べている。真実性の原則と呼ばれる。「企業の財政状態及び経営成績に関して，真実な報告を提供する」ことは，会計責任を果たすために必要である。「真実」はルールによって作り出されるものではなく行為の評価とかかわる。真実性の原則は〈規制ルール〉とみてよい。しかし，「真実」は法の分野で取り上げられる「公共の福祉」「公序良俗」あるいは「信義誠実の原則」などと同様に抽象的で具体的な内容をもたない。具体的な内容は一般原則の二以下の原則で明らかにされる。したがって，このルールはスローガンとしての意味しかもっていない。

　一般原則の二は「企業会計は，すべての取引につき，正規の簿記の原則に従って，正確な会計帳簿を作成しなければならない」と述べている。正規の簿

記の原則と呼ばれる。「正規の簿記」は複式簿記と理解してよい。「正確な会計帳簿を作成」することは，会計責任を果たすために必要である。「正確」はルールによって作り出されるものではなく行為の評価とかかわる。正規の簿記の原則は〈規制ルール〉とみてよい。

一般原則の三は「資本取引と損益取引とを明瞭に区別し，特に資本剰余金と利益剰余金とを混同してはならない」と述べている。資本取引とは会社と株主との間の取引であり，損益取引とは資本取引以外の取引である。このルールの前段は，「資本取引と損益取引とを明瞭に区別」することを求めているので資本・利益区分の原則と呼ばれる。後段は，「会社の純資産額が法定資本の額をこえる部分を剰余金という」という注解19における剰余金の定義をもとにして「資本剰余金と利益剰余金とを混同しない」ことを求めているので剰余金原則と呼ばれる。「資本と利益の区分」はルールによって作り出されるものであり，必ずしも行為の評価とかかわらない。このルールは他の一般原則と異なり〈構成ルール〉とみることができる。

一般原則の四は「企業会計は，財務諸表によって，利害関係者に対し必要な会計事実を明瞭に表示し，企業の状況に関する判断を誤らせないようにしなければならない」と述べている。明瞭性の原則と呼ばれる。「会計事実を明瞭に表示し，企業の状況に関する判断を誤らせない」ことは，会計責任を果たすために必要である。「明瞭」はルールによって作り出されるものではなく行為の評価とかかわる。明瞭性の原則は〈規制ルール〉とみてよい。このルールは一見，〈表示のルール〉のようにみえるが，表示するためには会計処理が必要であるから〈表示のルール〉だけでなく〈会計処理のルール〉でもある。

一般原則の五は「企業会計は，その処理の原則及び手続を毎期継続して適用し，みだりにこれを変更してはならない」と述べている。継続性の原則と呼ばれる。「その処理の原則及び手続」は〈会計処理のルール〉にあたる。継続性の原則は1つの会計事実について2つ以上の〈会計処理のルール〉の選択適用が認められている場合に問題となる。いったん採用した〈会計処理のルール〉は，正当な理由により変更を行う場合を除き毎期継続して適用することが求め

られる。〈会計処理のルール〉を「毎期継続して適用し,みだりにこれを変更しない」ことは,会計責任を果たすために必要である。「みだりに変更しない」ことは,ルールによって作り出されるものではなく行為の評価とかかわる。継続性の原則は〈規制ルール〉とみてよい。

　一般原則の六は「企業の財政に不利な影響を及ぼす可能性がある場合には,これに備えて適当に健全な会計処理をしなければならない」と述べている。保守主義の原則あるいは健全性の原則と呼ばれる。「健全な会計処理」をすることは,会計責任を果たすために必要である。「健全」はルールによって作り出されるものではなく行為の評価とかかわる。しかし,注解4で指摘しているように「過度に保守的な会計処理を行う」恐れもある。保守主義の原則を〈規制ルール〉として規定することには疑問がある。

　一般原則の七は「株主総会提出のため,信用目的のため,租税目的のため等種々の目的のために異なる形式の財務諸表を作成する必要がある場合,それらの内容は,信頼しうる会計記録に基づいて作成されたものであって,政策の考慮のために事実の真実な表示をゆがめてはならない」と述べている。単一性の原則と呼ばれる。「財務諸表を信頼しうる会計記録に基づいて作成」することは,二重帳簿の作成を規制することに通じる。これは会計責任を果たすために必要である。「信頼」はルールによって作り出されるものではなく行為の評価とかかわる。単一性の原則は〈規制ルール〉とみてよい。

第4節　〈構成ルール〉としての損益計算書原則および貸借対照表原則

　〈規制ルール〉としての一般原則と異なり損益計算書原則および貸借対照表原則は,定義をとおして損益計算書と貸借対照表を作り出している。しかも,行為の評価とはかかわらないので〈構成ルール〉にあたる。また,作成にかかわらせてルールが配列されているため,〈表示のルール〉と誤解される。しかし,〈表示のルール〉の基礎に〈会計処理のルール〉があるので単なる〈表示

のルール〉ではない。

　損益計算書原則においては，一で損益計算書の本質，二で損益計算書の区分，三で営業利益，四で営業外損益，五で経常利益，六で特別損益，七で税引前当期純利益，八で当期純利益，そして九で当期未処分利益について規約している。しかも，一を頂点として二から九までが定義の体系を形成している。以下，一を中心に検討する。

　損益計算書原則一は，「損益計算書は，企業の経営成績を明らかにするため，一会計期間に属するすべての収益とこれに対応するすべての費用とを記載して経常利益を表示し，これに特別損益に属する項目を加減して当期純利益を表示しなければならない」と述べている。このルールは「損益計算書」を，①「企業の経営成績を明らかにする」，②「すべての収益とこれに対応するすべての費用とを記載する」，③「経常利益を表示し，これに特別損益に属する項目を加減して当期純利益を表示する」という3つの性質をもつ語として使うことにしようと規約している。

　「三角形」の定義でふれたように，3つの性質が存在しなければ「損益計算書」は存在しないので，3つの性質はそれぞれ「損益計算書」の必要条件である。「損益計算書」が存在すれば3つの性質が存在するので，「損益計算書」は3つの性質の十分条件であり，必要条件のセットが必要十分条件であるから，定義は語の必要十分条件の規約ということができる。必要十分条件は「本質」にあたる。損益計算書原則一のタイトルは「損益計算書の本質」ではなく，「損益計算書の定義」と言い換える方がわかり易い。

　損益計算書原則一に対しては，損益計算書原則一A，損益計算書原則一B，損益計算書原則一Cという3つのルールが付けられている。損益計算書原則一Aは，「すべての費用及び収益は，その支出及び収入に基づいて計上し，その発生した期間に正しく割当てられるように処理しなければならない。ただし，未実現収益は，原則として，当期の損益計算に計上してはならない」と述べている。このルールの本文は発生主義の原則と呼ばれる。ただし書きはあとでふれる損益計算書原則三Bの実現主義の原則と関連する。

損益計算書原則一Aでは,「計上」「発生」「実現」「支出」「収入」といった語が使われている。「計上」は「処理」および「表示」の双方を指す語として使われている。「発生」は生産ないし消費した事実を指す。「実現」については,損益計算書原則三Bが「売上高は,実現主義の原則に従い,商品等の販売又は役務の給付によって実現したものに限る」と述べている。「実現」は販売と定義することができるので,実現主義の原則は販売基準とも呼ばれる。

「支出」と出金,「収入」と入金はしばしば混同されるので説明しておこう。出金と入金における仕訳の相手科目は現金勘定である。支出と収入における仕訳の相手科目は,現金勘定であるケースよりも,買掛金,未払金,売掛金,未収金などの諸勘定であるケースが多い。このケースにおいては,買掛金,未払金,売掛金,未収金などが実際に現金で決済されて初めて出金や入金となる。その際,現金で決済されるはずの金額が支出あるいは収入である。「支出」は出金されるべき金額,「収入」は入金されるべき金額と定義することができる。

損益計算書原則一Bは,「費用及び収益は,総額によって記載することを原則とし,費用の項目と収益の項目とを直接に相殺することによってその全部又は一部を損益計算書から除去してはならない」と述べている。総額主義の原則と呼ばれる。

「記載」は「表示」と同じ意味で使われているから,総額主義の原則は〈表示のルール〉とみられている。しかし,総額主義の原則を遵守するためには,それにふさわしい会計処理がなされなければならない。したがって,このルールは単なる〈表示のルール〉ではなく〈会計処理のルール〉でもある。例えば,支払利息と受取利息を利息勘定で会計処理することは総額主義の原則に反する。したがって,総額主義の原則は会計処理とかかわる。

損益計算書原則一Cは,「費用及び収益は,その発生源泉に従って明瞭に分類し,各収益項目とそれに関連する費用項目とを損益計算書に対応表示しなければならない」と述べている。費用収益対応の原則と呼ばれる。

費用を損益計算書原則一A本文の発生主義の原則によって処理しながら,収益を損益計算書原則三Bの実現主義の原則に従って会計処理すると,売上高の

把握が費用の把握よりおくれる。この把握のタイミングを修正するには，売上収益に対応する費用すなわち売上原価を把握する〈会計処理のルール〉が必要となる。これが損益計算書原則三Cと損益計算書原則三Dである。

損益計算書原則三Cは，「売上原価は，売上高に対応する商品等の仕入原価又は製造原価であって，商業の場合には，期首商品たな卸高に当期商品仕入高を加え，これから期末商品たな卸高を控除する形式で表示し，製造工業の場合には，期首製品たな卸高に当期製品製造原価を加え，これから期末製品たな卸高を控除する形式で表示する」と述べている。このルールを商業の場合について仕訳の形式で示すと次のようになる。

　　　（借方）繰越商品　×××　　　（貸方）売上原価　×××
　　　（借方）売上原価　×××　　　（貸方）繰越商品　×××
　　　（借方）売上原価　×××　　　（貸方）仕　　入　×××

損益計算書原則三Dは，「売上総利益は，売上高から売上原価を控除して表示する」と述べている。このルールによって，損益計算書原則三Cで計算された売上原価が売上高から控除され，その結果として売上総利益が計算される。

損益計算書原則三Cと損益計算書原則三Dはいずれも「表示する」とうたっているので，〈表示のルール〉のようにみえる。しかし「表示する」ためには，「表示する」ことを可能とする〈会計処理のルール〉が必要である。例えば混合勘定としての商品勘定を用いて会計処理をすると，「売上高から売上原価を控除して表示する」ことは困難である。「売上高から売上原価を控除して表示する」ためには，それにふさわしい会計処理がなされなければならない。費用収益対応の原則は，〈表示のルール〉であるとともに〈会計処理のルール〉である。

貸借対照表原則においては，一で貸借対照表の本質，二で貸借対照表の区分，三で貸借対照表の配列，四で貸借対照表科目の分類，五で資産の貸借対照表価額について規約している。ここでは，一を頂点として二から五までが定義の体系を形成している。以下，一と五を取り上げる。

貸借対照表原則一は，「貸借対照表は，企業の財政状態を明らかにするため，

貸借対照表日におけるすべての資産，負債及び資本を記載し，株主，債権者その他の利害関係者にこれを正しく表示するものでなければならない」と述べている。

　このルールは，①「企業の財政状態を明らかにする」，②「貸借対照表日におけるすべての資産，負債及び資本を記載する」，③「株主，債権者その他の利害関係者に正しく表示する」という3つの性質で，「貸借対照表」という語の使い方を規約している。貸借対照表原則一のタイトルは，損益計算書原則一の場合と同様に，「貸借対照表の本質」ではなく「貸借対照表の定義」と言い換える方がわかり易い。

　貸借対照表原則五は，「貸借対照表に記載する資産の価額は，原則として，当該資産の取得原価を基礎として計上しなければならない。資産の取得原価は，資産の種類に応じた費用配分の原則によって，各事業年度に配分しなければならない。有形固定資産は，当該資産の耐用期間にわたり，定額法，定率法等の一定の減価償却の方法によって，その取得原価を各事業年度に配分し，無形固定資産は，当該資産の有効期間にわたり，一定の減価償却の方法によって，その取得原価を各事業年度に配分しなければならない。繰延資産についても，これに準じて，各事業年度に均等額以上を配分しなければならない」と述べている。

　このルールは前段で原価主義の原則を，後段で費用配分の原則について規定している。「配分」と「割当」は同義と解されるから，費用配分の原則は「すべての費用及び収益は，その発生した期間に正しく割当てられるように処理しなければならない」と規定する損益計算書原則一Aにおける発生主義の原則の裏返しとみることができる。

　損益計算書原則および貸借対照表原則は〈構成ルール〉であるから，定義が重要な位置を占める。本来，定義は語の意味の規約である。しかし，損益計算書原則および貸借対照表原則の規定においては，語の意味の規約であることが明らかにされていない。そのため，ルールの形式をみただけでは，〈構成ルール〉であることがはっきりしない。

本章では，企業会計原則をルールになぞらえて説明した。まとめに代えて，企業会計原則をゴー・ストップのルールになぞらえて説明しておくことにする。

　ゴー・ストップにおいては，青いランプは「進め」，赤いランプは「止まれ」そして，黄色いランプは「注意」と定義されている。このように定義することを通して歩行者やドライバーの行為を規制している。ゴー・ストップは慣習として自然発生的に生じたものではなく，事故を少なくすることを目的として作り出されたルールであるから〈構成ルール〉とみることができる。このルールが損益計算書原則と貸借対照表原則にあたる。

　ゴー・ストップのルールには，「進め」「止まれ」「注意」といったルールのほかに「交通信号を守りましょう」といった一般的なルールが考えられる。このような一般的なルールはゴー・ストップ以前に存在し，かつ行為の評価をふくむので〈規制ルール〉といえる。このルールが一般原則にあたる。[5]

（注）
1）　語には固有名と述語がある。固有名は世界ただ1つだけしか存在しない個体を指示する語である。述語は個体について叙述する語である。述語の指示対象には，外延と内包がある。外延は個体の集合であり，内包は個体が共有する性質である。内包は本質とも呼ばれ，必要十分条件に等しい（黒崎宏『科学と人間－ウィトゲンシュタイン的アプローチ』勁草書房，1977年，46－49頁。および，永井成男『科学と論理－現代論理学の意味』河出書房新社，1971，35－89頁）。
2）　正確にいえば，会計行為によって作られるものは伝票と財務諸表である。財務諸表は代表取締役の会計責任を，伝票は従業員の会計責任を表現している（伊崎義憲『会計と意味』同文舘，1988年，3－8頁。青柳文司『会計学の基礎』中央経済社，1991年，26頁）。
3）　ルールについては，サール，坂本百大・土屋俊訳『言語行為－言語哲学への試論』勁草書房，1986年，58－74頁によった。
4）　定義については，サモン，山下正男訳『論理学・三訂版』培風館，1987年，163－175頁，ホスパース，西勝忠男・中本昌年訳『分析哲学入門1－意味論』法政大学出版局，1971年，36－59頁。ここで，意味はルールに従った語の使い方と理解してよい（同書，3－30）。

5） 企業会計原則においては，定義の形式をとる場合でも，語ではなく事物の定義の形式をとっている。定義は語の意味の規約であるから，事物の定義は定義の形式をしているが，本来の定義ではなく事物の分析である。なお，ここで，事物というのは，必ずしも物体だけではなく，簿記における〈取引〉のように事件や出来事などもふくんでいる。

第5章　収益会計

第1節　損益計算原理

損益計算の方法には，(1)財産法と(2)損益法とがある。

1　財産法の仕組み

財産法での損益計算は，次の算式による。

　　　期末資産－期末負債＝期末純財産 ── ①式
　　　期首資産－期首負債＝期首純財産 ── ②式
　　　期末純財産－期首純財産＝利益（マイナス時は損失）── ③式

財産法という言葉の由来は，この算式でわかるように期末純財産から期首純財産を控除することにある。このような意味での財産法では，現実に存在する資産の在り高を確認し，それを（売却）時価で換算する方式がとられる。したがって，財産法では，①利益の事実計算と②利益の具体計算が可能となる。古典会計学の財産法は，まさにこれである。

今日の会計では，原価主義が採用され，古典的な意味での財産法ではない。原価主義の下では，資産から負債を差し引いた差額は財産ではなく，単なる資本でしかない。したがって，上記の算式は次のように理解される。

　　　期末資産－期末負債＝期末資本 ── ①式
　　　期首資産－期首負債＝期首資本 ── ②式
　　　期末資本－期首資本＝利益（マイナス時は損失）── ③式

ここでは，財産法は，算式からもわかるように，期首資本を維持し，その余剰分を利益として計算する方式に変化している。その意味では，ヘンドリクセ

ンがいうように，財産法は，資本維持法であり，期首の資本維持にポイントが置かれている。原価主義の下での現代的意味の財産法では，利益は，期首と期末の財産の比較ではなく，期首と期末の資本の比較を通じて算出される。したがって，このような財産法では，利益の事実計算，利益の具体計算という特徴は姿を消し，代わって，期首資本をテコに期末資本を資本と利益に直接区分する方式へと変化している。

財産法での損益計算の方式を示すと次の如くである。いま，期首資産¥100，期首負債¥10，期末資産¥150，期末負債¥20であったとする。

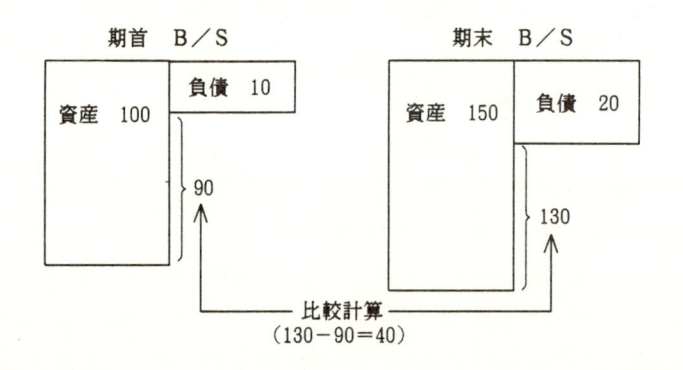

```
      期首 B/S                   期末 B/S
   ┌─────┬─────┐            ┌─────┬─────┐
   │     │負債 10│            │     │負債 20│
   │資産  ├─────┤            │資産  ├─────┤
   │ 100 │     │            │ 150 │     │
   │     │ 90  │            │     │ 130 │
   └─────┴─────┘            └─────┴─────┘
            └──── 比較計算 ────┘
                (130-90=40)
```

財産法は，上記の例でもわかるように，静止状態にある期首と期末のそれぞれの資産と負債を計算し，その差額である期末資本（純財産）と期首資本（純財産）を比較することによって損益計算が行われる。その意味で，古典的意味でも，現代的意味でも，財産法に共通の特性は，①利益の静態計算，②利益の時点計算，③利益の一括計算，④利益の結果計算である。

2　財産法の欠陥

商法や税法は別として，今日の会計学では，損益計算の方法として財産法を用いることはない。財産法が活用されるのは，せいぜい評価損の計上に限定されている。中世の口別計算や，古典会計学で，損益計算方法の中心的存在だった財産法が，何故，すたれたのだろうか。その理由は，次の三つである。

1　資産範囲の確定の困難性
2　資産評価（売却時価）の困難性
3　資本取引と損益取引の区分の困難性

1と2の原因は，古典的財産法に固有の論拠である。財産法の持つメカニズム上の問題は3つの資本取引と損益取引区分の困難性にある。財産法は記帳を前提としない方式であるから，期中に資本取引例えば，追加出資や資本の引出が行われた場合，これをその発生の都度，備忘記録をし，これを排除しないと，損益計算は乱れてしまう。この関係を示すと下記のようになる。

いま，期首資産￥100，期首負債￥10，期末資産￥150，期末負債￥20，期中に追加出資￥30があったとする。この場合の損益計算は，資本取引である期中の追加出資を排除して下記のように行われる。

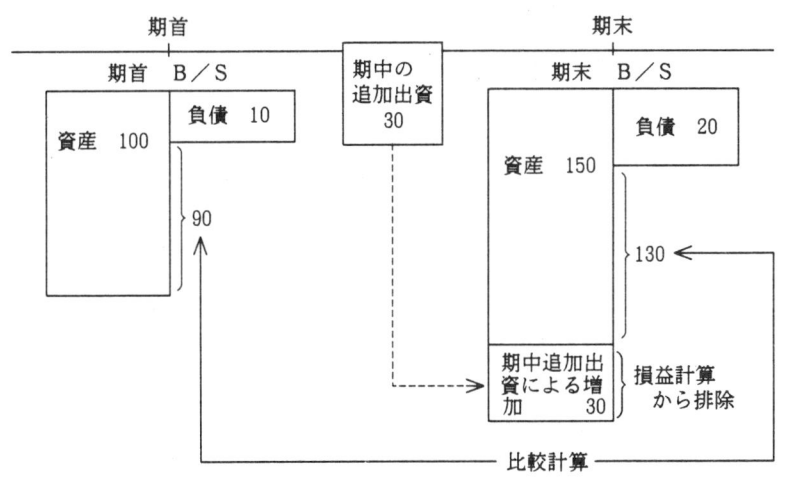

（期末資本160－追加出資30）－期首資本90＝利益40

3　損益法の仕組み

財産法では，組織だった記録を前提としなかった。これに対し，損益法では，企業の経営活動を体系的な簿記によって，取引に基づいて，それを記録して行くことからはじめられる。いいかえれば，損益法では，企業の動的な運動であ

る収益と費用を取引の発生あるいは実現するたびに記録し，これらの収益と費用を集合し，その比較を通じて損益計算を行うものである。

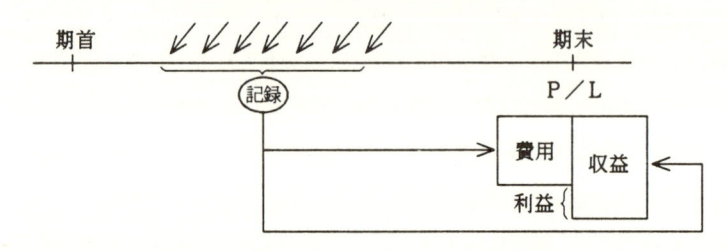

　　　　　　　　取引（費用・収益）の発生，実現
期首　↙↙↙↙↙↙↙　　　　　　　　期末
　　　　　記録　　　　　　　　　　　P／L
　　　　　　　　　　　　　　　費用　収益
　　　　　　　　　　　　　　　利益

損益法による損益計算の算式は，次のとおりである。
　　　収益－費用＝利益（マイナス時は損失）

損益法で損益計算を行うためには，収益や費用を取引に基づいて実現・発生の都度，記録し，その対応を通じて，収益から費用を差し引く必要がある。そのためには，次のことが大切である。

① 収益や費用とは何か。―― 定義
② 収益や費用は何時，記録するのか。――認識
③ 収益や費用の金額はいくらで記入するのか。―― 測定
④ 収益と費用の期間帰属はどうか。―― 対応

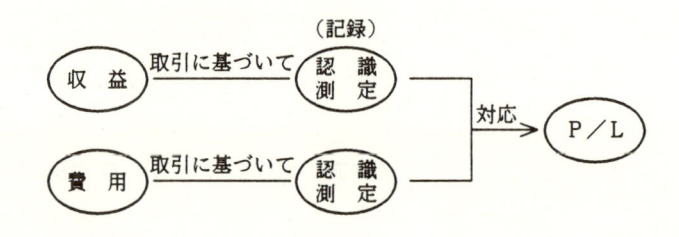

　　　　　　　　　　　　　（記録）
収益　─取引に基づいて─　認識測定　─対応→　P／L
費用　─取引に基づいて─　認識測定

以上①から④のうち，この章では収益についてのみ説明する。費用ならびに費用収益の対応については第6章で述べることにする。

損益法の特徴は，①利益の原因計算，②利益の期間計算，③利益の動態計算，④利益の抽象計算などの特質を持っている。問題なのは，制度会計のテーマが，

資本と利益の区分であるのにもかかわらず，この損益法では，資本をテコに資本と利益の区分が出来ないことである。資本は，損益計算の裏側に隠れて姿を現さないことが大きな欠点である。しかし，体系だった記録を前提とする意味で，また原因計算が出来るという意味で，損益法の持つ役割は大きい。

第2節　収益の意義

1　収益の概念

収益の概念には，広狭二義がある。広義の収益は利得（ゲイン）を含み，狭義の収益は，このような利得を含まない。狭義の収益は，企業の主たる経営活動から稼得された経済価値である。これに対し，広義の収益は，企業の主たる経営活動以外の附随的経営活動から生ずる経済価値の稼得としての利得を含む概念である。

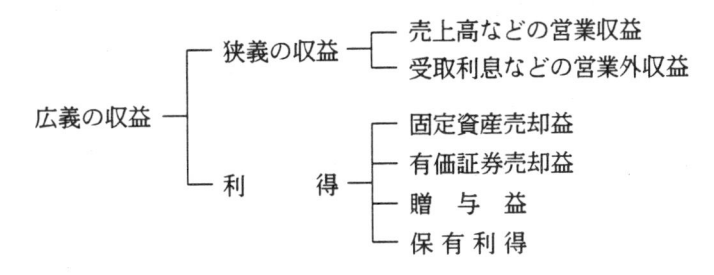

```
              ┌ 狭義の収益 ─┬ 売上高などの営業収益
              │            └ 受取利息などの営業外収益
広義の収益 ─┤
              │            ┌ 固定資産売却益
              └ 利　　得 ─┤ 有価証券売却益
                           │ 贈　与　益
                           └ 保 有 利 得
```

2　収益の分類

収益は，経常性の観点から次のように分類される。

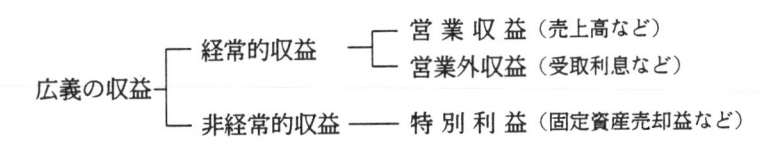

```
              ┌ 経常的収益 ─┬ 営 業 収 益（売上高など）
広義の収益 ─┤              └ 営業外収益（受取利息など）
              └ 非経常的収益 ── 特 別 利 益（固定資産売却益など）
```

3 収益の控除項目

収益から直接控除される項目には次のようなものがある。

(1) 売上値引

販売した商品の量目不足，品質不良，破損，引渡期間の遅延などの理由によって，売上代金の一部を差し引く場合これを売上値引という。

(2) 売上戻り

販売した商品に品違いがあって，後日返品があった場合，売上代金から控除されるが，これを売上戻りという。

(3) 売上割戻し

一定期間に多額あるいは多量の取引のあった得意先に対し売上代金の一部を返戻(へんれい)する場合，これを売上割戻しという。これはいわゆるリベートであるからその実態は販売費であるが，財務諸表等規則では，売上控除項目とみている。

なお，期日前の支払に対する代金の一部免除額である売上割引は営業外費用として処理される。

第3節 収益の認識

1 認識と測定

収益を記録するためには，①収益を何時，記録するか，②収益はいくらで記入するかが必要である。前者を認識といい後者を測定という。認識はある対象を記録するかどうかの判断であり，記録にとっての第1段階である。測定は，ある対象を記録するにあたって，いくらで記録するのかという金額決定の領域である。収益は①何時，②いくらでという二つの要件によって記録される。①の収益を何時，記録するかの認識は，一般に，実現段階で行われる。②の収益はいくらで記入するかの金額決定は，一般に収支主義すなわち，取引価額主義で行われる。

2 収益の実現

(1) 実現の類型

　実現を販売行動によって理解すると，実現主義の原則は，販売基準と一体の関係となる。実現主義の原則を販売基準に固定する理解の仕方をすると，販売基準以外の生産基準，収穫基準，工事進行基準，自然的増加基準などはすべて発生主義で理解しなければならない。この考え方が，今日の通説であるが，問題の多い見解である（本節の2の(2)参照のこと）。

　したがって，この考え方，すなわち，狭義の実現では次のように理解できる。

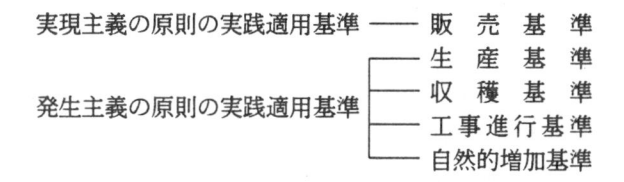

```
実現主義の原則の実践適用基準 ── 販 売 基 準
                        ┌─ 生 産 基 準
発生主義の原則の実践適用基準 ┤  収 穫 基 準
                        ├─ 工 事 進 行 基 準
                        └─ 自 然 的 増 加 基 準
```

　しかしながら，実現主義の原則を販売基準に限定することなく，処分可能利益の算定との関係で理解すると，生産基準，収穫基準，工事進行基準などすべて，実現の保証性が得られる。この意味では，生産基準，収穫基準，工事進行基準など発生主義の適用例として理解するよりは，実現主義の適用例として考える方が妥当である。これを実現の広義説と呼ぶ（2の(3)参照）。

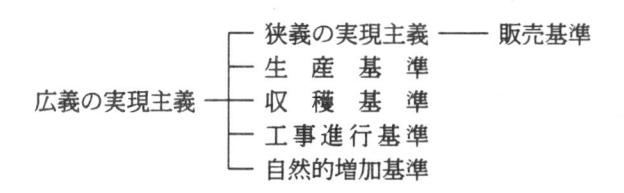

```
              ┌─ 狭義の実現主義 ── 販売基準
              ├─ 生 産 基 準
広義の実現主義 ─┤  収 穫 基 準
              ├─ 工 事 進 行 基 準
              └─ 自 然 的 増 加 基 準
```

　狭義の実現は，投下資本（商品の購入）についての回収事実（販売行為）についての客観性，確実性であるが，広義の実現では，実現の保証性という意味で，回収原因についての客観性，確実性が問題にされている。このような広義説は，ホーングレーンや嶋村教授によって展開されている。

　さらに，最近では，このように拡張された実現の意味も，再拡張が行われる

ようになってきている。それは，今日，デリバティブすなわち先物，オプションおよびスワップ等を駆使したハイテク商品が拡充・発展したため，これらの金融派生商品については時価で資産が計上される必要が出てきている。また，操業利益に対する保有利得の認識や為替差益の問題などを処理する上で，上記に示された実現主義の原則が再拡張されるようになってきている。その結果，実現主義は次のように類型化して示される。

実　現 ─┬─ 販売による原価・フロー・実現
　　　　 └─ 保有による時価・ストック・実現

現行の会計制度では，実現主義と原価主義が一体の関係であった。資産を時価評価して，利益を計算するような方式は，制度の上では採用されてはこなかった。また，実現は販売基準との関係でみられるようにフローとの関係で問題にされてきた。その意味で，原価・フロー・実現とみることができる。再拡張された時価・ストック・実現については，有価証券の項参照のこと。

(2) **実現主義と販売基準**

実現は，収益を認識する場合の基本的考え方，基本指針を指すから，原則である。実現主義の原則は，原則であるから，収益を認識する場合，確実で客観的になった段階で認識することを指示した原則である。会計理論の構成は，①原則 → ②基準 → ③手続の３層から構成される。原則は，基本方針，基本指針を示すもので，基準は，原則から導びかれる具体的適用基準であり，手続は，さらに基準の具体化された処理手続を指している。したがって，実現を考える時も，原則，基準，手続に分けて理解する必要がある。収益の認識は，商品の販売のケースでは，①（実現主義の）原則 → ②（販売）基準 → ③（引渡などの）手続といった関係になる。実現主義の原則は，原則であり，それは基本的考え方，基本指針，基本方針であるから，投下資本（商品の購入）の回収（販売）についての客観性と確実性を示しているにすぎない。これを具体化するのは基準であり，さらには手続である。実現主義の原則にかなう基準は，販売行為であり，その意味で，実現主義の原則から販売基準が選択される。次に販売基準にかなう手続とは何かというと，それは，買取意思のある者に商品を

第5章 収益会計

引渡すということこそ販売であるから，会計処理の手続としては引渡ということになる。もちろん，販売行為が買取意思のある者への商品の引渡だけであるかは問題も多いので，次に販売について具体的に示してみよう。

商品の販売は，①商品の注文書の受け取り → ②倉庫や店頭からの商品の出荷（発送）→ ③顧客への商品の引渡 → ④注文どおりかどうかの顧客による商品の検収 → ⑤顧客への請求書の送付 → ⑥顧客より代金を回収といった一連の行為である。販売基準にかなう手続は，実際には，このように，②出荷，③引渡，④検収が考えられる。販売基準として，最も妥当性のあるのは，③の引渡主義である。しかし，実務上は，②の出荷段階や，④の検収段階で，販売基準として収益と認識することも問題はない。もちろん，販売商品の出荷，引渡，検収は，財貨の流れに即したもので，取引対価面からは，現金及び現金同等物の受領すなわち，貨幣性資産への転換を意味する。したがって，販売基準とは，一方で，商品の出荷，引渡，検収手続であるとともに，他方では，現金及び現金同等物の確保を意味する。

(3) 実現主義と実現保証主義

実現主義を販売基準に結びつけるのは，投下資本（購入した商品）の回収（売上）事実について客観性，確実性の要件を充たすものは，ほかでもない販売行為であると考えるからである。これに対し，先に示したように，処分可能利益の算定に照らし，実現の保証がとれるものは，すべて，実現とみなす考え方がある。これは実現保証主義であり，広義の実現である。

実現は確かに販売（商品の引渡）によって確実性，客観性が与えられるから，実現イコール販売基準はその意味では正しい。しかしながら，収益の認識を実現主義で行う理由は，未実現利益を排除することに目的がある。処分可能利益の計算に不都合を来たさないような実現の保証があれば，生産基準も収穫基準も，工事進行基準もすべて，実現保証主義という意味での広義の実現主義で理解できる。

① 生産基準

　生産基準は，広い意味では収穫基準も含むが，ここでは，注文生産についての収益の認識基準として用いている。注文生産では，製品の製作の注文を受けると，まず，設計図を書き，これに基づいて試作品を作り，注文主に打診する。注文主から，細かい注文が出ると，設計変更をし，再度試作品を作り，注文主の了解をとる。これによってはじめて，大量生産に踏み切るわけであるが，注文生産では，特定価格による，注文主への販売が確定しており，大量生産に入った段階では，販売を待たず，生産段階での収益の計上に不確定要素が比較的少ないので，生産基準を用いても，一応，未実現利益が排除し得るとみられる。したがって，注文生産の生産基準は，通説のように発生主義で理解するよりも，実現の保証があると理解した方がよい。

② 収穫基準

　金，銀，米，麦などの生産物は，比較的市場価格が安定しており，その上，確実な市場を持っている。そこで，このような生産物は，販売を待つことなく，収益を収穫段階で認識しても，処分可能利益の算定に照らし，実現の保証が存在すると考えられる。

③ 工事進行基準

　道路，ダム，造船，建築などの長期請負工事契約では，その建設に長期間を要するので，工事の完成時に収益を認識する工事完成基準によらず，工事進行基準を用いることができる。長期請負工事は，請負価額が決まっており，引き渡し相手も特定されているから，収益を認識する上で，実現の保証があると考えられる。工事進行率は次の算式によって求める。

$$工事進行率 = \frac{当期実際発生工事原価}{総見積工事原価}$$

この工事進行率が計算されると次の二つの方式のいずれかによって，工事にかかわる損益計算を行う。

第1法

　　工事収益＝工事請負価額×工事進行率

この方法では，工事収益が計算されるから，後で，当期実際発生原価を控除して，工事利益を求める。

第2法

　　工事利益＝(工事請負価額－見積工事原価)×工事進行率

④　自然的増加基準

　保守主義の原則から，自然的増加基準が認められるケースは少ない。森林，畜産関係には不向きであり，唯一可能性が高いのは，洋酒メーカーなどである。

第4節　特殊販売形態の収益の認識

　委託販売，試用販売，予約販売，割賦販売，代金引換販売等の販売形態を通常の販売形態に対し，特殊販売形態という。

1　委託販売の実現

　委託販売とは，委託者すなわち売手が自分で商品を販売せずに，代理者である受託者に商品を積送し，この者に手数料を支払って販売を行わせる販売形態である。委託者側では，積送品勘定が中心となり，受託者側では，受託者と委託者との間に生ずる債権，債務を処理する特殊勘定である受託販売（販売受託）勘定の処理が中心となる。

　委託販売の収益の認識も，基本的な考え方としては，販売基準ではあるが，実際上，このような販売事実は販売委託者は，販売受託者からの仕切精算書（売上計算書）の到着によってはじめて知り得る。そこで，委託販売では，収益の認識は，通常の販売基準を厳格に適用することなく，仕切精算書（売上計算書）到着日基準を採用している。

〔設例〕
1　委託販売のため，浅井商店に原価￥1,000,000の商品を積送し，積送諸掛り￥10,000を現金で支払った。なお，販売手数料の支払は売値の1.5％と契約している。
2　上記，積送品が販売された旨，次のような計算書を受け取った。

```
          売　上　計　算　書
    売　上　高              ￥1,300,000
    諸掛
        引　取　費    ￥ 9,000
        倉　敷　料      21,000
        販売手数料      19,500      49,500
        手　取　金                1,250,500
```

1　（借方）積　送　品　1,010,000　　（貸方）仕　　　入　1,000,000
　　　　　　　　　　　　　　　　　　　　　　現　　　金　　 10,000
2　（借方）売　掛　金　1,250,500　　（貸方）積送品売上　1,250,500
　　　　　仕　　　入　1,010,000　　　　　　積　送　品　1,010,000

なお，原価を積送品勘定の貸方に記入し，手取金と原価の差額を積送品売上益勘定で処理する方法もある。

（借方）売　掛　金　1,250,500　　（貸方）積　送　品　1,010,000
　　　　　　　　　　　　　　　　　　　　　積送品売上益　 240,500

2　試用販売の実現

見本や現品を送って購買の勧誘をし，顧客がこれを試用してみた上で買取意思の表示をしてもらう販売形態を試用販売という。試用販売では，売主が顧客にたとえ現品である商品を出荷しても，その段階では，収益は認識されない。試用販売における収益の認識は，買取意思表示日基準であるが，これはまさに販売基準そのものである。

〔設例〕
1 試用販売のため，星川商店にA商品80個，佐藤商店にB商品50個を引き渡した。A商品の原価は，@¥300，売価は@¥500であり，B商品の原価は，@¥700，売価は¥1,000である。
2 星川商店より，本日，試用品（A商品）100個のうち60個を買取る旨の通知があった。
3 佐藤商店よりB商品50個がすべて返送されてきた。
4 本日，決算を迎えた。

対照勘定設定法

1 （借方）試用販売売掛金　90,000　　（貸方）試用仮売上　90,000
2 （借方）売掛金　30,000　　（貸方）試用売上　30,000
　　　　　試用仮売上　30,000　　　　　　試用販売売掛金　30,000
3 （借方）試用仮売上　50,000　　（貸方）試用販売売掛金　50,000
4 （借方）繰越商品（試用販売商品）　6,000　　（貸方）仕入　6,000

3 予約販売の実現

買手から予約金を受け取り，後日，一定の時期に商品の引渡あるいは役務の提供を行う方法を予約販売という。予約販売の収益の認識は，商品の引渡あるいは役務の提供した段階である。これを給付完了時点という。給付とは，財貨と役務のことである。

〔設例〕
1 杉山商店は，D商品200個を@¥10,000で予約販売することになり，予約金¥1,000,000を受け取り直ちに当座預金とした。
2 上記の予約品のうち80個を発送した。なお，荷造発送費は別途，現金にて¥5,000を支払った。

1 （借方）当座預金　1,000,000　　（貸方）予約販売前受金　1,000,000

2 （借方）	予約販売 前 受 金	800,000	（貸方）	売　　上	800,000	
	荷造発送費	5,000		現　金	5,000	

4　割賦販売の実現

商品の代金を分割して買主から支払ってもらうことを条件とする販売形態を割賦販売という。

割賦販売の収益の認識は，原則としては販売基準であるが，ほかに，回収期限到来日基準，現金回収基準も認められている。販売基準は，商品の引渡時点をもって収益を計上するもので，割賦販売も一種の掛取引と考える方式である。回収期限到来日基準は，月賦であれば，顧客の毎月の支払期日をもって，入金の有無にかかわらず，収益を計上する方式である。その意味では，販売基準と現金回収基準の中間的処理方式である。現金回収基準は，現金の回収時に回収額だけ収益に計上する方式である。この場合は，決算時，割賦売掛金の未回収分に対応する原価部分は，まだ，売れた記録（収益の認識）がされていないのであるから次の算式により求めた金額を，手持の期末商品に加算しなければならない。

$$割賦未回収高 \times \left(1 - \frac{利益}{売価}\right) = 割賦未回収額に対応する原価$$

以下，紙幅の関係で，販売基準のみを示すことにする。

〔設例〕

1　石林月賦販売店は，A商品（原価￥100,000）を￥150,000で，10か月均等払いで販売し，第1回目の割賦金￥15,000を現金で受け取った。

2　第2回目の割賦金￥15,000を現金で受け取った。

3　第5回目の割賦金入金後，決算を迎えた。

販売基準の仕訳

1 （借方）	割賦売掛金	150,000	（貸方）	割 賦 売 上	150,000	
	現　　金	15,000		割賦売掛金	15,000	
2 （借方）	現　　金	15,000	（貸方）	割賦売掛金	15,000	

3 仕訳なし（ただし，貸倒引当金については考慮していない）

第5節　役務収益の認識

　役務すなわちサービスを提供することを目的とする業種には，鉄道，バスなどの運輸業をはじめ，海運業，不動産の賃貸業，映画館などがある。これらの収益の認識は，販売業に適用される販売基準と何ら異なることはなく，具体的形態が，役務提供時点ということである。

第6節　収益の測定

　記録の要件は，①認識と②測定である。いつ記録されるかがわかると，次は金額決定である。収益の測定は，時価で評価することも問題にされることも多いが，制度上では，収支主義がとられる。
　会計原則も，損益計算書原則の一Aで「すべての費用及び収益は，その支出及び収入に基づいて計上し，その発生した期間に正しく割当てられるように処理しなければならない」と規定している。収益の測定が収入に基づくとは，収支主義すなわち取引価額主義ということである。これによって，測定上の恣意性が排除され，計算に客観性と確実性が得られる。
　最も，今後は，デリバティブに対しては，時価による認識，測定が行われようとしているので注意しなければならない。

第6章 費用会計

第1節 費用の意義

　費用とは，企業の経営活動において費やされた価値の費消額をいう。費用は，広義に捉えると，収益の獲得に貢献した価値の費消額ばかりでなく，収益の獲得に貢献しなかった価値の費消額が含まれることになる。これに対して費用を収益獲得に貢献した価値の費消額に限定し，狭義に捉える場合がある。この場合，収益獲得に貢献しなかった価値の費消額は，損失として区別されることになる。なお，損失には，収益の獲得に無関連的な価値の費消を示すものであるが，同様の価値の費消であっても，株主配当金などの出資者への分配のような資本取引によって生じる項目は含まれない。

　以上を整理すると，次の〔図表6-1〕のようになる。

図表6-1　広義の費用と狭義の費用及び損失

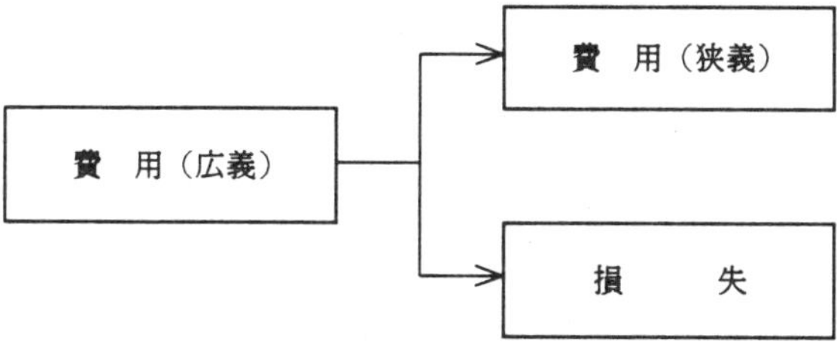

```
                    ┌─── 費 用（狭義）
  費 用（広義）───┤
                    └─── 損　　失
```

第2節　費用の種類

1　費用の分類視点

　費用は，種々の視点からこれを分類することができる。本節では，損益計算書の表示区分上の諸費用を，期間損益計算との関わりおよび営業活動との関わりという二つの視点から取り上げる。すなわち，期間費用と期間外費用との分類と，営業損益と営業外損益との分類である。

2　期間費用と期間外費用

　費用の期間帰属という視点から，費用は，期間費用と期間外費用とに分類される。前者期間費用とは，一会計期間に発生した費用のうち当該期間に帰属する費用であり，経常性及び反復性をもつ費用を意味する。これに対して，期間外費用とは，一会計期間に発生した費用のうち当該期間の期間費用とはならない費用であり，経常性及び反復性をもたない費用を意味する。

　上述のように，期間損益計算を明確化するために，費用が期間費用と期間外費用とに分類されるのは，当期業績主義（current operating performance theory）[1]の要請によるものであるが，現行の企業会計原則は，包括主義（all-inclusive theory）[2]を採用している。

　現行の包括主義損益計算書において，経常損益を構成する売上原価・販売費および一般管理費・営業外費用が，当期業績主義の場合には，期間費用となり，損益計算書に表示される。これに対して，包括主義損益計算書において特別損益を構成する特別損失は，期間外費用とされるために，損益計算書に表示されないことになる。以上を図示すれば，次頁の〔図表6－2〕のようになる。

　特別損失は，例えば過年度の減価償却費の不足額のような前期以前の損益計算の修正によって生じる前期損益修正損と，固定資産を売却した時に生じる固定資産売却損，さらには，災害損失のような臨時損失とからなる。

第6章 費用会計

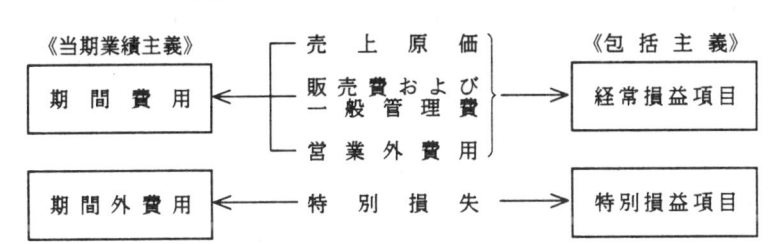

図表6－2　期間損益及び期間外損益

《当期業績主義》　期間費用　←──┬─ 売　上　原　価 ─┐　《包括主義》　経常損益項目
　　　　　　　　　　　　　　　├─ 販売費および一般管理費 ─┤
　　　　　　　　　　　　　　　└─ 営業外費用 ─┘

期間外費用　←──── 特　別　損　失 ────→ 特別損益項目

3　営業費用と営業外費用

　経常損益を構成する諸費用には，前述のように，売上原価・販売費および一般管理費・営業外費用がある。このうち，売上原価・販売費および一般管理費は，後述の費用収益対応の原則の適用により，売上高などの営業収益との対応関係から，営業費用と総称されることがある。以上を図示すれば，次の〔図表6－3〕のようになる。

図表6－3　営業費用と営業外費用

経常損益を構成する諸費用 ──┬── 営業費用 ──┬── 売上原価
　　　　　　　　　　　　　　　　　　　　　　　　└── 販売費および一般管理費
　　　　　　　　　　　　　　　└── 営業外費用

　売上原価は，百貨店やスーパーのような商企業の場合には，販売した商品の原価であり，このケースの損益計算書の売上総利益算出区分を例示すると，次頁の〔図表6－4〕のようになる。
　販売費および一般管理費は，例えば，販売員給料・広告宣伝費・通信費・交通費・減価償却費などの企業の販売活動や一般管理活動において生じる諸費用を総称したものであり，別名，営業費と呼ばれることもある。

図表6-4　損益計算書の売上総利益算出区分の例示

㈱税経百貨店

損　益　計　算　書

（単位：百万円）

Ⅰ	売　上　高		¥ 65,500,000
Ⅱ	売上原価		
	1．期首商品棚卸高	¥ 555,000	
	2．当期商品仕入高	50,745,000	
	合　　計	51,300,000	
	3．期末商品棚卸高	800,000	50,500,000
	売上総利益		15,000,000
Ⅲ	販売費および一般管理費		（以下省略）

　営業外費用は，営業活動以外の活動から生じる諸費用のうち，経常性のあるものをいう。営業外費用には，例えば，支払利息割引料・社債利息・有価証券売却損・有価証券評価損・売上割引・雑損失などがある。

第3節　費用の認識

1　発生主義の原則

　費用の認識については，発生主義の原則が適用される。企業会計原則は，発生主義の原則について，「すべての費用及び収益は，その支出及び収入に基づいて計上し，その発生した期間に正しく割当てられるように処理しなければならない。」（損益計算書原則一A）と規定している。

　費用の認識としては，古くは現金支出額を基準とするいわゆる現金主義が採用されていた。しかしながら，現金主義は，信用経済の発達とともに期間損益計算を損なうという欠点を露呈するようになった。そのため，今日においては，財貨または用役の費消事象すなわち経済価値の減少事象をもって費用を認識する発生主義が一般に採用されている。

2 費用の発生

　費用の発生は，狭義に解釈すれば，収益獲得目的のために費やされた財貨または用役の費消事象それ自体を指す。他方，費用の発生を広義に解釈する立場からは，例えば，後述の負債性引当金の計上にみられるように費消事象に起因する原因となるような事象が含められる。以上を図示すれば，次の〔図表6－5〕のようになる。

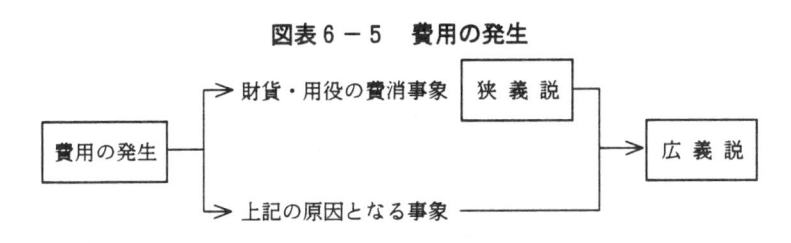

図表6－5　費用の発生

```
                 ┌→ 財貨・用役の費消事象 → ┌狭 義 説┐
  費用の発生 ──┤                           │         ├→ 広 義 説
                 └→ 上記の原因となる事象 ──┘         
```

第4節　費用の測定

1 費用の測定基礎

　前節の企業会計原則の規定（損益計算書原則－A）にみられるように，収益が収入額を測定基礎とすることと対照的に，費用は，支出額を測定基礎とする。
　このように，損益計算が収支計算に基づいて行われる類型は，原価主義会計[5]と呼ばれるが，継続企業においては，期間的なずれが生じるために，一会計期間における収入額の全額が当該期間の収益額となる訳がない。それと同時に，一会計期間の支出額の全額が当該期間の費用額となる訳ではない。
　個々の費用項目について支出と費用との関係を検討した場合に，支出額の全額が当該期間の費用になるケースと，当該期間の費用になるとは限らないケースという二つのケースに分かれる。ただし，後者は，費用計上よりも支出が先行する時と支出よりも費用計上が先行する時とに細分。以上を整理し，例示してみると，次頁の〔図表6－6〕のようになる。

図表 6-6　支出と費用との関係

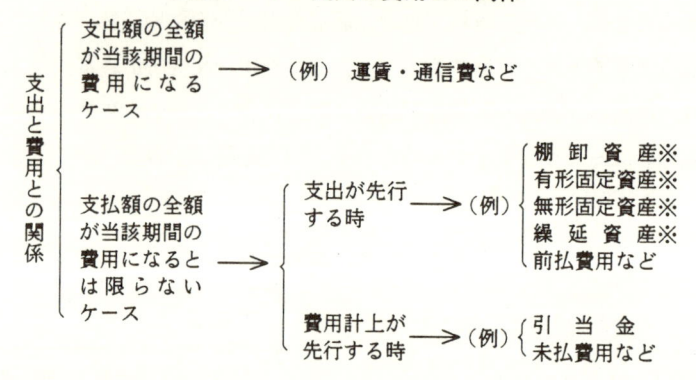

```
                     ┌ 支出額の全額
                     │ が当該期間の  ─→ (例) 運賃・通信費など
                     │ 費用になる
                     │ ケース
支出と費用            │
との関係　┤          │                                    ┌ 棚 卸 資 産 ※
                     │                 ┌ 支出が先行  ─→ (例) │ 有形固定資産 ※
                     │ 支払額の全額   │  する時             │ 無形固定資産 ※
                     │ が当該期間の   │                     │ 繰 延 資 産 ※
                     └ 費用になると ─┤                     └ 前払費用など
                       は限らない    │
                       ケース        │ 費用計上が  ─→ (例) ┌ 引 当 金
                                     └ 先行する時           └ 未払費用など
```

（注）※印のある資産は，費用配分の原則が適用される。

　支出と費用との期間的なずれが生じるのは，支出額の全額が当該期間の費用になるとは限らないケースである。上記の例示項目のうち繰延資産及び引当金については後章において取り上げられるので，本節では，以下において費用配分の原則と前払費用・未払費用についての内容を検討することとする。

2　費用配分の原則

　費用配分の原則は，資産の取得原価のうち支出目的である収益獲得に貢献した部分を資産の種類に応じた各種の方法によって費用として配分し，未だ貢献していない資産として次期に繰り越すことを要求する原則である。したがって，費用配分の原則は損益計算における費用の測定のみならず，貸借対照表における資産評価がリンクした重要性が高い原則である。費用配分の原則の資産の種類ごとの具体的な内容については，後章で詳述されるが，その概要を次頁の〔図表 6-7〕で示そう。

　次頁の〔図表 6-7〕にあるように，棚卸資産の場合，先入先出法，後入先出法および平均原価法（移動平均法・総平均法）などの方法を用いて費用の計上が行われる。これに対して，有形固定資産，無形固定資産及び繰延資産の場合，減価償却[6]という手続を経て費用の計上が行われる。

第6章 費用会計

図表6－7　費用配分の原則

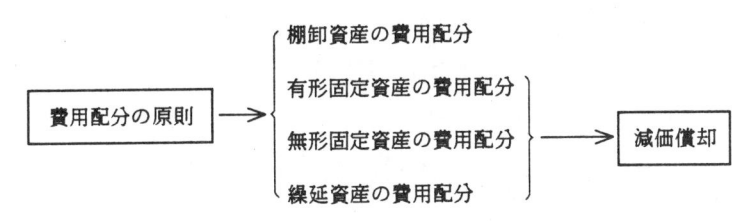

費用配分の原則 → 　棚卸資産の費用配分
　　　　　　　　　有形固定資産の費用配分 ⎫
　　　　　　　　　無形固定資産の費用配分 ⎬ → 減価償却
　　　　　　　　　繰延資産の費用配分　　 ⎭

なお，費用配分の原則の適用を受けて一旦費用として計上された取得原価が製品原価に算入される場合には，当該製品の販売を通じて期間費用となる。

3　経過勘定の計上

支払保険料・支払地代・支払家賃・支払利息などのように時の経過につれて費消される用役は，一般に一定期間を対象にしてその対価の支払が行われる場合が多い。したがって，前払費用を繰延経理したり，未払費用を見越計上したりして，当期の費用を計上することになる。

前払費用は，「一定の契約に従い，継続して役務の提供を受ける場合，いまだ提供されていない役務に対し支払われた対価」（企業会計原則注解〔注5〕(1)）である。他方，未払費用は，「一定の契約に従い，継続して役務の提供を受ける場合，既に提供された役務に対していまだその対価の支払が終らないもの」（企業会計原則注解〔注5〕(3)）である。

前払費用および未払費用については，以下の設例を用いてさらに説明を加えることとする。

〔設　例〕　(1)・(2)ともに，決算日は年1回，3月31日とする。
(1) 平成×1年7月1日　N火災と本社建物について保険契約を締結し，保険料1年分，¥120,000を小切手を振り出して支払った。

　　　（借方）保　険　料　120,000　　　（貸方）当　座　預　金　120,000

平成×1年7月1日に支払われた保険料は，平成×1年7月～平成×2年6月分である。

　　平成×2年3月31日　①決算日が到来し，未経過分の火災保険料を繰延処

77

理した。

　　（借方）前払保険料　30,000　　　（貸方）保　険　料　30,000

平成×1年7月1日に支払われた保険料¥120,000のうち，平成×2年4月～平成×2年6月の3か月分は，前払保険料となり，期末の貸借対照表に計上される。

$$前払保険料 = ¥120,000 \times \frac{3か月（平成×2年4月～平成×2年6月）}{12か月（平成×1年7月～平成×2年6月）}$$
$$= ¥30,000$$

② 当期分の保険料を損益勘定に振り替えた。

　　（借方）損　　　益　90,000　　　（貸方）保　険　料　90,000

平成×1年7月1日に支払われた保険料¥120,000のうち，平成×1年7月～平成×2年3月分は，当期の保険料として，損益計算書に計上される。

$$当期の保険料 = ¥120,000 \times \frac{9か月（平成×1年7月～平成×2年3月）}{12か月（平成×1年7月～平成×2年6月）}$$
$$= ¥90,000$$

平成×2年4月1日　前払保険料を再振替処理した。

　　（借方）保　険　料　30,000　　　（貸方）前払保険料　30,000

前払保険料は，期首に保険料勘定に振り替えられ，当期（平成×2年4月1日～平成×3年3月31日）の損益計算書に計上される。

(2)　平成×2年12月1日　S不動産と工場敷地の貸借契約を締結し，地代3か月分¥60,000を小切手を振り出して支払った。

　　（借方）支　払　地　代　60,000　　　（貸方）当　座　預　金　60,000

平成×2年12月1日に支払われた地代は，平成×2年12月～平成×3年2月の3か月分である。

平成×3年3月31日　①　決算日が到来し，未払分の地代を計上した。

　　（借方）支　払　地　代　20,000　　　（貸方）未　払　地　代　20,000

決算日現在において，平成×3年3月分の地代が支払われていないので，1か月分の未払地代が貸借対照表に計上される。

$$未払地代 = \frac{¥60,000}{3か月} \times 1か月（平成×3年3月） = ¥20,000$$

② 当期分の支払地代を損益勘定に振り替えた。

　　（借方）損　　　　益　80,000　　　（貸方）支 払 地 代　80,000

平成×2年12月1日に支払われた3か月分￥60,000と上記①において計上された￥20,000との合計￥80,000が当期の支払地代として，損益計算書に計上される。

　当期の支払地代＝支払済の地代3か月分￥60,000＋未払地代￥20,000

　　　　　　　　＝￥80,000

　平成×3年4月1日　未払地代を再振替処理した。

　　（借方）未 払 地 代　20,000　　　（貸方）支 払 地 代　20,000

　未払地代は，期首に支払地代勘定に振替えられ，当期（平成×3年4月1日〜平成×4年3月31日）の支払日に当期分の地代とともに支払われる。

第5節　費用収益対応の原則

1　費用収益対応の原則の意義

　前述のように，収益には実現主義の原則が適用され，「商品等の販売又は役務の給付によって実現したもの」（損益計算書原則三B）が収益として認識され，収入額をもって測定され，未実現収益を計上することが認められない。

　これに対して，費用は，発生主義の原則が適用され，財貨または用役の費消事象をもって認識され，支出額をもって測定される。したがって，一会計期間に発生した費用のうち，当期に実現した収益に対応する部分に限定する必要に迫られる。ここで適用される原則は，費用収益対応の原則と呼ばれる。

　費用収益対応の原則は，企業の経営成績を表示するために必要不可欠な基本原則であり，企業会計原則において，以下のように規定されている。

　　「損益計算書は，企業の経営成績を明らかにするため，一会計期間に属するすべての収益とこれに対応するすべての費用とを記載して経常利益を表示し，これに特別損益に属する項目を加減して当期純利益を表示しなければならない。」（損益計算書原則一）

なお，費用収益対応の原則の適用範囲は，見解の分かれるところであるが，この点については，次の2 対応関係の態様において取り上げることとする。

ある会計期間に発生した費用は，費用収益対応の原則の適用を受け，当期の収益に対応する部分が損益計算書に計上され，次期以降の収益に対応する部分が資産として貸借対照表に計上されることになる。この関係を図示すると，次の〔図表6－8〕のようになる。

図表6－8　費用収益対応の原則と費用及び資産の関係

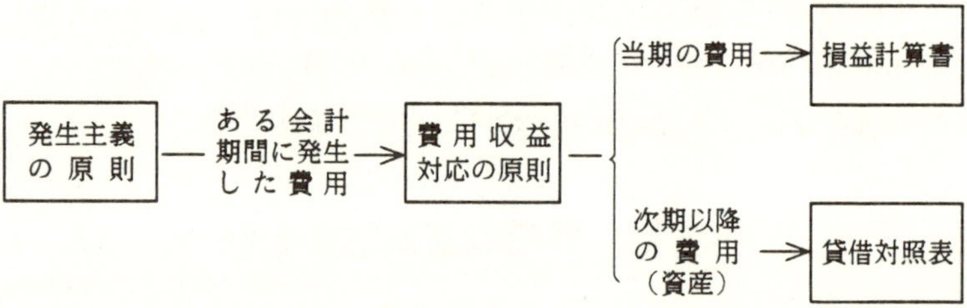

発生主義の原則 → ある会計期間に発生した費用 → 費用収益対応の原則 →〔当期の費用 → 損益計算書／次期以降の費用（資産）→ 貸借対照表〕

2　対応関係の態様

収益と費用との因果関係という視点からは，売上高と売上原価や販売費および一般管理費との対応関係が取り上げられる。このうち，売上高と売上原価との対応関係は，例えば，商品の売上原価が商品の販売数量に比例して増減するように，最も密接な対応関係であり，直接的または個別的な対応関係と呼ばれる。他方，売上高と販売費および一般管理費との対応関係は，売上高と売上原価との対応関係のような明確な対応関係にある訳でない。販売費および一般管理費のうち販売費は比例的な関係が見出せるものと見出せないものとが混在し，一般管理費は比例的な関係を持っていない。このような対応関係は，間接的または期間的な対応関係と呼ばれる。以上を整理すると，次頁の〔図表6－9〕のようになる。

第6章 費用会計

図表6－9 対応関係の態様（その1）

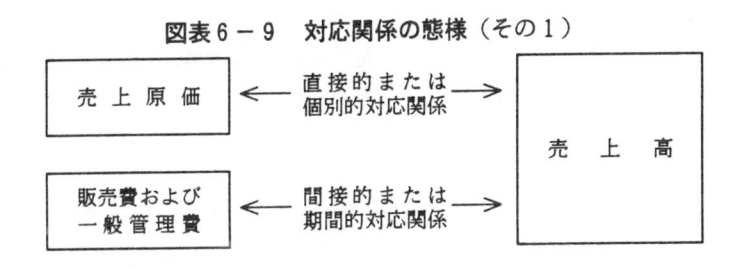

```
┌─────────┐   直接的または
│ 売 上 原 価 │ ←──────────→  ┌─────────────┐
└─────────┘   個別的対応関係    │             │
                              │  売  上  高  │
┌─────────┐   間接的または    │             │
│ 販売費および │ ←──────────→  └─────────────┘
│ 一般管理費  │   期間的対応関係
└─────────┘
```

　上述の対応関係は，努力と成果，または原因と結果というような関係であるが，同じ経常損益計算区分での対応表示であっても，営業外収益と営業外費用との対応関係には，そのような関係は見出すことができない。ここでの対応関係は、例えば，貸付取引から生じた受取利息と借入取引から生じた支払利息が，財務取引を源泉とすることに見られるように，経常的・反復的な経営活動から生じる取引源泉面での同質性からみた対応関係と解される。これに対して，経常損益を構成しない特別利益と特別損失との対応関係を取り上げる場合，例えば，固定資産売却益と固定資産売却損に見られるように，非経常的・非反復的な経営活動から生じる取引源泉面での同質性からみた対応関係と解される。以上を整理すると，次の〔図表6－10〕のようになる。

図表6－10 対応関係の態様（その2）

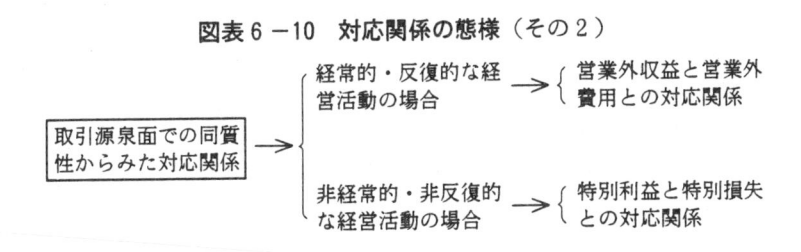

```
                    ┌ 経常的・反復的な経     ┌ 営業外収益と営業外
┌─────────────┐   │ 営活動の場合      →  │ 費用との対応関係
│ 取引源泉面での同質 │ →│
│ 性からみた対応関係 │   │ 非経常的・非反復的    ┌ 特別利益と特別損失
└─────────────┘   └ な経営活動の場合   →  │ との対応関係
```

81

(注)
1) わが国の企業会計原則は，昭和49年修正前まで当期業績主義損益計算書を採用していた。なお，当期業績主義損益計算書には，期間損益項目が計上され，期間外損益項目は，期間損益計算の後を受けて作成される利益剰余金計算書と呼ばれる別の財務諸表に計上された。
2) 期間損益と期間外損益とを厳密に区別することは困難であり，最終的な利益の数値を開示するほうが有用であるとする考え方である。現行企業会計原則上，包括主義損益計算書が採用されている。
3) 商法計算書類規則上，経常損益の部は，営業損益の部と営業外損益の部に分かれ，営業損益の部において，営業収益から営業費用を控除して営業利益が算定される（計算書類規則第37条）。
4) 食品メーカーや電機メーカーなどの製造企業の場合には，販売した製品の原価であり，次のように計算される。

売上原価＝期首製品棚卸高＋当期製品製造原価－期末製品棚卸高

なお，当期製品製造原価は適正な原価計算手続を経て算定され，損益計算書に添付される製造原価明細書にその内訳が示されることになる。
5) 時価主義会計を採用する場合には，収益の測定基礎が実際の収入額でなくなるのと同様に，費用の測定基礎も実際の支出額ではなくなる。そこでは，支出額を一般物価指数で修正したり，支出額ではなくて取替原価や現在原価が用いられたりする。
6) 企業会計原則は，減価償却という用語を有形固定資産の費用配分だけでなく，無形固定資産や繰延資産の費用配分においても用いている。

「有形固定資産は，当該資産の耐用期間にわたり，定額法，定率法等の一定の減価償却の方法によって，その取得原価を各事業年度に配分し，無形固定資産は，当該資産の有効期間にわたり，一定の減価償却の方法によって，その取得原価を各事業年度に配分しなければならない。繰延資産についても，これに準じて，各事業年度に均等額以上を配分しなければならない」（貸借対照表原則五）。

第7章 資産会計

第1節 資産認識と測定

　企業が保有している現金・預金，貸付金，株などの有価証券，商品や製品，土地や建物などを総称して資産という。これらの各資産すべての共通項を探してそれを定義付けることを資産の概念規定という。そして規定された資産概念を満たすものを会計上資産として記録することを資産の認識という。さらに，認識された各資産を各資産の持つ特殊性を考慮して分類する作業を資産の分類という。また，認識された資産に数値を当てはめる作業を資産の測定という。

1　資産概念

　現金や有価証券，商品，土地，建物などに共通する特質を明確にすることは簡単なようで難しく，過去いろいろな説が現れてきている。ここでは代表的な経済的効益説をあげて説明する。

　経済的効益説とは，経済的効益（Economic Benefits）の有無を資産の認識基準とする説である。ここで経済的効益とは，企業活動への役立ちを意味している。例えば販売目的の製品などは，それを販売することで将来企業に現金収入をもたらすことができるという意味で企業に役立っており，そのため資産として認識される。また工場などは，将来販売する製品を製造するのに役立っており，その意味で資産性が認められる。このように企業活動において様々な形で役立つものを資産とするのである。ただ，「役立ち」というだけでは抽象的なため，個別に測定できること，その企業にのみ排他的に役立つものであることという限定条件が付けられる。

2　資産の分類

認識された資産は，いくつかの観点から分類することができる。ここでは以下の2つの分類基準をみていくことにする。

(1) 貨幣性資産と非貨幣性資産

貨幣性資産とは，現金及び預金・貯金，受取手形，売掛金，貸付金といった貨幣請求権である金銭債権を指す。また，すぐに現金に換えることのできるいわゆる市場性のある有価証券などもこれに含まれる。これに対して非貨幣性資産とは，貨幣性資産以外の資産を総称する。商品や製品，建物，備品，土地などがこれに含まれる。

(2) 流動資産と固定資産

この分類方法において資産を流動資産と固定資産に分類する基準は複数存在している。まず，企業の正常な営業の循環過程の中にある資産を流動資産とする。これを営業循環基準と呼ぶ。正常な営業の循環過程の中にあるということの意味は，例えば商業の場合であれば，商品を購入しその代金を支払い，その後商品を販売し代金を回収するといった繰り返し行われる営業の過程の中で生じた資産であることである。この基準により，商品や売掛金といった資産が流動資産とされる。

次に，その他の資産について一年以内に現金化されるか，使い切ってしまう（費消される）資産を流動資産とし，一年を超える資産を固定資産とする。これを一年基準という。固定資産に分類された資産はさらに形態別に有形固定資産，無形固定資産，投資その他の資産の3つに分けられる。

また流動資産と固定資産のほかに繰延資産という資産が認められている。この繰延資産はほかの資産とは異なり，売却して現金等にかえることのできない（財産価値のない）資産であるため，流動資産，固定資産とは別項目として扱われる。以上の分類過程を表にすると次頁の〔図表7-1〕ようになる。

図表 7 − 1

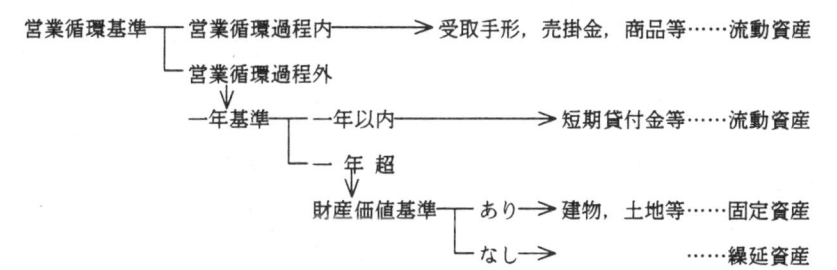

```
営業循環基準 ─┬─ 営業循環過程内 ─────→ 受取手形, 売掛金, 商品等……流動資産
              └─ 営業循環過程外
                  │
                  一年基準 ─┬─ 一年以内 ─────→ 短期貸付金等……流動資産
                            └─ 一 年 超
                                    │
                                    財産価値基準 ─┬─ あり→ 建物, 土地等……固定資産
                                                  └─ なし→          ……繰延資産
```

こうした分類の結果,資産は貸借対照表上以下のように区分されて表示されることになる。

貸借対照表

資産の部
 Ⅰ 流動資産
 Ⅱ 固定資産
  (1) 有形固定資産
  (2) 無形固定資産
  (3) 投資その他の資産
 Ⅲ 繰延資産

このように貸借対照表では現金へのかわり安さ（流動性）の高い順に資産を表示するが,これを流動性配列法と呼んでいる。この配列法は,負債にも適用され,企業の支払能力を評価するために役立っている。

3　資産の測定

認識された資産に貨幣的な数値を割り当てることを資産の測定という。測定は取得時と決算時の二段階に分けることができる。また,資産が取得されたとき,取引価額で測定される。すなわち,資産取得に対する支出額である取得原価か,あるいは受取手形や売掛金の場合のように将来の収入額をもって測定される。

決算時の測定は評価とも呼ばれる。評価に関する考え方は大きく分けて二つ

ある。一つは取得原価を評価の基準とする考え方で、もう一つは時価を評価の基礎とする考え方である。時価によって資産を評価することを特に時価評価という。

取得原価を評価の基準とするといっても、評価の仕方は一様ではない。①取得時の測定額のまま据え置かれるもの、②将来の収入額にまで修正していくもの、③資産が費消したらその分の取得原価を減額して費用にしていくものという3つのパターンがある。②には売上債権などの金額を回収可能額まで引き下げるような場合と、債権金額と取得金額が異なり、取得価額を債権金額まで加減していくような場合がある。③は、費消分の資産の取得原価を費用に配分していくことから、費用配分の原則と呼ばれる。後述する棚卸資産の費用配分や減価償却がこの典型である。

他方、時価を測定の基礎とする場合、まず時価とは何かが問題となる。いろいろな時価が考えられるが、代表的な時価をあげると以下のようになる。

市場価格：市場において形成される取引価格などをいう。市場がない資産には適用できない。

取替原価：評価時点で同じか同等の資産を再取得ないしは再製作した場合に要する金額をいう。

売却時価：評価時点で当該資産を売却した場合に得られる金額をいう。

決算日に資産を時価評価すると、取得原価と差額が生じる。この評価差額を当期の損益とするか資本に直接増減させるかについては議論となっている。

第2節 流動資産

流動資産は、貨幣性資産と非貨幣性資産に区分できる。貨幣性資産として、現金、預金、金銭債権及び有価証券があげられ、非貨幣性資産として棚卸資産などがあげられる。

第7章 資産会計

1 現金・預金, 金銭債権

(1) 内容と分類

現金, 当座預金は流動資産として区分されるが, 定期預金については一年基準が適用される。金銭債権のうち受取手形, 売掛金などの営業債権については営業循環基準が適用され, 流動資産に区分される。貸付金などの営業外債権には一年基準が適用される。

(2) 現金・預金, 金銭債権の測定

現金・預金等の決算時における測定額は決算時に存在する現金・預金等の有り高となる。金銭債権は貨幣性資産であるので, 収入額で測定される。ただし, 決算時に回収ができなくなるおそれがあればその金額を見積もらなければならない。金銭債権が回収できなくなる事態を貸倒れといい, この金額の見積額を貸倒見積額という。貸倒見積額は金銭債権の額から控除され, 貸倒引当金繰入額という費用に転化する。

2 有価証券

(1) 有価証券の内容と分類

会計上有価証券とは, 株式, 社債, 国債, 地方債といったいわゆる外部投資形態の証券をいう。流動資産に属する有価証券にはすぐに換金できる市場が存在していることすなわち市場性があることが必要とされる。市場性のある有価証券とは, 証券取引所に上場され, そこで売買できる有価証券及び証券会社の店頭で売買することのできる店頭銘柄の有価証券をいう。また, 市場性のある有価証券でも子会社の株式に代表されるようにその会社を支配する目的で長期的に保有している有価証券などは流動資産とされず, 固定資産の中の投資その他の資産に分類される。従って, 有価証券を流動資産, 固定資産に分類する基準は市場性の有無と所有目的の二つになる。

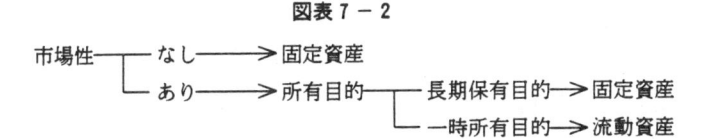

図表7－2

```
市場性─┬─なし──→固定資産
        └─あり──→所有目的─┬─長期保有目的─→固定資産
                              └─一時所有目的─→流動資産
```

(2) 有価証券の測定

有価証券は，取得時にはその取得のために支出した額（取得原価）をもって測定される。有価証券の取得原価は，その額面価額にかかわらず，購入代価＋購入手数料となる。従来，期末における評価は，例外の場合を除き，時価の変動いかんにかからず取得原価のまま測定額を変更しない原価基準が原則とされてきた。しかし平成11年に「金融商品に係る会計基準」が公表され，平成13年4月から時価（市場価格）で評価する時価基準が導入されることになった。

この新しい会計制度によると，有価証券は市場価格のある有価証券とない有価証券に分けられる。市場価格のある有価証券はさらに，売買目的有価証券，満期保有目的の債権，子会社株式および関連会社株式，その他の有価証券の4つに分けられる。このうち，満期保有目的の債権，子会社株式および関連会社株式は，時価の変動により利益を得ることを目的としていないことが明らかであることを根拠に，また市場価格のない有価証券は市場価格がないことを根拠として，従来通り取得原価で評価することとし，それ以外は市場価格で評価することになった。

なお，取得原価で評価する有価証券でも，市場価格ないしは実質価値が著しく下落した場合は，回復すると見込まれる時を除いて，下落した時価ないしは実質価値で評価しなければならない。これは強制評価減と呼ばれ，原価基準をとっている場合の例外的な評価減として位置づけられる。なお，実質価値は以下の式で算定される。

$$実質価値 = \frac{純資産}{発行済株式総数} \times 持株数$$

3 棚卸資産

(1) 棚卸資産の内容

棚卸資産とは，商品，製品といった販売目的のために保有する資産，製品を製造する過程にある仕掛品や半製品といった資産及び製品を製造するために費消する原材料や工場消耗品といった資産をいう。棚卸資産は営業循環基準によ

り，流動資産に分類される。

(2) 取得原価の決定

棚卸資産は非貨幣性資産に分類され，それを取得したときは支出額を基礎に測定される。棚卸資産を購入した場合の取得原価は，購入代価＋付随費用となる。付随費用は，引取運賃や購入手数料といった外部副費と，購入事務費や保管料といった内部副費とからなる。また製造する場合は適正な原価計算の手続きにより算定された製造原価をもって取得原価とする。

(3) 棚卸資産の費用配分

棚卸資産の取得原価は費用配分の原則に従って費用に配分されるが，その段階は三段階に分かれる。そこで商品の場合を例にとり，段階を追って説明する。

〈第一段階〉

第一段階は，期中に受け入れた商品の取得原価の総額（期首商品棚卸高＋当期商品仕入高）を販売した商品の原価である売上原価と期末に売れ残った在庫商品の金額に分ける過程である。破損や紛失がある場合はそれを棚卸減耗費として売上原価と期末在庫商品額とは別に把握する必要がある。この段階では販売された数量と在庫数量を計算する数量計算の方法と，それぞれの数量に乗じられる価格の決定を行う価格計算方法が問題となる。

① 数量計算方法

数量を計算する方法には，継続記録法と棚卸計算法がある。継続記録法とは，商品の受け入れや払い出しが行われたつど帳簿に記録することによって，販売された数量と在庫数量を計算する方法である。これに対して棚卸計算法とは，一定期間ごとに商品の実地棚卸を行って在庫数量を把握し，在庫数量から逆算して販売数量を計算する方法である。今日ではこの二つの方法が併用され，販売数量，破損・紛失等による減耗数量及び在庫数量のすべてを正確に把握できるよう工夫されている。

② 価格計算方法

商品の購入価格は，購入時期や購入先によって異なることが多い。このように購入した商品の購入価格が異なる場合の価格計算方法として代表的なものは

以下の通りである。

個　別　法：商品を販売する都度，その販売された商品の取得原価を確認する方法。

先入先出法：先に仕入れた商品から順に販売されると仮定して価格を計算する方法。

後入先出法：後に仕入れた商品から順に販売されると仮定して価格を計算する方法。

移動平均法：商品を購入する都度，加重平均単価を算出する方法。

総　平　均　法：一会計期間内における受入金額の合計額を総受入数で割って平均単価を求める方法。

売価還元法：期末の在庫品の売価に原価率を乗じて期末商品棚卸高を算定する方法。計算式を示すと以下のようになる。

$$原価率 = \frac{期首繰越商品原価 + 当期受入原価総額}{期首繰越商品小売原価 + 当期受入原価総額 + 原始値入額 + 値上額 - 値上取消額 - 値下額 + 値下取消額}$$

期末商品棚卸高 ＝ 期末在庫品売価 × 原価率

　棚卸資産の費用配分の第一段階で，売上原価，棚卸減耗費及び在庫商品額が求められる。商品の受入総額が売上原価，棚卸減耗費といった費用に配分され，残ったものが在庫商品額となる。棚卸減耗費は，それが正常な範囲内であれば（原価性があれば）売上原価の内訳科目か販売費として処理され，異常なものであれば（原価性がなければ）特別損失として処理される。

〈第二段階〉

　第二段階は，第一段階で残った在庫商品について実地に調査して，品質低下などがあった場合，品質低下した商品について単価切り下げを行い，切り下げ分を品質低下評価損という費用に配分する過程をいう。ここで算出された品質低下評価損は，原価性があれば売上原価の内訳科目か販売費として処理され，原価性がなければ特別損失として処理される。

〈第三段階〉

　棚卸資産の決算時における測定基準として原価基準と低価基準の選択適用が

認められている。低価基準を採用した場合，時価が原価を下回った時その額を低価評価損として費用に配分するが，この過程が第三段階に相当する。このとき生じる低価評価損は売上原価の内訳科目か営業外費用として処理される。

原価と比較される時価として，正味実現可能価額ないし，再調達原価があげられる。正味実現可能価額とは売価から販売までに必要と見積もられるアフターコストを差し引いた金額をいう。再調達原価とは，決算時に同一の商品を購入する場合に必要な額をいう。

(4) 強制低価評価損

現行制度上，時価が取得原価より著しく下落した場合でかつ回復する見込みがないか不明な場合（すなわち，回復する見込みがある場合を除いた場合）は，たとえ原価基準を採用していても時価で測定しなければならない。このとき生じた強制低価評価損は営業外費用か特別損失として処理される。

4　その他の流動資産

前節までに取り上げた資産のほか，流動資産に属する資産として，未収収益，前払費用，自己株式などがあげられる。

(1) 経過勘定項目

経過勘定とは，時の経過に従って役務を享受したり，提供する契約から生じる勘定である。これには，未収収益，前払費用のほか，負債である未払費用，前受収益がある。

未 収 収 益

未収収益とは，一定の契約に従い，継続して役務の提供を行う場合，すでに提供した役務に対して，いまだ，その対価の支払を受けていないものをいう。未収利息，未収家賃などがその例である。未収収益は時の経過に依存して生じるという点で未払金と異なっている。決算日に即時的に金銭を請求する権利はないが，一種の金銭債権（貨幣性資産）として資産性が認められる。一年基準は適用されず，すべて流動資産とされる。

前払費用

前払費用とは，一定の契約に従い，継続して役務の提供を受ける場合，いまだ提供されていない役務に対して支払われた対価をいう。前払家賃，前払保険料などがその例である。前払費用は，提供される役務が時の経過に依存するという点で前払金と相違する。未収収益は一種の金銭債権であったが，前払費用は役務の提供を受ける権利（非貨幣性資産）として資産性が認められる。経過勘定項目の中で前払費用だけが一年基準の適用を受ける。

(2) 自己株式

自社が発行した株式を取得した場合，有価証券勘定で処理せずに，自己株式として区別して取り扱うことになる。商法では特殊な場合を除き自己株式の取得を禁じているためである。また，ほかの株式と同様有価証券の特徴を備えており，取得した場合でも早期の売却が要請されているため，資本金の減少とせず，流動資産に帰属させる。

第3節　固定資産

固定資産は，形態別に有形固定資産，無形固定資産及び投資その他の資産に分類される。

1　有形固定資産

(1) 種類と資産性

有形固定資産とは，企業の経営活動において長期的に使用することを目的に保有する有形の資産である。建物，構築物，機械装置，船舶，車両運搬具，工具器具備品，土地，そして建設途中の建物・構築物等を示す建設仮勘定がこれに属する。

(2) 取得原価

有形固定資産は非貨幣性資産であるため，その測定は原則として支出額を基礎に行われる。従って，その取得原価も支出額を基礎にするが，支出を伴わな

い場合もあり，取得の形態により異なってくる。

購　入

購入により取得した場合は，購入代価に付随費用を加えて取得原価とする。付随費用は，買入手数料，運送費といった外部副費と据付費，試運転費といった内部副費から構成される。

自家建設

自家建設した場合は，適正な原価計算基準に従って計算された製造原価をもって取得原価とする。建設に要する借入資本の利子で稼働前の期間に属するものは，これを取得原価に算入することができる。

現物出資

現物出資により取得した場合は，出資者に対して交付された株式の発行価額をもって取得原価とする。

交　換

交換により取得した場合は，交換に供された自己資産が固定資産であるときはその簿価をもって取得原価とする。交換に供された自己資産が株式や社債などの有価証券の場合には有価証券の時価または簿価をもって取得原価とする。

贈　与

贈与によって取得した場合は，時価などを参照にした公正な評価額をもって取得原価とする。

(3) 減価償却

有形固定資産は，長期にわたって使用される資産ではあるが，土地を除き，永久に使えるわけではない。何年か，何十年か使っていくといずれは使用できなくなるか，それ以上の使用が経済的ではなくなってくる。そして最終的には有形固定資産はその使用目的に耐えられるものではなくなる。こうした事実を資産の認識基準との関連で会計的に考えると次のようになる。

まず，有形固定資産は，長期的に使用するために保有する資産であり，長期的な使用価値があるからこそ資産として認識されると考える。そしてこの使用価値を数値で示したものが有形固定資産の取得原価となる。

次に，長期的な使用価値は日々の使用価値（ここでは，日々のと表現したが，後にみるように通常会計では一年ないし一か月単位で考える）の総計であると考える。例えば，5年間使えると見込まれる有形固定資産は，日々の使用価値を5年分総計した価値をもっている。

　さらにその次に，日々有形固定資産を使っていくと，たとえその時点で当該有形固定資産の使用目的に支障なく使えていたとしても，残りの使用価値が減っていくと考える。例えば，製品の製造のために使う機械が5年間は使えるとする。この機械を2年間使ったとしても，まだまだ製品の製造のために支障なく使える。しかしながら，機械の使用価値は日々の使用価値の（この場合5年間の）総計であるため，2年間分は使ってしまって使用価値が減ってしまい，今では使用価値の残りは3年間分だけであると考えるのである。

　最後に，使用価値が減った分だけ，使用価値の総計である取得原価は減らさなければならないと考える。そしてこの有形固定資産の取得原価を減らすという作業を減価償却という。

　減価償却は資産の減少であり，同時に費用の発生でもある。ここで発生した費用は減価償却費と呼ばれる。これは有価証券の取得原価が減価償却費という費用に転化するとみることができる。したがって，減価償却は有形固定資産の費用配分の過程であるといえる。

(4) 減 価 原 因

　有形固定資産の使用できる期間を有限にし，その使用価値を減らす原因を減価原因という。減価原因は物質的原因と機能的原因に分かれる。

　　物質的原因

　有形固定資産が，使用ないし時の経過によって磨滅損耗してしまうために生ずる。

　　機能的原因

　技術進歩や内外の経済状況の変化によりそれを使用することが陳腐化するため，あるいは企業内部の経営方針の転換などによりそれを使用することが不適応化するために生ずるもの。

(5) 計算方法

減価償却計算が行われるのは通常の場合，毎決算時である。ただし期中に除却される場合は除却時に月割りで減価償却計算が行われる。また，原価計算の場合は毎月減価償却計算が行われ，減価償却費が製造原価に含まれる。減価償却の計算には，1 取得原価，2 耐用年数，3 残存価額という3つの計算要素が必要となる。

1 取得原価：有形固定資産の取得原価。
2 耐用年数：使用できると見込まれる期間。物質的減価および機能的減価を考慮した上で決定される。
3 残存価額：耐用年数が終わった時点で，スクラップ等として処分できると見積もられる価額。通常便宜的に取得原価の10%とされる。

この3つの計算要素をもとに減価償却額を計算する方法はいくつかあるが，基本的な方法として，定額法，定率法，生産高比例法などがあげられる。

定額法

取得原価から残存価額を差し引いた要償却高を耐用年数で除することによって減価償却額を計算する方法。計算式は以下の通りである。

$$減価償却額 = (取得原価 - 残存価額) \div 耐用年数$$

定率法

未償却残高に以下の式で算出される一定率の償却率を乗じて減価償却額を計算する方法。

$$償却率 = 1 - \sqrt[耐用年数]{\frac{残存価額}{取得原価}}$$

$$減価償却額 = (取得原価 - 償却累計額) \times 償却率$$

生産高比例法

自動車や航空機のように総生産高や総利用度が見積もられる場合に用いられる方法。総生産高や総利用度に対するその年度の生産高や利用度の割合で減価償却額を決定する。

$$減価償却額 = (取得原価 - 残存価額) \times \frac{当期生産高}{総生産高}$$

減価償却の計算要素は取得時に決められ、そして定額法などの特定の減価償却計算方法が選択される。これを減価償却計画の設定と呼び、この計画にそって計算する減価償却を正規の減価償却という。これ以外に、減価償却計画の設定時に予測できなかった新技術の開発等の理由によって有形固定資産が機能的に減価した場合には、臨時に減価償却しなければならない。これを臨時償却といい正規の減価償却とは区別される。また、火災などの災害によって有形固定資産の実体が滅失してしまった場合は、帳簿価額を減らさなければならないが、これは減価償却とはせず臨時損失とする。

(6) 表示方法

所定の方法により計算された減価償却費を表示する方法には、直接法と間接法がある。直接法は取得原価から直接減額する方法であり、間接法は、直接取得原価から減額せずに、減価償却累計額という勘定科目を用いて間接的に減額する方法である。

〔設 例〕

取得原価5,000,000円の建物を当期首に取得し、当期の減価償却額が450,000円であった場合。

直 接 法		間 接 法		
有形固定資産		有形固定資産		
建物	4,550,000	建物	5,000,000	
		減価償却累計額	450,000	4,550,000

(7) 取替法と減耗償却

減価償却とは異なるが、類似するものとして、取替法と減耗償却がある。

取 替 法

取替法とは、レールの枕木などのように同種のものが多数集まって一つの全体を構成していて、老朽品を逐次取り替えることによって全体が維持されるような固定資産に適用される方法である。当期に取り替えに要した支出額を当期の費用とする。固定資産の実体が取り替えられて替わっている点、また支出を

伴っているという2点で減価償却と相違する。

減耗償却

減耗償却とは，鉱山業における埋蔵資源のように採取されるにつれて枯渇する天然資源に適用される方法である。計算方法は生産高比例法と同一であるが，天然資源という固定資産の実体が製品化されるという点で減価償却と異なっている。

(8) **収益的支出と資本的支出**

有形固定資産は長期的に使用する資産であるため，その維持，改良などへの支出が必然的に伴ってくる。こうした支出は，その性格から収益的支出と資本的支出に分類され，処理方法も異なってくる。

収益的支出

使用による性能の低下を防止したり，低下した性能を復元したりするための支出は維持費，修繕費として処理される。このように費用処理される支出を収益的支出という。

資本的支出

使用している有形固定資産の性能を高めることを改良と呼び，このための支出を資本的支出という。資本的支出は改良された固定資産の取得原価に加算され，以後の減価償却の対象となる。

2 無形固定資産

無形固定資産は法的権利と営業権に分類される。

(1) **法的権利**

無形固定資産に区分される法的権利としては，特許権，実用新案権，商標権などがあげられる。無形固定資産は非貨幣性資産であり，その取得に要した支出額で測定される。こうした法的権利には期限が設けられていることが多く，その期限にそって償却がなされる。無形固定資産の償却は有形固定資産の減価償却と区別され，単に，償却と呼ばれる。

(2) 営　業　権

　営業権とは，同業他社と比較しての超過収益力要因をいう。特に法律で保護されているものではない。営業権は自己創設の営業権と，他社を合併または買収で取得したときに生じる有償取得の営業権に分けられる。自己創設の営業権はたとえそれが超過収益力という形での経済的効益が認められたとしても，具体的に何が超過収益力要因であるか特定することが困難なこと，そしてそのため，測定値を特定することができないことなどから，資産として認識されない。

　有償取得の営業権とは，例えば買収の場合，被買収会社の純資産を超える額の買収金額を支払った場合に帳簿上生じる借方差額である。この差額は，被買収会社の超過収益力を評価した金額としてとらえることができる。自己創設の場合と異なり，支出額が特定されるので，資産として認識される。制度上5年以内均等額以上の償却が要請されている。

3　投資その他の資産

(1)　**意義と内容**

　投資その他の資産には，有価証券のうち流動資産の部に含まれなかった満期保有目的の債権，子会社株式および関連会社株式，市場性のないその他の有価証券などや，一年基準の適用により流動資産に含まれなかった長期性の預金，長期貸付金などの金銭債権，長期前払費用などが含まれる。

(2)　**投資その他の資産の測定**

　投資その他の資産に属する金銭債権は流動資産に帰属する金銭債権と同様将来の収入額を基礎に測定される。また決算時に貸倒の可能性が高ければ貸倒引当金が設定される。

　投資その他の資産に分類される有価証券は原価基準により測定される。満期保有目的の債権も原価基準により取得原価で測定されるが，取得原価と債権価額が異なっており，この差額が金利の調整と認められる場合は償却原価法により測定されなければならない。たとえば額面より高い価格で社債を購入し，額面額と取得原価の差額が金利の調整と認められる場合は，償還期限までにその

購入額を額面額まで一定の方法で減額しなければならない。反対に額面額より低い価額で購入した場合は，額面額まで一定の方法で増額しなければならない。

ただし，市場価格のある有価証券について時価が著しく下落したときは，回復する見込みがある場合を除き，時価で評価しなければならない。また，市場価格のない有価証券について実質価額が著しく下落したときは，相当の減額をしなければならない。

第4節 繰延資産

(1) 繰延資産の内容

すでに代価の支払が完了しているか，支払義務が確定していて，さらにこれに対する役務の提供を受けているが，その役務の効果が将来にわたって生じると期待される場合，この支出額を将来の費用として貸借対照表上資産とすることができ，これを繰延資産という。繰延資産は，債権その他の法的な権利でもなく，実体を伴うものでも，換金できるものでもない。その支出の効果が将来の期間におよぶため，当期の費用とするよりは将来の費用として繰り延べる方が適切であるとの考えによって，将来費用として貸借対照表の借方に計上される特殊な資産である。このため，商法上，創立費，開業費，新株発行費，社債発行費，開発費，試験研究費，社債発行差金，建設利息の8項目だけが繰延資産としての計上を容認されている。しかし，国際的に，繰延資産の資産性についての再検討が進み，わが国においても平成10年3月に公表された「研究開発費等に係る会計基準」では，研究開発費の繰延資産計上を認めないこととなった。同基準は証券取引法適用会社が遵守しなければならない基準である。同基準に規定する研究開発費は商法上繰延資産としての計上が容認される試験研究費と一部開発費を含んでいる。したがって，証券取引法適用会社の場合，試験研究費は繰延資産として計上することができない。そこで，商法上容認される繰延資産8項目のうち試験研究費を除いた7項目について説明する。

(2) 繰延資産の種類と測定

創 立 費

創立費とは，会社の設立に要した費用であり，定款作成費，発起人報酬などがこれに含まれる。創立費の効果は会社の存続する全期間におよぶものと考えられるが，商法では5年以内毎決算期均等額以上の償却が要請されている。

開 業 費

開業費とは，会社の設立後営業の開始までに要した費用であり，広告費や使用人の給料などがこれに含まれる。開業費の効果は創立費と同様，会社の存続する全期間におよぶものと考えられるが，商法では5年以内毎決算期均等額以上の償却が要請されている。

新株発行費

新株発行費とは，増資のために新しく株式を発行するときに要した費用であり，株券印刷費や，募集広告費などがこれに含まれる。新株発行費の効果は新株の発行以後の会社の存続期間におよぶと考えられるが，商法では3年以内毎決算期均等額以上の償却が要請されている。

社債発行費

社債発行費とは，社債を発行するときに要した費用であり，社債券印刷費や募集広告費などがこれに含まれる。社債発行費の効果は社債の償還期限にわたるものと考え，商法は3年以内毎決算期に均等額以上の償却を要請している。

開 発 費

開発費とは，新技術・新経営組織の採用，資源の開発，市場の開拓などのために特別に支出した費用をいう。毎期経常的に支出される費用はこれに含まれない。開発費の効果は，新技術などが実際に採用されてそれにより収益があがるときに発現すると考えられるが，商法では5年以内毎決算期均等額以上の償却が要請されている。

ただし，主として上場企業を規制対象とする「研究開発費等に係る会計基準」では，一部開発費に相当する項目の資産計上は認めていない。

第7章 資産会計

社債発行差金

社債発行差金とは，社債を割引発行したときに生じる借方差額である。商法上繰延資産とされるが，会計理論では繰延資産ではなく社債のマイナスの評価勘定であるとの説が有力である。商法上，社債の償還期限内において毎決算期均等額以上の償却が要請される。

建 設 利 息

会社の設立後，営業開始までに2年以上かかってしまう場合，その会社は営業開始までの間，株主に配当を支払うことが認められている。これは会計理論上資本の払い戻しに相当するが，商法では繰延資産としてこれが認められ，営業が開始され利益配当ができるようになってから償却されることになる。

第8章 負債会計

第1節 負債の意義

1 負債の概念と分類視点
(1) 負債の概念

　負債の概念は，資産・資本・収益・費用とともに会計上の最も重要な概念の一つである。イタリアのジェノバやヴェニスで複式簿記が発生したといわれる14世紀頃では，銀行業を中心として金銭の収支や債権・債務の記録計算がすでに行われていたことから，負債概念は法的債務性を有するものとして複式簿記と密接な関係をもっていた。

　しかしながら，今日の企業会計における負債概念は，法的債務性を有するという伝統的な負債概念だけではなく，また必ずしも統一的な見解がなされているわけでもない。というのも，第一に，今日の企業会計が継続企業を前提とした発生主義会計であり，会計期間を人為的に区切って期間損益計算を正確に行うことを目的としているので，企業が所有する経済価値の費消等の時点をもって費用の認識とする結果，法的債務性のないものも負債概念に含まれるようになり，伝統的な負債概念では説明できなくなったからである。第二に，証券・金融市場のグローバル化なども含め，今日の企業環境は経営の多角化・国際化等に伴って多種多様で複雑化し，様々な取引形態も生み出されており，その結果として，リース取引の経済的実質優先思考によるリース債務，デリバティブ取引（先物取引・先渡取引・オプション取引等）の金融債務，退職給付会計における年金負債（退職給付債務から年金資産を控除した分），さらには税効果会計における一時差異の繰延税金負債なども負債概念に含まれるに至り，負債概念はさ

らに拡大化傾向にあるからである。このような状況下で，財政状態の判断資料としての意味をもつ貸借対照表そのものの再検討が進められてきているが，企業環境の著しい変化への会計的対応が遅れがちであり，いまだその解明が十分になされているとはいい切れない面がある。

結局のところ，負債概念がどのような意義をもつかは，貸借対照表の本質観に関わる重要な問題であるので，資産や資本との関係において捉えることになる。したがって，そこでの負債概念としては，①消極財産説，②他人資本説，③債権者持分説などが挙げられる。

① 消極財産説

貸借対照表の作成目的が企業の財産計算にあるとするとき，企業の純財産（正味財産）である資本は資産から負債を控除した結果として求められるので，資産は企業の所有する積極財産（正の財産価値），負債は消極財産（負の財産価値）とされる。この説は，資本等式と結びつき，企業を出資者の所有物とする資本主理論に基づくものである。

② 他人資本説

貸借対照表の作成目的が決算日における企業の財政状態の表示にあるとするとき，その財政状態の表示に最も適するのは企業資本の調達・運用の状態である。この場合，企業資本をその運用面から捉えたものが資産であり，企業資本をその調達源泉面から捉えたものが負債と資本である。この説は，貸借対照表等式と結びつき，企業を資本主の人格とは別個の独立した存在として捉える企業主体理論に基づくものである。

③ 債権者持分説

この説は，企業が所有と経営の分離に基づいて株主から独立して存在するとみており，貸借対照表の貸方を，企業資本提供者の権益を示す持分概念で説明している。すなわち，負債を帰属関係からみれば，株主持分あるいは企業体持分である資本と異なり，債権者持分（請求権）を示すことになる。この説は，貸借対照表等式と結びつき，企業体理論に基づくものであり，1957年のアメリカ会計学会（AAA）会計原則改訂版でもみられる。

また，上記以外の負債概念には，①法的債務説，②後給付説，③将来の経済的便益犠牲説などがある。

① 法的債務説

負債は企業が法的に負担する財貨・用役の提供義務であり，法的債務性のない引当金は含まれていないとする説である。この説は，静態論会計における負債概念を示しており，修繕引当金などの説明がつかないことになる。

② 後給付説

この説は，シュマーレンバッハ（E. Schmalenbach）によるもので，貸借対照表を損益計算の補助的手段であるとする考え方で，動態論会計での負債概念である。すなわち，貸借対照表の借方を前給付，貸方を後給付とするものである。後給付とは，企業が外部利害関係者に対して将来に提供すべき給付のことであり，その内容は費用未支出，収入未支出，収入未収益，費用未収益である。しかし，収入未支出には資本概念も含まれるので，資本との区別がつかないことになる。

③ 将来の経済的便益犠牲説

負債は発生の可能性の高い経済的便益の犠牲をもたらす現在の義務であるとする説であり，財務会計基準審議会（FASB）概念報告書などの負債概念がその例である。現在の義務ではない資本との区別がなされるが，割賦販売における繰延割賦売上利益のような繰延収益もこの負債には含まれないことになる。

(2) 分類視点

負債の分類には，①会計の実質的行為である認識・測定面での分類と②形式的行為である表示面での分類がある。前者が一般的であるが，後者も負債の基本的属性を考慮すれば，重要な分類といえる。

① 認識・測定面での分類

会計上の負債を会計行為の認識面から分類する場合，その負債が生じる取引の性質から分類する方法と，法的債務性の観点から分類する方法とがある。

負債を取引の性質から分類すれば，営業負債と営業外負債に分けられる。営業負債とは，通常の営業取引によって生じた債務（営業循環基準の適用を受ける

負債）であり，購入した財貨・用役に対する支払義務と受け取った対価に対する財貨・用役の提供義務である。営業外負債は，営業取引以外の取引から生じた債務であり，金融取引で生じた債務や引当金などもこれに含まれる。

負 債 ｛ 営 業 負 債（営業取引）
　　　　営業外負債（営業外取引）

　負債を法的債務性の観点から分類すれば，法的債務性のある負債と法的債務性のない負債とに分けられる。法的債務性のある負債には，履行期日・金額及び相手先が確定している確定債務と確定していない未確定債務とがある。確定債務には，金銭支払（返済）義務や財貨・用役提供義務がある。また，未確定債務には条件付債務があり，法的債務性のない負債には，商法第287条ノ2の引当金がある。

負 債 ｛ 法的債務性のある負債 ｛ 確 定 債 務 ｛ 金銭支払（返済）義務
　　　　　　　　　　　　　　　　　　　　　　　　財貨・用役提供義務
　　　　　　　　　　　　　　　未確定債務 ── 条件付債務
　　　　法的債務性のない負債 ──── 商法第287条ノ2の引当金

② 表示面での分類

　貸借対照表における負債を財務安全性の観点から分類すれば，流動負債と固定負債とに区分表示することができる。このような貸借対照表上の流動負債と固定負債との分類基準には，資産の分類と同様に営業循環基準と一年基準（ワン・イヤー・ルール）とがある。つまり，営業循環基準に基づいて，正常な営業循環の過程にある負債が流動負債とされ，正常な営業循環の過程にない負債については，一年基準が適用される。貸借対照表日（決算日）の翌日から起算して一年以内に支払日が到来するか，または収益化するものが流動負債とされ，一年を超えるものは固定負債とされる。なお引当金については，商法計算書類規則第33条の規定で「負債の部に別に引当金の部を設けて記載すること」も認めており，引当金の部を設けない場合には，第287条ノ2の引当金であることを注記しなければならない。また引当金は，上記の一年基準が適用される。

第8章 負債会計

（商　法）
負債の区分表示 ｛ 流動負債の区分
　　　　　　　　固定負債の区分
　　　　　　　　引当金の区分

第2節　流動負債

1　流動負債の意義・内容

(1) 流動負債の意義と範囲

　流動負債は，固定負債に対する概念であり，比較的短期間に金銭の支払期限ないし役務（商品・サーヴィス等）の提供期限が到来する負債である。

　流動負債に属するものについては，財務諸表等規則第49条で，支払手形・買掛金・短期借入金・未払金・未払費用・前受金・預り金・前受収益・引当金・その他の項目の区分に従い，当該負債を示す名称を付した科目で貸借対照表上に掲記することとしているので，これに従って流動負債を取り上げる。

(2) 流動負債の種類

　流動負債を営業活動の観点から分類すれば，次のとおりである。

流動負債 ｛ 営業負債……支払手形・買掛金・前受金等
　　　　　　営業外負債……短期借入金・未払金・未払費用・預り金
　　　　　　　　　　　　　・前受収益等
　　　　　　引　当　金……賞与引当金・製品保証引当金・修繕引当
　　　　　　　　　　　　　金・工事補償引当金・売上割戻引当金等

（※引当金については，支払期日・金額が確定している他の負債とは異質のものであるので区別しておくが，営業取引以外の取引から生ずる営業外負債に属するものである。）

① 営業負債

　主たる営業取引において生ずる営業負債には，買掛金，支払手形，前受金等がその例として挙げられる。

　買掛金とは，通常の営業活動の一つである掛取引で商品・原材料等を仕入れる場合に生ずる仕入先に対する金銭支払義務である。返済期限の長期・短期に関わりなく，すべて流動負債として計上される。

支払手形とは，通常の営業活動の一つである手形取引で商品・原材料等を仕入れる場合に生ずる仕入先に対する金銭支払義務である。返済期限の長期・短期に関わりなく，すべて流動負債として計上される。

前受金とは，通常の営業活動の一つである商品等の販売取引で，契約時に前もって受け取る内金に対する商品等の提供義務である。提供期限の長期・短期に関わりなく，すべて流動負債として計上される。

② 営業外負債

主たる営業取引以外の取引において生ずる営業外負債には，短期借入金，未払金，預り金，未払費用，前受収益等がその例として挙げられる。

短期借入金とは，借用証書または金融手形を用いることで金融機関から金銭の提供を受けた場合の金銭返済義務である。貸借対照表日の翌日から起算して一年以内に返済する短期の返済義務であるので，一年基準により流動負債として計上される。

未払金とは，固定資産等の取得取引のような主たる営業取引以外の取引から生ずる未払いによる金銭支払義務である。すでに支払期日が到来しているので，一年基準により流動負債として計上される。

預り金とは，従業員や役員等から旅行積立金などの名目あるいは所得税として一時的に金銭を預かる場合に生ずる金銭返済義務である。一時的に預かるので，一年基準により流動負債として計上される。

前受収益は，一定の契約に従い，継続して役務提供を行う場合に生ずる債務である。すなわち，当期中にすでに金銭を受け取っているが，期末時点でまだ収益として発生していない場合の役務提供義務である。

未払費用は，一定の契約に従い，継続して役務提供を受ける場合に生ずる債務である。すなわち，すでに当期に費用として発生しているが，期末時点でまだ支払っていない場合の金銭支払義務である。

③ 引 当 金

流動負債の部に計上される引当金には，賞与引当金・製品保証引当金・工事補償引当金・売上割戻引当金・修繕引当金等が挙げられるが，詳細は第4節で

示すことにする。

第3節　固定負債

1　固定負債の意義・内容

(1) 固定負債の意義と範囲

　固定負債は，流動負債に対する概念であり，比較的長期にわたって金銭の支払義務ないし役務（商品・サーヴィス等）の提供義務が到来する負債である。

　固定負債に属する負債について，財務諸表規則第52条では，社債・転換社債・長期借入金・関係会社長期借入金・引当金・その他の項目の区分に従い，当該負債を示す名称を付した科目で，貸借対照表上に掲記することが規定されている。

　上記の固定負債を金融活動の観点から分類整理すれば，金融負債とそれ以外の負債（引当金）に分けられる。

　　　　　　　　　┌ 金融負債……社債・転換社債・長期借入金等
　　　固定負債　　┤
　　　　　　　　　└ 引　当　金……退職給与引当金・特別修繕引当金等

(2) 固定負債の種類

① 社　　　債

　社債には，普通社債，転換社債，新株引受権付社債などがある。

　普通社債とは，株式会社が社債券を発行して不特定の投資家から長期資金を調達することによって生ずる債務である。この社債券とは，一定の利息を支払うとともに，償還期限の到来時に元本を返済する契約を明記した確定利付証券である。一年基準により償還期限が貸借対照表日の翌日から起算して一年を超えるものは，固定負債として計上される。

　転換社債とは，発行後，一定の期間内に社債権者の要求により株式に転換できる社債である。転換するまでは通常の社債と同様の扱いとなる。転換価額は，社債発行時にすでに決定している。一年基準により償還期限が貸借対照表日の

翌日から起算して一年を超えるものは，固定負債として計上される。

新株引受権付社債とは，発行後，株式発行による増資を行う場合に社債権者（新株引受権者）の要求によって新株の引受ができる社債である。転換社債と異なり，新株引受権を行使した後も社債は消滅しない（ただし，社債による代用払込みを除く）。新株引受権付社債には分離型と非分離型があり，分離型は新株引受権のみを譲渡できる社債券である。一年基準により償還期限が貸借対照表日の翌日から起算して一年を超えるものは，固定負債として計上される。

② 長期借入金

長期借入金は借入れの対象別に表示されるので，具体的な例としては長期借入金（株主，役員，従業員および関係会社長期借入金を除く），株主長期借入金，役員長期借入金，従業員長期借入金，関係会社長期借入金などがある。

③ 引　当　金

固定負債の部に計上される引当金には，退職給与引当金・特別修繕引当金等が挙げられるが，詳細は第4節で示すことにする。

第4節　引　当　金

1　引当金の意義・内容

(1)　引当金の意義と計上条件

引当金とは，将来の一定時点において，何らかの経済事象が生起することによって生ずる可能性が大である費用・損失（ないし収益控除）に対して，その原因の存する期間に見越計上する場合の貸方科目である。このような引当金は，貸借対照表の負債の部または資産の部（控除項目）に計上される。

引当金を計上する場合には，計上条件が満たされなければならないが，企業会計原則の注解〔注18〕では，次の4つが計上条件として示されている。

① 第一の計上条件「将来の特定の費用又は損失に対するものであること」

「将来」とは，「費用又は損失」が現実にはまだ現れていない事象であることを指している。また「特定の」とは，期間損益計算の適正化の観点から，費

第8章　負債会計

用・損失の計上範囲を限定的に取り上げていることを意味している。この「費用又は損失」には，昭和57年修正前の企業会計原則と同様に収益控除（返品調整等）を含む，と一般に解釈されている。

② 第二の計上条件「その発生が当期以前の事象に起因していること」

「当期以前の事象」とは，起因事象が当期の一期間のみまたはそれ以前の数期間にまで及ぶことなどを意味している。というのも，起因事象の発生それ自体は一期間に限定されるとは限らず，また起因事象の発生自体が当期以前であっても当期に発生の事実が判明することもある。このように，起因事象の現れ方が様々であるばかりか，起因事象の内容も単純とはいえないので，これに対処すべく文言を「当期以前の事象」にしていると解されている。

③ 第三の計上条件「費用・損失の発生の可能性が高いこと」

「可能性が高い」とは，将来において費用または損失の生ずる確率が，過去の経験則や起因事象の状況あるいはその他の経済環境の諸状況等によりかなり高いと判断される場合をいう。発生の確率が低い費用・損失を引当金処理すれば，かえって適正な期間損益計算を歪める結果となるので，そのような場合には引当金処理をせず，当該費用・損失が発生した時点で認識することになる。

④ 第四の計上条件「その金額が合理的に見積り得ること」

「その金額」とは，将来に発生する費用または損失の額及び当期の収益に賦課させるべき額であり，ともに合理的な予測ができない場合には，期間損益計算を適正に行うことができないので，引当金処理は認められない。合理的な決定方法には，やはり過去の経験則や経済環境の諸状況等により判断されることになる。最も，「将来の費用又は損失」の額の決定のみならず，その発生時期についても合理的予測が必要である。これによって各会計期間の収益に賦課される費用・損失の額は異なるので，期間損益計算を歪めないような合理的見積りないし予測が必要である。

これら4つの条件を満たした場合には，将来の特定の費用・損失のうち，当期に負担すべき金額を当期の費用・損失として計上しなければならないが，この4つの計上条件を満たさないものは，引当金とは見做されない。

111

(2) 引当金の種類と計上根拠

　引当金は，貸借対照表の観点からその性質をみれば，評価性引当金と負債性引当金に分けられる。評価性引当金は，売掛金などの特定資産から控除すべき性質（価値減少）を示す評価勘定であるから，貸借対照表の資産の部に計上される引当金である。その具体的な例としては，貸倒引当金が挙げられる。

　貸倒引当金とは，期末に金銭債権の貸倒れの見積りを行った場合に，回収不能の予想損失を費用計上するために設定される貸方科目の引当金である。これは，売掛金等のマイナスを示す評価勘定であり，金銭債権の控除項目として資産の部に計上される。信用販売から生じた営業債権に対する貸倒償却は，当期の売上収益との対応関係を重視して販売費として処理されることから，営業債権に対する貸倒引当金の計上根拠は，費用収益対応の原則に求められる。また，営業債権以外のもの（貸付金など）に対する貸倒償却は，必ずしも当期の売上収益と対応関係にあるとはいえず，それゆえに，営業債権以外に対する貸倒引当金の計上根拠は，保守主義の原則によらざるを得ない。

　いま一つの負債性引当金は，資産のマイナスではなく，会計上の負債としての性質をもつので，貸借対照表の負債の部に計上される引当金である。負債性引当金には，次のようなものがその例として挙げられる。

　賞与引当金とは，仮に一年決算で決算期末が3月末である企業が，賞与を年二回（6月と12月）支給している場合に，当期末に翌期の6月に支給する賞与額を見積り，当該見積額のうち当期3月末までの期間に相当する額を費用計上するために設定される貸方科目の引当金である。これは，一年基準により流動負債に属する。また，賞与引当金繰入が間接的ながら当期の売上収益獲得に貢献しているので，賞与引当金は費用収益対応の観点からその計上が認められている。

　退職給与引当金とは，労働協約等に基づいて従業員の労働対価として退職時に支払われる退職金の額を各事業年度に配分することにより，期間損益計算の正確性を確保するために設定される貸方科目の引当金である。これは，一年基準により固定負債に属する。ただし，退職金の支払期日が翌事業年度であるも

のについては，流動負債に属する。また，退職給与引当金繰入が間接的ながら当期の売上収益獲得に貢献しているので，この引当金もやはり費用収益対応の原則を計上根拠としている。

　返品調整引当金とは，買戻条件付の販売形態を採っている場合で，将来において予想される返品に相当する売上総利益の減少分をあらかじめ見積り，当該見積金額を売上総利益から控除するために設定される貸方科目の引当金である。これは，一年基準により流動負債に属する。当期の売上収益に含まれる返品含み益は実質的な実現収益とはみなされず，当期の売上収益の過大計上を避ける目的で返品調整引当金繰入が設定されることから，収益の認識原則である実現主義の原則が返品調整引当金の計上根拠となる。

　製品保証引当金とは，将来の一定期間に発生するアフター・サーヴィスの費用を見積計上するときに設定される貸方科目の引当金である。これは，一年基準により流動負債に属する。また，これは，当期に販売した製品に対する無償修繕を行う契約等に基づいており，製品保証引当金繰入が直接に当期の売上収益獲得に貢献しているので，費用収益対応の原則を計上根拠としている。

　債務保証損失引当金とは，第三者の債務保証を引き受けている場合で，当該債務者の債務不履行が予見されるときに，債務保証による予想損失を費用計上するために設定される貸方科目の引当金である。これは，一年基準により流動負債に属する。債務保証損失と当期の売上収益との間に何ら貢献関係は認められないので，早期負担の合理性の観点からこの引当金の計上根拠を保守主義の原則に求めざるを得ない。

　これら以外にも，法的債務性のない負債性引当金として，次のものが挙げられる。すなわち，企業が設備などに対して当期中に行うべき定期的修繕を諸般の事情から次年度に延期する場合に当期負担分を見積計上するための修繕引当金，数期間ごとに大規模な修繕を行う必要のある施設などに対して当該期間に見合う修繕費を見積計上するための特別修繕引当金，さらには企業が当期以前の経営活動に起因して企業外部者に与えた損失（または損害）を将来補償する可能性が高い場合に当該損失額を見積計上するための損害補償損失引当金

などである。

2 関係諸法令の引当金・準備金

(1) 商法上の引当金

商法では，引当金について第287条ノ2で，「特定ノ支出又ハ損失ニ備フル為ノ引当金ハ其ノ営業年度ノ費用又ハ損失ト為スコトヲ相当トスル額ニ限リ之ヲ貸借対照表ノ負債ノ部ニ計上スルコトヲ得」と規定している。

企業会計上の引当金のうち，賞与引当金・退職給与引当金は，債務履行期の到来は確実視されるが，その履行期限または金額の未確定債務であり，製品保証引当金・売上割戻引当金・返品調整引当金・工事補償引当金・債務保証損失引当金などは，将来に一定の条件等が満たされれば確定債務になるので，ともに条件付債務である。したがって，これらの引当金はともに法的債務性を有するので，確定債務と同様に取り扱われるべきであり，商法上特別の規定を設けなくても，確定債務と同様に貸借対照表上に負債として記載しなければならない。それゆえに，これらの条件付債務である引当金は，商法第287条ノ2の規定の引当金には含まれない。また，同規定が「負債ノ部ニ計上スルコト」としていることから，資産評価に関する評価性引当金も当該引当金には含まれない。つまり，金銭債権の取立不能見込額である貸倒引当金は，資産の評価に関するものであるので，商法第287条ノ2の規定の引当金とは区別されて，商法第285条ノ4における金銭債権の金額として規定されているからである。さらに，第287条ノ2の規定は「其ノ営業年度ノ費用又ハ損失ト為スコトヲ相当トスル額ニ限リ」としているので，商法上の引当金には利益留保性の引当金も含まれないことになる。

結局のところ，修繕引当金・特別修繕引当金のような法的債務性のない負債性引当金等は，将来に費用・損失が発生するとしても一定の条件等に基づかないという理由から，法律上の債務としては取り扱われず，何らかの規定がない限りは貸借対照表に記載できない。そのために，商法は第287条ノ2の規定を設け，このような引当金の計上を容認したのである。

なお，商法上の引当金の貸借対照表上の表示については，商法計算書類規則第33条の規定で，「負債の部に別に引当金の部を設けて記載すること」も認められており，引当金の部を設けない場合には，商法第287条ノ2の引当金であることを注記しなければならないとされている。

(2) 特別法上の準備金および租税特別措置法上の準備金

特別法とは，特定業種の公益性の観点から特別に強制される法律である。特別法上の準備金には，電気事業法の渇水準備金，保険業法の異常危険準備金，証券取引法の売買損失準備金・証券取引責任準備金，商品取引法の商品取引責任準備金などが挙げられる。

租税特別措置法とは，租税政策的観点から企業に対して税務上優遇する措置法である。租税特別措置法上の準備金には，海外投資損失準備金，自由貿易地域投資損失準備金，プログラム等準備金などが挙げられる。

引当金の計上条件を満たしている租税特別措置法上の準備金は，損金処理方式により負債の部に計上するが，計上条件を満たしてないものについては，利益処分方式により資本の部に計上しなければならない。計上条件を満たしている特別法上の準備金については，租税特別措置法上の準備金と同様に損金処理方式により負債の部に計上する。また計上条件を満たしていないものについても，特定業種の公益性の観点から，その計上が特別の法令で強制されており，繰入・取崩の条件が定められている等の事情を考慮すれば，特別法上の取扱いとして，負債の部に計上することが認められることになる。

(3) 税法上の引当金

税法上では，本来，債務確定主義によって損金算入として認められる費用・損失は，債務の確定したものに限られている（法人税法22③二）。そのため，引当金の設定は基本的に認められない。しかし，税法が適正な課税所得の計算を行うにあたって発生主義会計における期間損益計算の適正化を前提としているために，別段の規定を設けることで引当金の設定を容認している。ただし，引当金の設定は恣意性介入の余地があり，税法上は，債務確定主義の例外として限定的に取り扱っている。すなわち，貸倒引当金，返品調整引当金，退職給与

引当金である。

　これらの引当金は，平成10年度の税法改正によって，「課税対象額の拡大と税率の引下げ」という基本方針の下に，引当金の縮小・廃止といった大幅な税制改革が行われた結果であって，改正前に容認されていた賞与引当金・製品保証等引当金については，その計上が廃止され，それにともなう経過措置が採られている。また，貸倒引当金についても，個別評価と一括評価とに二区分され，中小企業を除く法人に対する一括評価では法定繰入率が廃止され，それにともなう経過措置が採られている。退職給与引当金についても，累積限度額が期末要支給額の40％から20％へ引き下げられている。

第5節　偶発債務

1　偶発債務の意義

　第三者の債務を保証したり，受取手形を裏書譲渡した場合で，将来の一定期日に第三者（被保証人）や手形支払人が当該債務を履行できない状態に陥った時に，保証人や手形の裏書譲渡人は当該債務の履行義務を負うことになる。このように，現在の時点では法律上の債務として確定したものではないが，将来に予測できない特定の事態が生じた場合に法律上の確定債務となる可能性のあるものが偶発債務（contingent liabilities）である。

　偶発債務に類似する引当金と偶発債務との相違点は，金額の決定上の不正確さということよりは，むしろ法律上の確定債務となる可能性の違いに求められる。すなわち，引当金は債務の発生の可能性が高いのに対して，偶発債務はその発生が不確実である点に違いがみられる。

2　偶発債務の発生原因

　会計上認識される偶発債務は，当期以前の経済活動に起因して生ずるものであって，例えば，火災・台風・盗難等のような過去の経済活動との間に特定の因果関係が認められないものについては，偶発債務は発生しない。

偶発債務の発生原因には，第三者の債務保証，手形の割引・裏書，商品・製品等の品質保証，係争中の訴訟，先物売買契約などがある。

3 偶発債務の表示

偶発債務は，引当金の計上条件を満たしておれば，偶発損失性引当金として会計処理・表示がなされる。しかし，そうではない場合には，補足情報として財務諸表に注記することが要求される。

第9章 資本会計

第1節 資本会計の諸問題

　ここでは，資本会計を，資本の部及び資本の部に属する各項目の処理及び表示に関する会計学上の諸問題を取り扱うものとする。まず第1に資本会計で問題となるのは，会計学上，多様な概念を有する資本という用語を正しく理解することである。そのためにはどのような意味で資本という用語を用いているかを，きちんと把握しておく必要がある。第2に貸借対照表において，資本の部をどのように位置付けるかということが問題となる。第3に資本の部に属する資本金，資本準備金，利益準備金，その他の剰余金に属する各項目をどのように分類するかという問題がある。そして第4にこのように分類される各項目はどのように処理・表示されるかが問題となる。例えば資本金は，どの時点で，幾らの金額で計上されるか，あるいは貸借対照表にどのように表示されるかという問題である。これらの諸問題について，以下の各節で考察することにする。

第2節　資本の部の内容

1　資本概念の多様性

　資本という用語は，会計学上様々な意味で用いられる。そこで本節では資本概念の多様性について考察しよう。資本概念は，今日一般には以下に述べるような4つの異なった概念で用いられている。

(1) 資金の調達源泉

資本は，企業が調達した資金の調達源泉として，これをとらえる考え方がある。このように調達した資金総額を総資本ともいわれる。これは当然のことながら総資産の金額と等しい。この総資本は，債権者などの他人から調達された他人資本と，株主等から調達した自己資本の二つからなる。

(2) 貸借対照表の構成要素

資本は，貸借対照表の構成要素として，資産，負債とともに用いられることがある。証券取引法会計及び商法会計などの制度会計において，貸借対照表の資本の部として資本概念が用いられる場合がそれである。具体的には資本の内容に含まれるものとして，資本金，資本準備金・利益準備金（商法会計の場合は法定準備金），およびその他の剰余金（商法会計の場合は剰余金）に属する各項目があげられる。

(3) 損益計算のための資本概念

資本と利益は対立する概念として用いられることがある。企業の純資産増加の原因には，資本の増加と利益の増加がある。そこで純資産の増加の原因を資本の増加によるものと利益の増加によるものとに区分しないと，適切な損益計算ができない。このために用いられるのが損益計算のための資本概念である。利益の概念には，①時点利益（その時点までに企業が稼得した利益の総額のうち，社外流出されなかった部分）と，②期間利益（一会計期間において企業が稼得した利益）がある。前者の時点利益の場合，資本とは，株主による払込取引，贈与取引，および資本修正取引などの資本取引により生じたものを意味する。この場合資本として取り扱われるものには，資本金，資本準備金，その他の資本剰余金（国庫補助金や保険差益など）が含まれる。一方期間利益の場合，期首純資産全体が資本とみなされる。したがって，期間利益の観点からは，利益の留保額である任意積立金や繰越利益などの期首在高も資本とみなされる。

(4) 法定資本

商法上，資本とは，同法に別段の定めのある場合を除いて，発行済株式の発行価額の総額，すなわち資本金のことである（商法284条ノ2）。

第9章　資本会計

以上のことを簡単に図示すると以下のようになる。

図表9－1

	(1)	(2)	(3)①	(3)②	(4)
諸　　負　　債	○	×	×	×	×
資　　本　　金	○	○	○	○	○
資　本　準　備　金	○	○	○	○	×
利　益　準　備　金	○	○	×	○	×
その他の資本剰余金	○	○	○	○	×
任　意　積　立　金	○	○	×	○	×
繰　越　利　益	○	○	×	○	×
当　期　純　利　益	○	○	×	×	×

○　資本に含まれる　　×　資本に含まれない

2　資本の部の位置づけ

資本の部の考え方には，代表的なものとして次の3つがある。

① 資本の部を自己資本とみなすもの

　貸借対照表を調達源泉とその運用形態を示した表と考え，資本の部は，自己で調達した資金を示すものとみる。現行の制度会計では，基本的にこの考え方に基づいている。

② 資本の部を株主持分と考えるもの

　貸借対照表の貸方側を，借方側にある資産に対する持分関係を示すものと考え，資本の部は株主に帰属する持分を示したものとみる。商法等ではこの考え方も一部取り入れている。なお持分の概念を拡大して，資本の部に属する項目のうち国庫補助金や工事負担金については，株主・債権者以外の第3者持分に属するという考え方もできるし，また会計主体論の立場から，株主から独立した会社持分であると考えることもできる。

③ 資本の部を純資産と考えるもの

　貸借対照表を一種の財産目録と考え，資本の部を，資産総額から負債総額を控除した企業の純資産を示すとみる。この場合，貸借対照表は債務弁済能

力を表示することを目的とし，資本の部は，破産・清算時に株主に返済される金額を示すとともに，債権者の返済に充てられる準備額をも意味している。商法等では，この考え方を一部用いている。

この3つの考え方は，それぞれ現行の制度会計に取り入れられており，資本の部は単純には位置づけられない。その点で，資本の部を理解することを困難にしている。

3 資本の部の分類方法

現在わが国の制度会計では，資本の部の分類の方法には，その発生源泉別に分類する方法と，企業への維持拘束性の観点から分類する方法の2つがある。いいかえると，資本の部に属する各項目は，この二つの属性をもっている。各項目と属性を示すと以下のようになる。

図表9－2

	発生源泉別	維持拘束性（順位）
資　　本　　金	払込取引	第1位
株式払込剰余金（資本準備金）	払込取引	第2位
減資差益（資本準備金）	払込取引	第2位
合併差益（資本準備金）	払込取引	第2位
利益準備金	損益取引	第3位
国庫補助金（その他の資本剰余金）	贈与取引	拘束せず
保険差益（その他の資本剰余金）	資本修正取引	拘束せず
減債積立金（任意積立金）	損益取引	拘束せず
繰越利益	損益取引	拘束せず

制度会計では，この二つの属性を組み合わせて，資本の部の各項目を分類している。例えば，資本金と資本準備金である株式払込剰余金は，後に述べるように，ともに株主からの払込額であり，その点で両者に差はない。ただし企業内への維持拘束性の強さという点で資本金と資本準備金は異なるために別の項目として区分している。また利益準備金，任意積立金，および繰越利益は，いずれも損益取引により生じ，利益処分の結果，企業内に留保されたものである

第9章　資本会計

が，商法において利益準備金の配当は禁止され，企業内に維持拘束することを求められているため，他の利益剰余金から区別して取り扱われる。

第3節　資本の部の表示方法

資本の部に属する各項目は，第2節で述べたように分類される。この各項目は一定の秩序にしたがって，貸借対照表の資本の部に表示される。貸借対照表の資本の部の表示方法には，大きく分けて，商法・計算書類規則（商法会計）によるものと，企業会計原則及び証券取引法・財務諸表等規則（証券取引法会計）によるものとの二つがある。

(1) 商法会計における表示方法

商法・計算書類規則における資本の部の表示は，以下の通りである（新法務省令による雛型より）。

```
（資本の部）           ××××
  資  本  金          ××××
  法定準備金           ××××
    資本準備金           ×××
    利益準備金           ×××
  剰  余  金          ××××
    ○○準備金           ×××
    ○○積立金           ×××
    別途積立金           ×××
    当期未処分利益（損失）×××
```

商法会計では，資本の部を資本金，法定準備金，剰余金の各部に区切るとともに，法定準備金について資本準備金と利益準備金の各別に記載することが要求されている。商法がこのような表示を要求しているのは，債権者保護の観点からである。商法では，資産を債権者に対する担保と考え，それに基づいて資本の部の各項目を維持拘束性の点から区分し，表示している。具体的には，本質的に企業内に維持拘束されるべき資本金，制度的に維持拘束を要求されている法定準備金，特に維持拘束を要求されない剰余金に区分し，表示される。なお資本の部の配列については，当然のことながら，維持拘束性の順に従って配列されている。

(2) 証券取引法会計における表示方法

（資本の部）	
Ⅰ　資　本　金	×××
Ⅱ　資本準備金	×××
株式払込剰余金	××
減資差益	××
合併差益	××
Ⅲ　利益準備金	×××
Ⅳ　その他の剰余金	×××
1　その他の資本剰余金	××
2　任意積立金	××
3　当期未処分利益金	××

企業会計原則（貸借対照表原則四(三)，および注解19）及び財務諸表等規則（59条〜68条の2）における資本の部の表示は，左の通りである。証券取引法会計では，資本の部を資本金，資本準備金，利益準備金，その他の剰余金の4つに区分し，さらにその他の剰余金を，その他の資本剰余金，任意積立金，当期未処分利益金などに区分，表示している。このような区分，表示が求められるのは，資本剰余金と利益剰余金が混同されると，企業の財政状態及び経営成績が適正に表示されないと考えられるからである（企業会計原則注解2）。そこで資本の部の各項目は，資本剰余金と利益剰余金を明確に区分する観点から表示されている。具体的には資本準備金と利益準備金は別区分される。またその他の剰余金区分においても，その他の資本剰余金と任意積立金に区分して表示される。なお証券取引法会計では，商法の場合と異なり，資本金以外の純資産は全て剰余金である。したがって資本準備金及び利益準備金も剰余金である。そこでそれ以外の剰余金という意味で，「その他」という用語が用いられていることに注意しなければならない。

第4節　資　本　金

(1) **資本金の意義**

制度会計上，資本金とは商法の法定資本のことである。商法は，原則として発行済株式の発行価額の総額をもって，商法上の資本の額としている。ただし後に述べるように，株主より払い込まれた金額の2分の1までは（額面株式については額面を下回らない範囲で）資本金としないこともできるため，株主から

払い込まれた全額が資本金となるわけではない。

　資本金は，次の節で述べる資本準備金と並んで，株主から払い込まれた企業の最も基本的な元本である。有限責任を前提としている株式会社においては，債権者の担保となるのは，企業の資産だけであり，企業の破産や清算の際に，債権者を保護するためには，企業内に維持しておくべき資産の金額を法定しておく必要がある。そこで，資本金区分は，企業内に維持される資産の最低限の金額を意味するものとして設けられたものである。なお，現在では株式会社の資本金は1,000万円以上でなければならない（商法168条ノ4）。

(2) 会社設立時の資本金の会計処理

　会社設立時には，定款に定めてある会社の発行する株式の総額（受権株式数）の4分の1以上の株式を発行して資本金を調達する*。商法では，株式には額面株式と無額面株式の2種類を発行することが認められている（商法199条）。額面株式については1株当たりの額面額は5万円以上でなければならず，また額面額以上で発行しなければならない（商法166条第2項，同法202条第2項）。また無額面株式については，1株5万円以上で発行しなければならない（商法168条ノ3）。なお額面株式については払込額の2分の1（額面額を下回らない範囲で）までは，また無額面株式については払込額の2分の1（会社設立時には1株5万円を下回らない範囲で）までは，資本金に組入れないことができる（商法284条ノ2第2項）。

*授権資本制度　商法では，資本金について，授権資本制度が採用されている。授権資本制度とは，定款において会社が発行する株式の総数（これを授権株式数という）を定めておき，会社の設立に際しては，そのうち4分の1以上の発行を義務づけるが（商法166条），残りの株式の発行については，原則として取締役会の決議に委ねるものである（商法280条ノ2）。これにより企業は増資による資金の調達を，一定の枠内で，タイムリーに行うことが可能となる。

(3) 増資及び減資時の会計処理

① 増　　資

　増資には実質的増資と形式的増資がある。実質的増資は資本金の増加により，資産が増加又は負債が減少するものである。また形式的増資とは資本の増加に

より，そのような資産の増加又は負債の減少が生じないものである。
（実質的増資）
1） 新株の発行　　新株発行は，受権株式数の枠内であれば，原則として取締役会の決議により行われる。新株発行時には，額面株式については設立時と同様に額面額以上で発行する（商法202条第2項）。また発行額の2分の1（額面額を下回らない範囲で）までを資本金に組入れないことができる（商法284条ノ2第2項）。なお新株発行時における無額面株式については，最低発行価額に関する規定が特になく，また発行額の2分の1までは特に制限なしに資本金に組入れないことができる。
2） 吸収合併　　吸収合併をする場合には，消滅会社の株主に，消滅会社の株式と引き換えに，存続会社の新株を発行することがある。これが合併による増資である。なお合併による増資の場合，合併差益が生じることがある。合併差益については，第5節で取り扱う。
3） 転換社債の転換　　転換社債は，一定の転換請求期間内に転換請求を行えば，株式への転換が認められる社債である。転換請求をうけた会社は，転換社債を引取り，新株を引き渡す。これが転換社債による増資である。
（形式的増資）
1） 配当可能利益の資本組入れ　　株主総会の決議により，配当可能利益の全部又は一部を資本金に組入れることができる。これにともない新株を発行する場合としない場合がある。いずれの場合も，企業の資産，負債には変化がなく，資本の部の項目間での振替が行われただけである。
2） 法定準備金の資本組入れ　　法定準備金は，欠損塡補にあてる以外に，資本金に組入れて，より維持拘束性を高めることができる。これも資産，負債には変化なく，資本の部の項目間での振替が行われただけである。
＊**株式の分割**　増資を行うことなく新株を発行し，株式数のみを増加させることがある（商法218条）。これを株式の分割という。株価が高くなりすぎた場合などに，株式の分割が行われる。これは会計学上の取引ではなく，特に処理する必要はない。ただし発行済株式数や，1株当たりの利益などの注記において，記載が異なってくる。

② 減　　資

　減資にも，資産の減少又は負債の増加を伴う実質的減資と，それらを伴わない形式的減資がある。

（実質的減資）

　資本の払い戻し（有償減資）　　事業の縮小や，市場にある株式の数を整理して株価を上昇させるといった目的のために，有償で自社の株式を購入し，消却することがある。消却された分だけ減資となる。この場合には，減資にともなって現金の減少，もしくは未払金の増加が生じる。

（形式的減資）

　形式的減資は，一般に，会社の欠損を塡補するために行われる。減資の方法として，株式の併合と額面額の切り下げがある。

1）株式の併合　　幾つかの株式を併合して1株とするもの。株式数の減少分だけ株式が消却され，減資が行われる。

2）額面額の切り下げ　　額面株式の場合，額面額を切り下げて，その差額分だけ減資するもの。

第5節　資本準備金・利益準備金

(1) 資本準備金

　株主からの直接的・間接的な払込取引を源泉とする剰余金である株式払込剰余金，減資差益，合併差益は，現行の制度会計において，資本準備金として取り扱われる（商法288条ノ2第1項）。商法上，これらの剰余金は，資本の部に積立てることが強制され，かつ欠損塡補に充てる場合と資本金に組入れる場合以外に取り崩せないことになっている（商法289条第1項）。なお欠損塡補にあたって資本準備金を取り崩す場合には，まず利益準備金から取り崩し，なお不足する場合に資本準備金を取り崩すことになっている（商法289条第2項）。

① 株式払込剰余金

　第4節で述べたように，会社設立時には，株式の発行時に株主から払い込ま

れた金額のうち2分の1までは（額面額を下回らない範囲で，あるいは1株5万円を下回らない範囲で）資本金に組入れないことができるし，また新株発行時には無額面株式について，払込額の2分の1を（特に制限なしに）資本金に組入れないことができる。この資本金に組入れられない部分を株式払込剰余金という。株式払込剰余金は，その発生源泉は資本金と同じであるが，維持拘束性の観点から資本金と区別される。

② 減資差益

減資手続きによって減少させた資本金は，株主に払い戻されたり，欠損塡補等に充てられたりする。しかし減資部分がすべて使用されるとは限らない。減少させた資本金のうち，使用されず企業内に残ったものを減資差益という。減資差益は，もともとは資本金であるが，株式払込剰余金の場合と同様に，維持拘束性の観点から資本金と区別されるものである。

③ 合併差益

合併には，どちらか一方の企業が存続し他の企業を吸収する形態の吸収合併と，双方とも消滅し新たに会社を設立する形態の新設合併がある。何れにしても合併を行う際には，消滅する会社の株主に，存続又は新設される会社の株式を発行するか，合併交付金を交付する。この際に発生するのが合併差益である。この合併のとらえ方には，現物出資説という考え方と，人格継承説という考え方の二つがある。それにより合併差益に対する考え方が異なってくる。なお商法では，両方の考え方を認めていると解される（商法288条ノ2第1項5号，及び同条第3項）。

1) 現物出資説

現物出資説とは，合併に際して，消滅会社の純資産（総資産－総負債）部分を，消滅会社の株主が，存続又は新設される会社に現物出資したものであると考え，その代わりに存続又は新設される会社の新株式の発行を受けたか，もしくは合併交付金を受けたと考えるものである。この場合，消滅会社の純資産額（払込部分）と，新株式の発行価額（資本金に組入れる部分）および合併交付金（株主に払い戻す部分）との差額が合併差益である。したがってこの場合の合併

差益の本質は，株式払込剰余金とみなすことができる。なお現物出資説の場合，消滅会社の資本金，法定準備金，任意積立金といった各資本項目は，合併にともない一旦解消されると考えられるので，存続会社又は新設会社に引き継がれないものと解される。

2) 人格継承説

人格継承説とは，合併に際して，消滅会社の人格が存続又は新設会社にも合一的に継承されると考えるものである。この考え方では，資本は資本金として，法定準備金は法定準備金として，また任意積立金は任意積立金として，存続又は新設会社に引き継がれる。資本金については，消滅会社の株主に新株を発行することにより，存続又は新設会社に引き継がれる。そのうち消滅会社の資本金のうち存続又は新設会社に引き継がれない部分が合併差益である。したがってこの場合の合併差益の本質は，減資差益とみなすことができる。

(2) 利益準備金

商法では，決算の利益処分として支出が行われると，資本金の4分の1に達するまで，支出額の10分の1以上を利益準備金として積み立てることを要求している。ここで支出額とは，株主への現金配当および役員報酬からなる。また中間配当が行われると，配当額の10分の1を利益準備金として積み立てることを要求している（商法288条）。

利益準備金の源泉は，元来企業の稼得した利益であり，自由に処分可能なものである。しかし，企業が破産・清算した場合，ある程度の資産を企業内に維持し，それにより債権者を保護するために，利益準備金を資本の部に積み立てることが強制されている。したがって欠損塡補に充てる場合および資本金に組入れる場合を除き，利益準備金を取り崩すことはできない（商法289条第1項）。

第6節　その他の剰余金

　すでに第3節でのべたように，証券取引法会計では，企業の純資産額が法定資本の額を超過する部分を全て剰余金といい（企業会計原則注解19），資本取引により生じたものを資本剰余金，損益取引により生じたものを利益剰余金という（企業会計原則注解2）。これら証券取引法会計における剰余金のうち，資本準備金と利益準備金については，制度会計上別個に取り扱うことになっており，それ以外の剰余金の各項目を取り扱うために，その他の剰余金区分が設けられる（企業会計原則第三，四，㈢，B，及び財務諸表等規則65条）。その他の剰余金区分には，その他の資本剰余金，任意積立金，および当期未処分利益に属する各項目が含まれる。なお商法においては，これらの項目は剰余金区分において取り扱われている。

(1) その他の資本剰余金

　資本剰余金は，その発生源泉である資本取引の種類により，払込剰余金，贈与剰余金，資本修正剰余金（評価替剰余金）の3つに分類できる。このうち資本準備金以外の資本剰余金である贈与剰余金と資本修正剰余金が，その他の資本剰余金として取り扱われる。

① 贈与剰余金

　国庫補助金，工事負担金のように，資本助成を目的として企業に資金が贈与されることがある。このような資本の助成を目的とした贈与取引は，国家，あるいは受益者のような，株主以外からの払込取引と考えることもできる。また債権者から債務免除益，あるいは株主又は取締役からの私財提供益なども，一種の払込取引と考えることができる。このように贈与取引は，損益取引と考えるよりも，資本取引と考える方が合理的である。そこで，かつての企業会計原則では，贈与取引に基づく剰余金を資本剰余金（その他の資本剰余金）として取り扱うことにしていた。なお商法，税法では，贈与取引は損益取引と解されており，これらとの調整のため，企業会計原則では贈与剰余金を資本剰余金とし

て取り扱う旨の文言は削除された。

② 資本修正剰余金（評価替剰余金）

建物・機械に掛けた損害保険などでは，簿価よりも多くの支払を受けることがある。これは査定の結果，その金額が当該建物・機械の評価額として妥当であると判断されたものである。この簿価と評価額との差額を保険差益という。保険差益が生じた理由には，様々なものが考えられるが，物価水準の上昇もその理由の一つとして考えられる。物価水準が上昇したことにより，過去の物価水準で購入した簿価が，現在の実態とあわなくなったものである。そうであるならば，保険差益は，損益取引の結果生じたと考えるよりも，資本取引である資本の修正取引，もしくは資産の評価替取引によって生じたものと考える方が合理的である。このような資本修正剰余金には，保険差益以外に，かつて制定されていた資産再評価法に基づいて積立てられた再評価剰余金がある。資本修正剰余金も，かつての企業会計原則では，資本剰余金（その他の剰余金）として取り扱うことにしていたが，商法及び税法との調整のため，資本修正剰余金を資本剰余金として取り扱う旨の文言は削除された。

(2) 任意積立金

任意積立金は，定款の定め，株主総会の決議などに基づいて積み立てられるもので，減債積立金，中間配当積立金，配当平均積立金のような特定目的の積立金と，別途積立金のような特に目的のない積立金がある。前者においては，その目的の事象が生じた場合に，取り崩される。特に目的のない積立金，および目的外の積立金の取崩しについては，株主総会の決議が必要である。

(3) 当期未処分利益

前期の未処分利益のうち，利益処分において処分されなかった残額が繰越利益である。この繰越利益に，当期の純利益（税引後）を加え，さらに一定の目的積立金の目的による取崩や，中間配当額および中間配当に伴う利益準備金の積立等を加減して，当期の未処分利益が計算される。未処分利益は，利益処分の源泉であり，最も維持拘束性の低い資本項目である。

第7節　配当可能限度額

　先に述べたように株式会社では，株主は有限責任のため，破産・清算時に債権者を保護するためには，ある程度企業内に資産を留保しておく必要がある。そこで，商法では留保利益の全てを配当とせず，別に配当可能限度額を規定している。

　① 決算配当

　決算配当にあたっては，配当可能限度額は，純資産額から，1）資本金，2）法定準備金，3）当期の利益準備金の積立額（支出額の1／10以上），4）貸借対照表に記載されている自己株式の金額，を控除したものである。なお法定準備金及び当期の利益準備金積立額よりも，開業費，試験研究費，開発費の合計額が大きい場合には，5）その超過額も控除する。

　以下のことを式で示すと次のようになる（商法290条第1項）。

1） 開業費＋試験研究費＋開発費＜法定準備金＋当期の利益準備金の積立額
　　　配当可能限度額＝純資産額－資本金－（資本準備金＋利益準備金）－当期の利益準備金の積立額－自己株式の金額
2） 開業費＋試験研究費＋開発費＞法定準備金＋当期の利益準備金の積立額
　　　配当可能限度額＝純資産額－資本金－（開業費＋試験研究費＋開発費）－自己株式の金額

　② 中間配当

　中間配当では，配当可能限度額は，純資産額から，1）資本金，2）法定準備金，3）当期の利益準備金の積立額（支出額の1／10），4）貸借対照表に記載されている自己株式の金額，5）配当，役員賞与，資本組入れ，使用人に譲渡するために取得する予定の自己株式の取得価額の総額，を控除したものである。なお法定準備金および当期の利益準備金の積立額の合計額より開業費，試験研究費，開発費の合計額が大きい場合には，6）その超過額も控除する。

第9章 資本会計

このことを式に示すと以下のようになる（商法293条ノ5第3項）。

1) 開業費＋試験研究費＋開発費＜法定準備金＋当期の利益準備金の積立額
   配当可能限度額＝純資産額－資本金－（資本準備金＋利益準備金）－当期の利益準備金積立額－自己株式の金額－自己株式の購入予定額

2) 開業費＋試験研究費＋開発費＞法定準備金＋当期の利益準備金の積立額
   配当可能限度額＝純資産額－資本金－（開業費＋試験研究費＋開発費）－自己株式の金額－自己株式の購入予定額

第10章 原価計算

第1節 原価計算と工業簿記

1 原価計算とは

　私たちが日常的に使っている原価という言葉は，どのような意味で用いているのであろうか。広辞苑（岩波書店）によると原価とは，「①（cost）商品の製造・販売・配給など経済的行為をなすために消費する財貨および労働価値を商品単位当りに計算した価。生産費。②仕入値段。もとね。卸値段。」となっている。ところで，私たちはほとんどの場合，原価を②の意味で使っていることに気付くであろう。例えば，この洋服の原価（卸値段）はいくらだろうとか，このコーラの原価（もとね）はいくらなのかというように。それはいわば，販売，流通，消費の側からの，原価に対する表現なのである。

　会計学の用語として使われている原価とは，広辞苑的表現をとるならば①の意味に近い。つまり，物やサービスを生産したり，造り出す側から生ずる表現なのである。

　原価（cost）とは，経営体が目的とする製品を生産したり，サービスを提供するために，消費する経済価値ある財貨などを，貨幣価値的に表したものである。したがって原価は，経営体の活動の結果を明瞭に示すものであるから，平均的で正常な状態の原価を計算せねばならない。

　製造業では，製品をいくらで製造（製造原価という）し，販売や管理にいくらかかったか（販売費および一般管理費という）を，正しく計算することが要求される。また販売業では，商品をいくらで仕入れ（仕入原価という），販売や管理にいくらかかったかを，正しく計算せねばならない。この製造業と販売業に

おける計算が，原価計算（cost accounting）なのである。原価計算はこのように，製造業だけでなく，小売店・保険会社・病院・運輸業などのサービス業にも適用されるものである。

原価計算は，企業が生産販売する製品やサービスを，1単位当たりについて（例えば製品1単位当たりについて）原価や売上高，利益などを計算し，経営者や企業外部の利害関係者に役立つ情報を提供するものである。

2 販売業と製造業の売上原価
(1) 販売業の売上原価

売上原価（cost of goods sold）とは，販売された商品や製品の仕入原価や製造原価である。ところが，より正確な売上原価を求めるには，ふつう期首の在庫高（営業開始の時点にあった商品や製品）と期末の在庫高（営業終了時点にある売れ残った商品や製品）との関連で計算をする。販売業は，すでに完成している商品を仕入れ，それを販売することによって利益を得ているのであるが，当期の商品仕入高に期首の商品棚卸高を加え，売れ残った期末の商品棚卸高をマイナスして，売上原価を求める。

期首商品棚卸高＋当期商品仕入高－期末商品棚卸高＝売上原価

(2) 製造業の売上原価

製造業は，自社で製造した製品を販売することが一般的である。設備や機械などを使用して，顧客の個別の欲求にあうように，材料を加工し完成品（製品）とする。それを販売し利益を得ているのであるから，当期の製品製造原価に期首の製品棚卸高を加え，売れ残った期末の製品棚卸高をマイナスして，売上原価を求める。

期首製品棚卸高＋当期製品製造原価－期末製品棚卸高＝売上原価

原価計算は，販売業では主に当期商品仕入高を計算の対象とし，製造業では主に当期製品製造原価の計算を取り扱う。当期製品製造原価は，工場内で材料を様々に加工する過程から発生する膨大な生産上の原価を，細かく計算することによって得られる。したがって，製造業での原価計算は販売業のそれよりも，

第10章 原価計算

かなり複雑な処理を必要とするのである。本章では，これからの説明を紙幅の関係で，製造業の原価計算として行うこととする。

(3) 原価計算と工業簿記

原価計算は，簿記の機構と結びつけて行う場合（原価計算制度という）と，簿記機構とは全く独立したものとして行う場合（特殊原価調査という）がある。原価計算を製造業の簿記すなわち工業簿記と結びつけると，自己検証機能が働き，計算の信頼性はきわめて高くなる。工業簿記は，原価の流れを忠実に記録するものであるが，その際使用される勘定の概略を示すと次のようである。

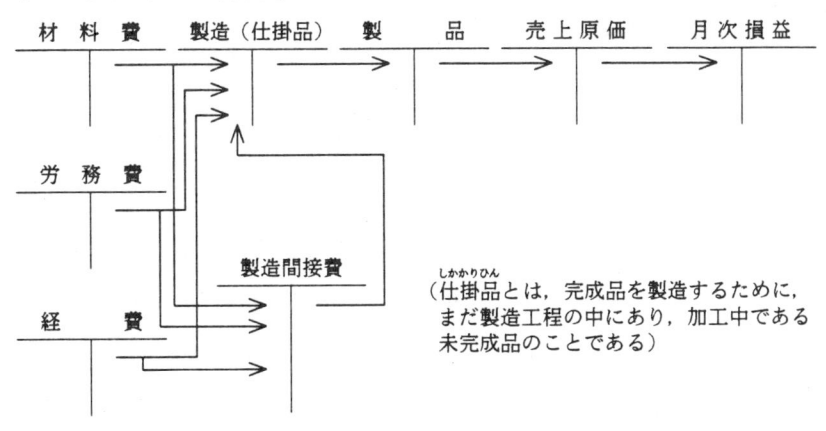

```
材 料 費 ──→ 製造（仕掛品）──→ 製　品 ──→ 売上原価 ──→ 月次損益
              ↑
労 務 費 ─────┤
              │  製造間接費
              │
経　　費 ─────┘
```

（仕掛品（しかかりひん）とは，完成品を製造するために，まだ製造工程の中にあり，加工中である未完成品のことである）

第2節　原価計算の基礎

1　原価の概念

原価とは，経営における一定の給付（生産物など）にかかわらせて，把握された財貨またはサービスの消費を，貨幣価値的に表したものである。そしてその特質は，①経済価値の消費，②生産物などへの価値の転嫁，③経営目的に関連する，④正常なものである，の4つである。

2 原価の大きさ

原価は，金額的大きさ×数量的大きさによって計算される。

[設例1] 1時間￥900で5時間働いた時の労務費の計算は次のようである。

￥900（金額的大きさ）×5時間（数量的大きさ）＝￥4,500（労務費）

[設例2] 1kg￥400の材料を10kg消費した時の材料費の計算は次のようである。

￥400（金額的大きさ）×10kg（数量的大きさ）＝￥4,000（材料費）

3 原価の種類

(1) 材料費，労務費，経費

これは，物品の消費を材料費とし，労働力の消費を労務費とし，その他の原価を経費とするもので，原価の形態別分類といわれる。

(2) 直接費，間接費

これは，生産した製品にだけ関わったことが，はっきり認識できる原価を直接費とし，いろいろな製品に共通的に発生するので，個別の製品にだけ発生額を特定できない原価を間接費とする。間接費には，減価償却費や電力料など多数のものがある。

(3) 固定費，変動費

固定費とは，経営活動の増減変化に関わらず一定額が生ずる原価であり，変動費とは，経営活動の増減につれて変化する原価である。

4 原価計算の目的

原価計算の目的は次の5つに要約される。

① 財務諸表に表示する真実の原価を集計すること
② 価格計算に必要な原価資料を提供すること
③ 原価管理に必要な原価資料を提供すること
④ 予算編成と予算統制のために必要な原価資料を提供すること
⑤ 基本計画の設定に必要な原価情報を提供すること

5　原価計算の種類

(1)　個別原価計算と総合原価計算

個別原価計算は，個別注文の受注生産を行う会社に使用される方法であり，造船業，機械製造業，家具製造業などに適している。総合原価計算は，大量継続的に見込生産を行う会社に使用され，鉄鋼業，自動車製造業，電化製品製造業などに適している。

(2)　全部原価計算と部分原価計算

全部原価計算とは，会社の全般的な活動から生ずる原価を，製品原価として集計する方法であり，より一般的な原価計算方法である。部分原価計算とは，原価の計算対象を，経営活動の一部に限定する方法であり，ある種の目的を持って使用する。たとえば，短期利益計画設定を主たる目的としての直接原価計算などがある。

なお，原価計算は1か月を計算期間としており（原価計算期間という），1か月間に消費された原価を集計し，それを生産量で割って単位原価を計算する。

第3節　全部原価計算

1　個別原価計算

個別原価計算は，注文に基づいて，種類や規格などの異なる製品を製造する場合に，それぞれ別個の製品ごとに原価を区別して求める計算法である。そのために，特定の製品製造を指示する特定製造指図書を発行し，特定製造指図書の番号別に（すなわち製品ごとに），原価を集計する。また，個別原価計算は費目別計算，部門別計算，製品別計算の3段階を経て集計される。

(1)　原価の費目別計算

個別原価計算による第1段階の計算は，費目別計算からスタートする。費目別計算は，原価をまず形態別に分類（すなわち，材料費，労務費，経費に分類）し，さらに直接費と間接費に大別することにより計算する。そこで次に，費目別計算の段階で使用される主な原価を示すこととする。

直接材料費：
　① 原材料費…個々の製品生産に直接消費され，製品の主たる実体をなす
　② 買入部品費…そのまま製品に取りつけられ，その組成部分をなすもの
間接材料費：
　① 燃料費…製品生産のための燃料（ガス，重油など）
　② 工場消耗品費…製品生産に補助的に消費される薬品，軍手など
　③ 消耗工具器具備品費…耐用年数1年未満または10万円未満の工具，器具，備品

直接労務費：
　① 賃金…工員の提供する労働力に対して支払われる給与
　② 加給金…賃金の他に支払われる割増給与分。定時間外手当など
間接労務費：
　① 給料…工員以外の職員，業務担当役員に対する給与
　② 雑給…パートタイマーや季節臨時雇いに対する給与
　③ 従業員賞与・手当…役員賞与を含まない賞与と，作業に直接関係しない諸手当。家族手当，住宅手当，通勤手当など
　④ 退職給与引当金繰入額…退職給与規定に従って支給される退職金への引当繰入額

直接経費：
　外注加工費や設計費
間接経費：
　減価償却費，租税公課，保険料，電力料，ガス代，賃借料，厚生費など

(2) 原価の部門別計算

原価を費目別に捉えてから，第2段階の計算は部門別に集計することである。部門別計算とは，部門別計算の対象となる全原価要素を，いずれかの製造部門にすべて区分・集計する手続きである。部門別計算を実施することにより，それぞれの部門で発生した原価を詳細に把握できるので，部門別の原価管理を促進することができ，また，製品原価のより正確な算定を可能とする。個別原価

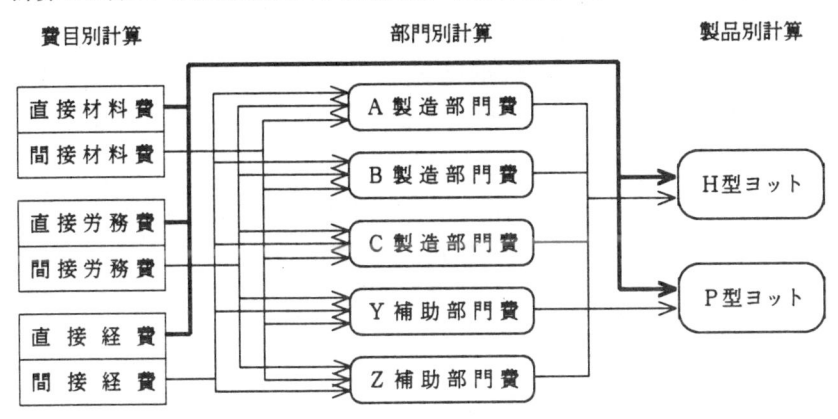

計算では普通，製造間接費だけを部門別に区分集計する。

費目別計算	部門別計算	製品別計算
直接材料費 間接材料費 直接労務費 間接労務費 直接経費 間接経費	A製造部門費 B製造部門費 C製造部門費 Y補助部門費 Z補助部門費	H型ヨット P型ヨット

（注） この図は，直接費（太い実線）は部門別計算を行わず，費目別計算から製品別計算の段階へ集計している。

(3) 原価の製品別計算

原価集計の第3段階であり，かつ最終段階が製品別計算である。この段階では，製品へ結実した原価を製品別に把握し，製品別に個別原価計算表を作成し，原価計算表の中で，総製造原価と単位当たり製造原価（単位原価）を求めるのである。

2 総合原価計算

個別原価計算は，それぞれ別の異なる製品を受注し製造するときに，製品別に発生する原価を把握する方法であるが，総合原価計算は，同一の製品を大量に製造するときに発生する原価を把握する方法である。したがって，個別原価計算では，製品が完成したときに製品別の完成品原価がはっきり計算できるのに対し，総合原価計算では，繰り返し継続的に同一の製品を製造している場合の原価を計算しているので，ある一定の期間（原価計算期間）で区切り，その期間中の完成品原価を計算しないと，発生した原価の全体はわかるが，完成品原価や仕掛品原価がそのままではわからない。

そこで総合原価計算の最も大きな特徴は，計算を原価計算期間ごとに区切り，

月末の総合原価計算表を作成し，月末仕掛品原価と完成品原価（完成品単位原価）を求めることにある。

総合原価計算には，①同一種類の製品を反復連続的に生産する生産形態に適する単純総合原価計算，②同一種類の製品を連続生産するが，その製品を形状，大きさ，品位等によって等級に区別する場合に適する等級別総合原価計算，③異なった種類の製品を反復連続的に生産する生産形態に適する組別総合原価計算，さらに④製造工程が2つ以上の連続する工程に分けられ，工程ごとにその工程製品の総合原価を計算する工程別総合原価計算などがある。

(1) 単純総合原価計算
① 月末仕掛品がない場合

原価計算期間で区切り，月末の完成品原価を計算するときに，月末仕掛品がない場合は次のようになる。

| 当期製造費用（1か月間に発生した全体の原価） | ＝ | 完成品総合原価 |

例えば，1原価計算期間の製造費用が¥900,000，完成品が100個であれば，完成品総合原価は¥900,000，完成品単位原価は¥9,000（¥900,000÷100個）である。

② 月末仕掛品がある場合

普通，①のケースは稀であり，月末の時点で仕掛品が存在することになる。月末仕掛品が存在するときは，完成品原価と月末仕掛品原価とに，当期製造費用を数量に応じて按分する。ただし，完成品と仕掛品とは等価値ではないので，仕掛品の数量を完成品の数量に置き換える（完成品に換算するという）と，いくつに相当するかを見積もり，仕掛品はその換算量を使う。

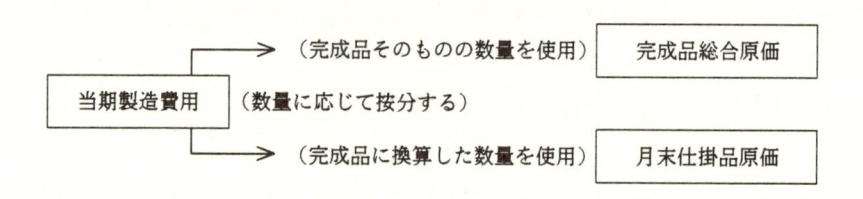

```
                  ──→（完成品そのものの数量を使用）  完成品総合原価
当期製造費用  （数量に応じて按分する）
                  ──→（完成品に換算した数量を使用）  月末仕掛品原価
```

第10章　原価計算

例えば，仕掛品が20個あり，仕上がり程度（進捗率という）が半分であれば，その仕掛品は完成品10個に相当すると考える（20個×50％＝10個）。そこで，1原価計算期間の製造費用が￥900,000，完成品が80個，月末仕掛品が20個（進捗率50％）の時は，完成品が80個と完成品相当の仕掛品が10個あると考える。したがって，月末仕掛品原価は￥100,000（￥900,000÷90個×10個）となる。その結果として計算する完成品総合原価は￥800,000（￥900,000－￥100,000）である。完成品単位原価は￥10,000となる。計算には別法もあり，また月末仕掛品原価を求める方法に，平均法，先入先出法，後入先出法などがあるがここでは省略する。

(2)　**等級別総合原価計算**

等級別総合原価計算は，途中まで単純総合原価計算の考えによって原価を求めるが，等級に分かれるときに，それぞれ等級製品ごとの原価を計算する方式である。

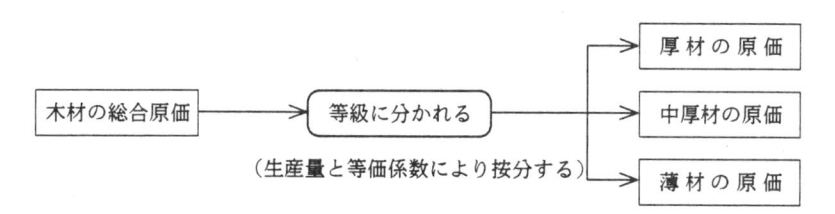

木材の総合原価 → 等級に分かれる →　厚材の原価
　　　　　　　　　　　　　　　　　　　中厚材の原価
　　　　　（生産量と等価係数により按分する）　薄材の原価

(3)　**工程別総合原価計算**

工程別総合原価計算は，製造工程が2つ以上の連続する工程に分けられるときに使用され，それぞれの工程ごとの原価を求める方式である。

製造の始まり　　　　　　　　　　　　　　　製造が終わる（完成品）
第1製造工程 → 第2製造工程 → 第3製造工程
第1工程原価　　　第2工程原価　　　第3工程原価（完成品原価）

3　標準原価計算

標準原価計算とは，標準原価によって製品原価を計算する方法であり，計算された標準原価と実際原価とを比較して，その原価差異を計算し分析するものである。標準原価とは，材料，労働力などの原価材の消費数量を，科学的統計的調査に基づいて決定したものである。原価は，金額的大きさと数量的大きさとを掛けたものであるから，それぞれの標準原価の求め方は，実際原価と基本的に変わりなく，次のように計算する。

　　標準直接材料費＝標準消費価格×標準消費数量
　　標準直接労務費＝標準賃率（1時間当たりの労務費）×標準直接作業時間
　　標準製造間接費＝標準配賦率×標準配賦基準量

(1) 標準原価計算の主な目的

標準原価計算は，作業能率の良し悪しを計ることを主たる目的として考案された。原価はこうあるべきという合理的な目標数値なので，実際原価との比較を通して，原価の管理を効果的にする。

また標準原価計算は，製品原価の計算を迅速化する。実際原価計算は製品完成まで，あるいは月末まで計算結果が分からないが，標準原価計算は製品完成前に結果を素早く計算できるので，製品原価の情報をいち早く見ることができる。

(2) 標準原価カードが必要

標準原価計算の出発点は，原価標準を設定することから始まる。原価標準は，標準直接材料費，標準直接労務費，標準製造間接費などについて設定され，その情報は標準原価カードに記入される。このカードには，製品1単位当たりの標準原価が記録されており，この記録と実際原価とを比較することになる。したがって標準原価計算は，単独で使用されるのではなく，実際原価計算と共に使用する。標準原価と実際原価の差額を原価差異という。

(3) 原価差異について

原価差異はなるべく細かく分類し，分析する方がよい。たとえば直接材料費についての差異は，標準価格と実際価格の差額である価格差異と，標準消費数

量と実際消費数量の差額である数量差異の2つに分類し分析する。その他直接労務費や製造間接費についても，細かい分析が行われる。

(4) 標準原価計算の手順

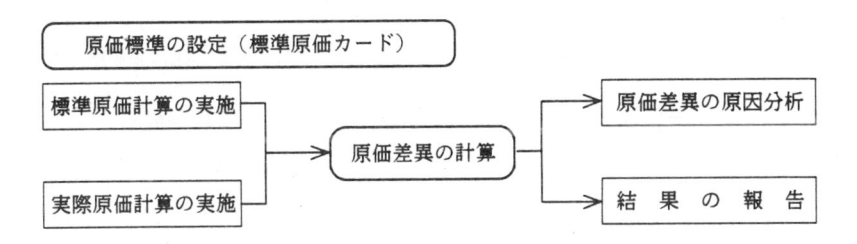

```
        ┌─ 原価標準の設定（標準原価カード）─┐
        │                                      │
   ┌─ 標準原価計算の実施 ─┐      ┌─ 原価差異の原因分析
                          ├─ 原価差異の計算 ─┤
   └─ 実際原価計算の実施 ─┘      └─ 結 果 の 報 告
```

[設例1] 東京工業では，あるプラスチック製品1単位を完成させるのに，1㎡当たり¥2,000の材料を，5㎡使用することになっている（標準）。ところが500単位の生産に使用された実際材料は2,600㎡であり，1㎡当たり¥2,100のものであった。原価差異を求めなさい。

標準原価＝¥2,000×5㎡×500単位＝¥5,000,000
実際原価＝¥2,100×2,600㎡＝¥5,460,000
原価差異＝¥5,000,000－¥5,460,000＝－¥460,000

（原価差異のマイナスは，標準原価を実際原価が上回っていることを示す）

第4節　部分原価計算（意思決定志向原価計算）

1　直接原価計算

　直接原価計算は，主に短期利益計画設定に有用な計算法として発展した。直接原価計算は，原価を変動費と固定費に分け，経営活動に応じて直接変化する変動費だけを，製品原価に算入する方法である。したがって，すべての製造原価を製品原価に算入する全部原価計算とは，著しく異なる方式である。
　直接原価計算では，製造間接費の変動費部分（変動製造間接費）が製品原価に算入され，固定費部分（固定製造間接費）は製品原価に算入されず，期間的原価とみなされる点に注目する必要がある。

この直接原価計算と全部原価計算による損益計算書を比較すると，両原価計算の相違がはっきりするので，次に示しておこう。

全部原価計算による損益計算書	直接原価計算による損益計算書
売　上　高	売　上　高
− 売上原価（全部原価による）	− 変動売上原価（製品原価が変動費のみ）
売上総利益	製造マージン
− 販売費・一般管理費	− 変動販売費・一般管理費
営　業　利　益	限　界　利　益
	− 固　定　費
	営　業　利　益

　直接原価計算は，今日まで一般に認められた会計慣行とされていないが，経営内部的利用目的には，全部原価計算を利用するよりも，はるかに優れた情報を提供するといわれている。

　［設例1］静岡工業は，9月中に5,000単位の製品を製造し，そのうち4,000単位が販売されている。同社の9月中の一次集計の原価は¥500,000であり，その他に固定製造間接費が¥50,000発生していた。売上高が¥1,000,000であったとき，全部原価計算と直接原価計算によって，純利益額を算出しなさい。

	（全部原価計算）				（直接原価計算）		
売　上　高			1,000,000	売　上　高			1,000,000
一次の原価		500,000		一次の原価		500,000	
固定製造間接費		40,000	540,000	固定製造間接費		50,000	550,000
純利益			460,000	純利益			450,000

　全部原価計算の固定製造間接費は，販売された製品量に相当する額が，売上高からマイナスされる（¥50,000÷5,000×4,000＝¥40,000）。

　この例のように，製品原価を全部原価計算で求めた場合と，直接原価計算で求めた場合とでは，生産量と販売量が一致しない限り（これが普通），利益額が相違するという特徴がある。また，ここでは計算例を省略するが，直接原価計算では販売量と営業利益との間に規則性があるのに対し，全部原価計算には規則性がない。全部原価では，利益計画が立てにくいことになるのである。

2 損益分岐点分析

損益分岐点とは，収益と費用が等しくなる売上高または生産量のことで，収益＝費用であるから，利益がゼロの時の売上高または生産量を意味する。損益分岐点分析では，原価を固定費と変動費に分解せねばならない。そして，売上高ないし販売量を営業量とすることによって，売上高ないし販売量の変化に対して収益・費用が，ないしは利益が，どのように変動するかの分析を行うのである。

損益分岐点の売上高を求める公式＝固定費÷$\left(1 - \dfrac{変動費}{売上高}\right)$

［設例2］売上高￥10,000，変動費￥3,000，固定費￥2,100の時の，損益分岐点の売上高を求めなさい。

￥2,100÷（1－￥3,000÷￥10,000）＝￥3,000

3 差額原価収益分析

意思決定に必要な原価や収益・利益に関する分析を，差額原価収益分析という。その内容は，差額原価を中心とするが，未来原価，埋没原価，機会原価等多岐にわたっている。

例えば機会原価とは，材料，労働，設備などの代替的用途のうち，一つを選び他を断念する場合，その断念した結果として犠牲となる利益額である。

［設例3］ある経営者が￥5,000,000の資金を所有しており，その資金を銀行預金に預けると年利6％である。ところがそろそろ新しい機械を購入する必要もある。この2つの代替案の選択に迫られていた彼は，最新式の機械導入に踏み切った。この場合彼は，年￥300,000の利息分を獲得する機会を断念したことになる。つまり，新機械への投資を選んだことによって失われた利息￥300,000が機会原価となる。当然，年￥300,000を越える利益が，新機械導入によって期待されるのであろう（平成9年度専修大学研究助成による）。

第11章　管理会計論 (1)

第1節　管理会計の意義

　今日，企業は，はげしい経済変動の渦中にある。技術革新は，日進月歩の発展をとげる一方で，人件費は増加の一途をたどっている。経営規模が拡大し，企業の大型化あるいは系列化がどんどん進んでいる。流通経済のめまぐるしいまでもの変動は，企業間の競争にいちだんと苛烈さを加え，そこでは新製品の絶え間ない開発，販売努力の増大，生産性の向上などが要請される。のみならず，貿易や資本の自由化は，いやおうなしに経済の国際化へと企業を引きずり込んでいく。また，コンピュータの出現は，インター・ネットに見られるがごとく情報化社会を構築せしめ，経営のいっそうのシステム化を促した。このように，企業をとりまく状況が不断に変化する時代にあっては，もはや，従来の伝統的な経営管理の諸方法によるのみでは，次々と発生する事例に対処することが不可能となった。仮に，運良く企業生命を維持し得た場合でも，企業の長期にわたっての安定的成長はありえないであろうし，また，激動する経済環境に適応しうる企業体質からははるかにかけ離れた企業の姿となっていよう。
　今日のような厳しい経営環境においては，従来のような伝統的な経営管理では，企業の長期的成長と安定を確保することはできない。そこで，これを可能ならしめるためには，新しい環境に適応できるよう企業体質を改善し，かかる改善のための新しい経営管理手段を確立しなければならない。その意味では，まさに，現代は，マネジメントの時代といえよう。
　今日のような時代背景のもとでは，企業の経営管理を有効かつ能率的に遂行するための個別具体的な用具として，管理会計（management accounting,

managerial accounting）が，経営管理にとって必要不可欠なものとなる。しかし，管理会計は，標準原価計算，予算統制等によって代表される単なる科学的管理法の所産としての管理諸科学が非体系的，かつ断片的に用いられるようなものであってはならない。それは，近代的経営管理に沿うものとして，体系的かつ総合的な経営管理の視点に立脚してシステム化されたものでなければならない。ここで経営管理とは，経営活動をして，経営目的を能率的に達成するための計画に始まり統制に終わる循環的過程，言い換えれば，マネジメント・サイクルといわれる管理の過程に対するマネジメント行為の総体的概念と理解されるものである。

　しかし，経営管理の具体的内容たるや百花撩乱の観があり，それにその内容自体抽象的で判然としない。このように見てとれ，かつ評し得る経営管理と一体的関連を有する管理会計は，とりもなおさず，その意義において，いきおい漠然とした概念とならざるを得ないのである。

　上述のごとく，管理会計は，価値計数的管理技術体系として，経営管理と一体的関連を有している。すなわち，管理会計は，各種の経営計算の総合化された概念にほかならず，その適用領域は企業活動全般にわたる。とはいえ，企業は営利目的によって営まれる組織体であるから，当然，経営管理の中心的課題は利益管理にある。ここに利益管理の一環として，企業活動全般におよぶ管理用具としての予算の重要性が，ひいては予算管理の重要性が認識できるのである。しかし，このことは，管理会計における諸他の計算技法が，予算管理のための技法に劣るということを意味するものではない。それはむしろ，管理会計の中枢としての予算管理をより有効に遂行するためには，いっそう重要な意味さえもつのである。

　管理会計は，経営管理の手段として，また，その本質的機能にかかわる概念として把握されるものである。もちろん，これには異論もあろうが，一般的には会計の本来的性格を意識化したものと理解されている。社会科学全般にわたる傾向だが，管理会計の諸見解を見るにつけ，それらが時代的変遷の所産であることを斟酌すれば，その本質的内容は，ほぼ同じと見てとれるものであり，

その具体的展開としての手続論の立場からの相違をみいだすにすぎないともいえる。たとえば，管理会計の歴史的起点としてのマッキンゼー（J. O. Mackinsey），グレゴリー（H. E. Gregory）などの所論と，現代の管理会計の代表的見解としてのアンソニー（R. N. Anthony），ベイヤー（R. Beyer），アメリカ会計学会（A. A. A，以下A. A. Aと略称する）などにみられるがごとくである。これらの論述的展開における論旨は，管理会計がマネジメントの用具として，より有効な管理をするための情報を提供するというアカウンタントのスタッフ機能にかかわるものであるということである。

このように，今日の変転きわまりなき経済社会に対処してゆくためには，先にも述べたとおり，企業の経営管理を有効かつ能率的に遂行するための用具としての管理会計が，企業にとっては必要不可欠なものとなる。そして，経営管理にかかる用具を利用することは，企業の長期的安定性および収益性の確保の礎ともなるであろうし，それは，とりもなおさず，その生成発展への原動力ともなるであろう。そこで，以下，本章では，管理会計を概観してみたい。

第2節 管理会計の本質

管理会計（management accounting）とはいかなるものなのであろうか。論者の見解を一瞥するかぎり，それは外見的には千差万別な見解であるかのごとき観を呈している。表現的な相違は別としても，例えば，会計概念に関しての，また，思想的背景に関しての相違点が見られる。さらには，経営管理との関連からしての，計算技法との関連からしての，また，管理会計の体系化から由来するところのものからしての相違点も指摘されるところである。しかし，幾多の諸説における上述のような相違点は，部分的，あるいは付随的なそれに他ならず，管理会計の本質そのものに違いが見いだされるわけではない。

例えば，A. A. Aは，管理会計について次のような定義をしている。

「管理会計とは，企業の歴史的および計画的な経済的資料を処理するに際して，マネジメントが合理的な経済的目標を計画し，この目標を達成しようとし

て合目的的な意思決定を行なうのを援助するために，適切と思われる技術および概念を適用することである」[1]。

　かかる定義は，管理会計をして企業会計を機能的側面から把握したものであって，その経営管理への役立ちを目標としていることを意味する[2]。

　企業会計は，経営管理の一局面としての経営計算諸技法の総体として認識される機能的概念である。管理会計が，個々の計算技法に対する呼称と解されるべきでないのも同様である。企業会計，とりわけ，管理会計は，経営管理と密接不可分な一体的関連性のもとに理解されるべきものである。しかし，経営管理の多様性は，必然的に管理会計を複雑多岐なものに方向づけ，帰着せしめうることになる。

　たとえば，管理会計が，各企業に適用される形態は，その企業の現実の経営管理の方法，規模，業種等にそくして，しかもなお，将来の発展をも考慮に入れて，弾力的に理解されるべきである。また，アンソニー教授は，「組織に関する根本的事実は，それが人間から構成されているということである。したがって，管理会計においては，人間関係に属する問題，組織に属する問題といったような非会計的な領域に至るまでの配慮が必要である」[3]と指摘する。

　このような管理会計を適用しようとする上での錯綜は，管理会計が経営管理に役立つという目的概念に従って，その目的実現のための会計組織，計算方法，表示のプロセスをいかにしようかといったことにあるのにほかならない。要するに，それが近代的経営管理の要請に適合するところのものでなければならないという課題に存することにほかならないのである。具体的には，その課題は，管理会計の機能領域の問題として，また，その体系化の問題として展開される。

　管理会計の機能的領域に関して，アンソニー教授は，次のように主張している。

　「管理会計は，会計情報の利用面まで研究対象とするのであって，単に会計計算を研究するだけにとどまるものであってはならない」[4]。

　この主張は正しい。マネジメントの立場からすれば，会計情報の利用ということにいちだんと大きなウェイトをおくのであるから，経営管理論的思考のも

とでの管理会計論としては合理的である。しかし，管理会計担当者の立場からすると，会計情報をいかに作成し，伝達するかがその中心的課題となるはずである。バッター教授（W. J. Vatter）は，この点に関し，次のように指摘する。

「会計は，経営管理それ自体にとって代わるべきものでもないし，その構成部分でもない。また，それは，経営意思の決定者でもなければ，その統制者でもない。それは，マネジメントに対して助言するにすぎないのだ」。

管理会計は，会計情報を識別し，測定し，伝達するまでの行為をその領域とすべきである。しかし，会計情報のより有効な利用のため，会計情報に関するいっさいの特質や限界を理解しておくことが，管理会計の理解に対して有意義なものとなる。加えて，管理会計は，会計機能の認識のいかん，非会計領域に対する配慮等の面で幾多の問題を提起している。しかし，その本質は，経営が会計を経営管理の手段として，その本質的な機能にかかわらしめて把握したものである。すなわち，経営管理に役立つべき会計としてである。

以上，管理会計の本質についての概要を述べたが，その内容を要約すれば，次のようになる。

(1) 管理会計は，企業会計を機能的側面より見たものである。
(2) 管理会計は，経営管理に役立つ情報をマネジメントに提供するための会計である。
(3) 管理会計における経営への適用形態およびその計算諸技法の運用は，弾力的に理解する必要がある。
(4) 管理会計の領域は，会計情報をマネジメントに伝達することであり，マネジメントが行う意思決定は含まない。
(5) 管理会計においては人的側面への配慮が必要となる。

第3節　管理会計の史的変遷

　管理会計の本質については，第2節でふれた。しかし，その本質をさらに深く理解するためには，財務会計と歴史的に対比させる形で管理会計の発展を考察してゆく必要がある。

　中世のイタリアに生成をみた複式簿記が幾多の発展過程を経て，今日の企業会計の基礎となったと言っても過言ではない。このような萌芽形態の会計は，企業外部の要件というよりはむしろ，その内部的必要性を満足させることを目的として発展した。[7]

　このような時代，すなわち，パチョーリ（Luca Pacioli）の複式簿記に始まり，産業革命に至るまでの時代における計算諸技法をもって会計を即断することについては，疑問がないわけではない。ガーナー（S. P. Garner）は，「この時代における会計は，単なる企業間の外部関係の記録にすぎない」[8]と指摘する。かかる意味で，この時代は，会計の形式としての財務会計的機能と，その内容としての管理会計的機能とが錯綜していた観がある。

　産業革命以後，資本と経営が分離する以前の時期の会計の特質は，理論としての財務会計の確立期ということにある。[9]と同時に，財務会計に包含されていた管理的機能が注目され，管理会計固有の用具としての計算方法ないし計算思考が芽生えた時期でもある。テーラー（F. W. Taylor）を創始者とする科学的管理法における課業観念は，まさにその発想理念を提供したものといえよう。

　20世紀初頭における管理という科学の発展，それは時代的要請の所産でもあった。ゲッツ（B. E. Goetz）は，管理会計が，従来の会計，すなわち，財務会計とは別に主張されるようになった理由として，次のような事柄を挙げる。[10]

　(1) 企業規模の拡大と経営の複雑化
　(2) 固定的資本の増加およびその重要性の増大
　(3) 経済変動の度合とそのテンポの増大
　(4) 経営への社会的統制の強化

第11章　管理会計論(1)

　管理会計の立場からとり挙げられた上記(1)から(4)の諸実体は，結果的には，管理会計の新領域形成への契機となった。すなわち，このような形成をうながした根本的事由は，ゲッツの指摘したところのものの結晶的結果としての資本と経営の分離に求められるのが一般的な見方である。[11]

　しかし，資本と経営の分離という事象が，財務会計をして理論的にも実践的にも確立せしめたという点では，その直接的意義が認められるが，単にこの点のみを持って管理会計の形成発展の基礎が固まったと断ずることには，いささかなりとも異論があろう。すなわち，20世紀初頭における不況の打開といった時代的要請の帰結として，経営管理的会計技術の照応化という形で管理会計は形成されたものであると理解し，その形成以前に，この形成に貢献した歴史的・経済的事象のひとつとして，資本と経営の分離を考えるべきであろう。[12]

　管理会計は，このような形成過程を経て確立期に至るものと理解されるが，何をもってその確立の根拠とするかについては論者の見解のわかれるところである。角谷光一教授によれば，確立像の認識を管理会計の意義の中に求められており，教授は，その一応の浸透をもって確立の根拠と主張する。[13]そうであるなら，その根拠の具体的内容如何では，その確立期は1920年代，ないしは1930年代の前半ということにもなる。それはともあれ，上述のような時代的背景のもとに，管理会計は会計管理の一環として，そのコントロール機能を中心として展開され，さらには，近代的な管理会計，別言すれば，1950年以降のそれへと発展したものと思われる。

　では，このように発展を見た管理会計の個々の管理的技法はいかなる変遷を遂げたのであろうか。ここでは，その概要をみてゆく。

　科学的管理法を生成基盤とする標準原価計算は，競争の激化や不況の深刻化などの外生的要因を打破しようとするコスト・ダウンの方策として，また，標準原価の機能の生産管理への適用形態として，原価管理をおしすすめた。と同時に，標準による管理思考の企業活動全領域への導入形態として予算統制の技法がもたらされるようになった。さらに，シュマーレンバッハ（E. Schmalenbach）に始まる経営費用論の展開は，固定費に対する認識基盤として，経営管

理のための基礎理論を，ひいては，管理技法を生む礎石となったのである。

しかし，これら個々の管理技法は，単なる計算技法，例えば，直接原価計算，ＩＥ，ＯＲ，ＶＡ，ＣＶＰ分析，損益分岐点分析，経営分析等の開発にとどまるものではない。それは，さらにその適用領域における発展や内部統制やコントローラー制度に代表される経営管理組織の発展へとつながったのである。

各種の管理会計的思考が台頭・進展したこの時代（1920年から1950年）の管理会計は，決して近代的意味でのそれではなかった。すなわち，コントロール機能を中心とした管理会計でしかなかったのである。つまり，現代的経営管理の特質であるプランニング機能の欠如した，言い換えれば会計諸方法の総合的調整体系化が不十分な管理会計でしかなかったといえる。[14]

ところで，管理会計の最近の発展動向について簡単に触れてみる。最近の管理会計は，すでに指摘したような計算手段あるいは機能的な観点からのアプローチに対し，計算手段あるいは技法の目的への適合の過程として会計を認識する立場をとっている。それは，管理会計が隣接科学の発達に伴うその技術・思想の導入の所産と理解されるものである。具体的には，統計的・数学的な性格を有する管理技法の採用や，行動科学，システム理論，情報理論等の新思考の導入によるところの管理会計的思考の実質的変化を意味する。

このように管理会計は，技術的進歩，経済的発展の所産として，近代的管理会計へと展開されてゆく。すなわち，経営管理と一体的関連のもとに理解されるようになっていくということである。言い換えれば，近代的な経営管理方式としてのプラニング・アンド・コントロール方式に基づいた総合的・体系的な管理会計発展へとつながるのである。それも，計算手段としての会計観ではなく，過程としての会計観に立脚しているということである。

過程としての会計は，その与えられた目的の如何によって，それ，すなわち会計を財務会計と管理会計とに区別する。この区別は，手段としての会計をその目的を遂行する状態において把握したものであり，前述の計算手段あるいは機能的観点からのアプローチにおける企業会計観の発展形態であるといえる。この会計を過程と考えるアプローチに立脚して，財務会計と管理会計の統合に

ついての問題が新たに展開されるわけであるが，この点については次節でふれることとする。

第4節　管理会計と財務会計

　管理会計の発展過程で見られた財務会計との対立的関係はともかく，管理会計の現代的意義は，企業の機能あるいは目的によるアプローチを出発点としている。すなわち，今日の企業会計は，管理会計と財務会計との両目的にそれぞれ奉仕するということにほかならない。

　それでは，管理会計と財務会計とは，どのような関係にあるのであろうか。この点については，およそ2つの見解がある。[15] すなわち，1つは，二つの会計は目的を異にするがゆえに，その性質も相違し，したがって，それぞれ独自に機能する会計であるとする見解であり，いま1つは，会計を情報システムとしてとらえることによって，目的が異なる二つの会計の統合を図ろうとすると同時に，会計領域の拡大をもねらおうとする見解である。

　財務会計は，財務諸表を用いて企業の財政状態および経営成績を明らかにし，これを利害関係者に知らしめる会計である。これに対して，管理会計は，マネジメントが行う意思決定および業績評価に有用な会計情報を提供する会計である。この点からは，財務会計と管理会計は，その目的において大いに違いがある。こうした差異のいくつかをとり挙げてみれば，以下列挙のごとくである。

(1) 報告対象の観点からは，財務会計が外部報告としての性格をもつのに対し，管理会計は，内部報告会計としての性格をもつ。

(2) 報告様式の違いという観点からは，財務会計が法的拘束を受ける定型的会計であるのに対し，管理会計は，そうした拘束を受けない非定型的会計である。

(3) 測定尺度の観点からは，財務会計が過去の事象を対象とした貨幣測定に限定されるのに対し，管理会計は，過去・現在・未来の事象を対象に貨幣測定はもちろん物量測定をも包摂する。

(4) 対応という観点からは，財務会計が全社的な期間的対応のみを問題とするのに対して，管理会計は，例えば，責任別・部門別・製品別といった個別的対応を問題とする。

第1の見解は，このような差異を強調することで財務会計と管理会計とが理論的に相容れない会計であるとするものである。

ついで，第2の見解，すなわち，財務会計と管理会計の統合化を志向する会計についてだが，ベイヤーは，経営情報システムの一環としての収益性会計システムの構想の中で，その統合については次のように論じている。

「収益性会計とは，会計に対する哲理およびその哲理を実施するためのシステムを表現したものである。その哲理は，単一の統合的会計構造によって，財務会計と管理会計の両目的を同時に満足させる。しかも，このシステムは，近代的な利益志向の全会計手続きを単一の意思決定に役立つ経営情報システムに取り入れたシステムである」[16]

このように，従来は，互いに背反するものとして個々別々にとり挙げられていた財務会計と管理会計を総合体系化したものがベイヤーのいう収益性会計であり，彼は，そのための原理の確立を情報理論およびシステム理論に求めるアプローチをとったにほかならない。この原理についてベイヤーは，次のように言う。

「経営管理は，財務会計やそれに付随する会計システムからの情報に裏付けられねばならない。と同時に，それは，会計情報を提供するための有効なシステムを確立するための原理，すなわち，

(1) 総合性（Comprehensiveness）

(2) 一貫性（Consistency）

(3) 適応性（Flexibility）

(4) 実用性（Practicability）

から導き出されたものでなくてはならない。具体的には，収益性会計に，これらの諸原理に基づきつつ，利益計画，責任会計，例外原理による報告，利益貢献会計の概念を一本化したものである」[17]

第11章　管理会計論(1)

　ベイヤーの提唱するところのものは,「元来,会計は一つの情報システムである」とのA. A. A.の見解にみられるがごとくの情報システム的アプローチより行なうところの財務会計と管理会計の統合をはかろうとするものである。

　A. A. A.によれば,会計とは,「経済的情報を識別し,測定し,伝達する過程としての情報システムである」という。そこでいう会計とは,情報理論的アプローチのもとに財務会計と管理会計の統合をもくろむものである。すなわち,会計情報を経営情報の一部として認識し,前者を,与えられた目的に適合しうるように処理し,伝達するという思考に基づくものである。さらに,「異なる目的のためには異なる概念を」という伝統的な観念に対して,情報理論的アプローチのもとに会計を統一的に把握し,会計情報を一元的に取り扱おうと志向したその帰結のシステムでもある。ところで,その会計情報を識別する基準だが,ちなみに,同ステートメントは,

　(1)　目的適合性（relevance）
　(2)　検証可能性（verifiability）
　(3)　不偏性（freedom from bias）
　(4)　量的表現可能性（quantifiability）

を掲げている。

　ところで,会計情報の判断基準の適合如何をもって,すぐさま財務会計と管理会計の統合が可能になるとは断言できない。しかし,コンピュータ技法の導入は,会計情報の一元的処理を可能ならしめ,さらには,その範囲の拡張をもうながし,拡大の裏の統合へのインパクトを与える可能性がある。

　会計を情報システムと理解する場合,会計主体を何に求めるかという問題が生ずる。従来,管理会計は,経営者の行動との関連からスタッフ機能と理解されていた。したがって,そこには必然的に会計の限界を認めざるを得ない。これに対し,会計機能を経営者行動と一体的に把握しようとする立場をとる場合は,情報機能と意思決定機能との間に新しい展開が見られるようになる。ここに,統合へのインパクトが存するものと理解される。

　たしかに,会計機能と意思決定機能とを概念的に峻別することは必要である

としても，常に前者を後者の下位的機能と見ることは，少なくとも将来の会計を展望するには，あまりにも一面的すぎるきらいがある。この点に関し，A. A. A. の見解には，次のような叙述がみられる。

「会計の情報機能とマネジメントの意思決定機能を区別することは重要である。これらの機能は，その目的・範囲・責任の点で基本的な相違をもつものであるが，その相互関連性は徐々にではあるが深められてきている」[22]。

このような表現をみて，すぐさま情報機能と意思決定機能との一体化が可能であるとするのは早計である。その一体化は，自己の行動を決定する情報をみずから入手するという結果を生起せしめ，従来，両機能間に存していた客観性の喪失をもたらすことになろう。しかし，その客観性を犠牲にしてもあまりあるメリットが存するという考えのもとにたって，A. A. A. は次のように述べている。

「管理会計への役立ち，管理会計担当者の技能を十分に利用するためには，客観性の有無に関わりなく，マネジメントの一員として会計担当者を参加させる必要がある。そして，情報に対する要請と情報システムに関する会計担当者の知識を増大させることによって，客観性が失われるのを軽減しうる」[23]。

以上，ベイヤーとA. A. A. の論説を中心として管理会計と財務会計の統合に関する考察を試みた。そこでは，コンピュータの導入をその生成基盤とした情報システム論的アプローチによる会計理論の拡充，また，隣接科学との融合の方向への発展が見られた。それは，非伝統的会計モデルの領域への進歩，別言すれば，経営管理特に経営計画とのより密接な関連づけへのそれといった動向にほかならない。反面，経営管理とのより緊密な一体的関連性のもとにおける発展は，会計理論構造を説明的なものから規範的なものへと変革せしめ，さらには，「会計の本質とは何か」という根源的な問題をも提起せずにはおかないことになろう[24]。

第11章　管理会計論(1)

(注)
1) A.A.A., Report of the 1958 Committee on Management Accounting, "The Accounting Review", April 1959. p.210.
2) 吉田　弥雄著「現代管理会計論」,同文舘,昭和55年,5頁。
3) R. N. Anthony "Management Accounting", R. D. Irwin. 1960.（邦訳書,R. N. アンソニー著,木内佳市・長浜穆良訳編「管理会計」,日本生産性本部,昭和44年,pp.95～100頁。)
4) R. N. Anthony "Management Accounting Principles", R. D. Irwin, 1970. p.1.
5) 吉田　弥雄著　「前掲書」, 9～10頁。
6) W. J. Vatter "Managerial Accounting",New York : Garland Publishing, 1986. p.510.
7) A.A.A., op. cit., p.207.
8) S. P. Garner, "Evolution of Cost Accounting to 1925", The University Alabama Press, 1954, p.1.
9) A.A.A., op. cit., p.208.
10) B. E. Goetz, "Management Planning and Control", MeGraw-Hill Book Company, 1949, p.9.
11) 鍋嶋　達稿「近代経営管理の特質と管理会計論の体系」,近代会計学大系Ⅵ（鍋嶋　達編）,中央経済社,昭和45年,4～8頁。
12) 吉田　弥雄著　「前掲書」,13頁。
13) R. F. ルイス著 "Management Uses of Accounting", 1961.（邦訳書　角谷　光一・藤芳　誠一　共訳「マネジメントに役立つ会計」税務経理協会,昭和38年,p.173 。)
14) 青木　茂男著　「新版管理会計論」国元書房,昭和42年,27頁。
15) 青木　茂男著　「前掲書」,44～46頁。
16) R. Beyer, "Profitability Accounting for planning and control", The Roland Company, 1963, p.1.
17) R. Beyer, op. cit., pp.1～6.
18) A.A.A., "A Statement of Basic Accounting Theory", American Accounting Association, 1968, p.64.
19) A.A.A., op. cit., p.1, p.64.
20) A.A.A., op. cit., p.1, pp.7～13.

21） 溝口　一雄稿「管理会計の本質をめぐって」，会計　第92巻第3号（昭和42年9月号），396－410頁。
22） A.A.A., op. cit., p.1, p.42.
23） A.A.A., op. cit., p.1, p.42.
24） A.A.A., op. cit., p.1, p.63.

第12章 管理会計論 (2)

第1節 意思決定会計

　意思決定会計とは，設備投資を伴う戦略的問題と，設備投資を伴わない戦術的問題としての個別計画をその対象とする会計である。こうした計画の評価・選択の意思決定過程が実は意思決定会計にほかならない。

1 経営計画

　経営計画とは，象形としては様々なタイプをとるが，「最も有利と思われる未来行為コースを評価・選択する過程であり，ひいてはそのような意思決定をする過程」[1]ということになろう。そこで，この経営計画を分類してみると，まず，その対象領域いかんによって，個別計画と期間計画とに分類される。
　個別計画 (project planning) とは，例えば設備計画や製品開発計画に代表されるように経営活動における特定個別の問題に関して，マネジメントがする未来活動のコースについて代替的諸方策を評価・選択する過程である。[2]他方，期間計画 (period planning) は，例えば利益計画や予算に代表されるように，マネジメントが一定期間における経営の活動部門の未来活動全体に対して総合的な一連の計画を体系的に作りあげる過程である。[3]また，経営計画は，対象事項のいかんによって，基本計画と業務計画とに分類される。基本計画とは，経営の基本構造を変更せしめるような性質を持つ計画である。例えば，設備投資計画，経営立地計画，新製品計画，新市場開発計画などがその例である。これに対して，業務計画とは，所与の経営基本構造の上に展開される経常的な業務活動に関する計画である。例えば，予算，操業度計画，製品組み合わせ計画，販

売価格の決定などがその例である。さらに，経営計画は，対象期間のいかんによって，長期計画と短期計画とに分類される。1年という期間を基準とし，それを超える期間にわたっての計画を長期計画，それ以下の期間に関する計画を短期計画という。長期計画は，長期利益計画や設備投資計画に代表され，短期計画は，製品計画，予算に代表される。これらの計画は，相互に関連しあい，また，互いに規制しあい，最終的には，長期利益計画と短期利益計画とに集約されることになる。

　長期利益計画とは，長期経営計画の一種であり，将来の経営活動を長期利益目標へと合目的に志向させるべき戦略的過程である。その特質は，①経営規模の質的・量的変更を伴う戦略的な総合計画，②業績評価基準としてではなく短期利益計画への指標的な計画，③トップ・マネジメントの意思決定領域に属する計画といった点にある。

　長期利益計画の策定は，①長期の経済予測，②長期利益目標の設定，③長期プロジェクト計画の策定，④長期総合計画としての集約化といった手順がとられる。そこで，トップ・マネジメントは，経済動向・経営活動の発展動向，財務政策などの点を考慮し，長期利益目標を，期間利益額か，売上利益率か，資本利益率かで示す。ついで，設定した目標利益率をもとに種々の長期プロジェクト計画の，例えば設備投資計画や新製品開発計画などの模索が行われ，もれなく長期利益計画の中に織り込まれ，そして，資金的に裏付けられた総合計画としての長期利益計画が樹立される運びとなる。

　長期利益計画は，長期的経営構造の革新を意図するものであり，かつ，短期利益計画の指標的な計画となるわけである。

　しかし，長期利益計画は，長期的予測という不確実性の上に策定された計画にほかならない。同計画は，情報不足や判断の誤りなど，予測に起因する一定の限界を有することを認識する必要がある。そのため，計画設定期間の短縮，弾力性の具備，環境変化に対応すべくスタッフ部門や情報システムの充実などが必要不可欠になる。

第12章　管理会計論(2)

2　設備投資計画と会計

　設備投資計画は，将来の企業の経営構造を形作る計画であるゆえに，この計画は，将来の企業の成長の要ともなるものであるし，また，経営活動の効率化および企業競争力・体質改善等を志向する重要な礎ともなる。

　また，この設備投資計画の経済性計算は，例えば，期間計画としての利益計画などと比較した場合，プロジェクトを対象としていること，キャッシュ・フローや時間的要素を導入していること，財政的配慮，各プロジェクトの異なる経済性の比較，リスク，不確実性といった諸点に，その計画の特徴を見ることができる。

　ところで，設備投資には，いかなるタイプのものがあり，そして，それらがいかなる手続きを経て計画化されるのであろうか。これについて，ディーン（J. Dean）は，設備投資を，①旧設備と同種新設備への投資たる取替投資，②工場拡張等による新設備への拡張投資，③製品改良，新製品生産等に伴う製品投資，④例えば，公害防止設備，福利厚生設備等への投資にみられる経済性以外の基準により意思決定された戦略投資の4つのタイプに分類している。[4]

　このようなタイプの投資は，必要に応じ随時企業の戦略上の問題としてとり挙げられるが，その計画化への手続きは，まず，いくつかの投資案の作成および評価に始まる。ついで各投資案の収益性に基づく順位付けがなされ，ひきつづき各投資案の予想収益（利益率）と，資本コストの比較および資金的配慮の考察がなされる。そして，最後に投資案の非貨幣的要素を織り込んだトップ・マネジメントの決断ということになる。この一連の手続きは，一見何の変哲もないそれのように見えるが，実は，その過程で考察すべき重要な要素がいくつかある。こうした要素は，象形としては様々なものになるが，時間的要素，収益性要素，金利要素，不確定要素と抽象化し得るところのものである。しかし，その象形としての具体的要素は，各種の長期的予測ということを別格にすれば，投資案の期間，投下資本額，特殊原価，年利益額（原価節約額），そして資本コストといったたぐいのものとなる。[5]

　設備投資計画は，資本コストをはじめとする様々な要素を基礎とし，当該代

165

替案の経済性を測定・検討した結果の産物である。そこで，いろいろな見解はあるもののこの経済性の測定過程におけるおもな計算方法を以下挙げてみよう。[6]

単純原価比較法は，各投資案の年次平均原価の位置付けをして，第1位の投資案，すなわち，年次平均原価の最小のそれを採択しようとする原価比較法である。

現在価値比較法は，単純原価比較法に時間的要素を加味した方法であり，投資額と年次平均原価の現在価値の合計額，すなわち，

$$総支出の現在価値 = I + C \cdot (1+r)n - 1 / r(1+r)n$$

（I：投資案，C：設備運転費用，n：耐用年数，r：利子率）

の算式をもって投資案の選択基準とする方法である。

資金回収期間法は，資本回収期間の長短を選択基準とする方法である。ここでの資本回収期間とは，投資より生ずる年利益額（税引後利益と減価償却費の合計額）で正味投資額を除することによって求められる。

投資利益率法は，各投資案の投資利益率を評価のよりどころとする方法である。すなわち，投資利益率を，投資案上の「利益÷投資額」という算式で求め，この結果と資本コスト率との比較考量により投資案決定をはかる方法である。

そして，この方法は，投資額を原始投資額と考える原始投資額法と，減価償却費控除後の投資額（簡便的に原始投資額の1／2とする）である純投資額と考える純投資額法とに分けられる。

利益割引率法は，将来の現金利益による回収額が投資額と同額となる割引率を投資案採用の尺度とする方法である。この利益割引率法は，まず，投資案上の毎期の税引後純利益と減価償却費との合計額である現金利益の現価合計額を求め，この金額と投資額とを等しくするような割引率，すなわち，

$$I = R1 / 1 + r + R2 / (1+r)2 + \cdots\cdots + Rn / (1+r)n$$

（I：投資額，R：毎期の回収額，n：耐用年数，r：割引率）

の試算により求める。この割引率は，いわゆる当該投資案の投資利益率と理解されるもので，資本コスト率を上回るか否かによって同案を採用するか否かが決定される。

現在価値法は，前もって定めた切捨率としての資本コスト率で増分利益の現価合計額を求め，そののち，同額と投資額とを比較する方法である。

こうした経済性計算の方法のもと，設備投資計画の策定は，非定型的なプロジェクト計画になるわけだが，この種の計画は，長・短期の利益計画と密接な関係にあることを見過ごしてはならない。

3 特殊原価調査

特殊原価調査（special cost studies）は，経営計画を樹立する際に，必要とされる情報を提供するため原価計算制度の枠外において臨時的に行われる特殊原価の計算方法と定義付けられる。このことから，特殊原価調査は，①主として個別計画設定への原価情報の提供，②未来原価としての特殊原価を計算する臨時的・非制度的未来計算，③原価の調査に加えて収益性・採算性計算としての機能をもつことが理解できる。[7]

特殊原価調査の対象は，経営基本構造なり業務運営に関するものであり，この種の対象事項が経営の長期的収益性に多大な影響を及ぼすことになる。

また，特殊原価調査の目的は，長・短期の利益計画に織り込まれるプロジェクト計画に有用な情報を提供するという役目を果たすことにある。

さらに，特殊原価の計算手続は，いくつかの代替案の比較計算を介して行われることになる。その手続は，①各代替案の差額原価，差額収益を比較する方法としての差額法，②各代替案の総原価，総収益を比較する方法としての総額法の2つの手続がある。[8]

ところで，この特殊原価調査には，差額原価，取替原価（再調達原価），機会原価，付加原価，埋没原価等の原価概念が利用されるが，以下，これらの原価概念について概説する。[9]

差額原価とは，業務活動の変更による代替案相互の原価額の増減分をいい，原価増加分を増分原価，原価減少分を減分原価という。さらに，差額概念として，生産量の変動に伴う収益の増加分たる差額収益がある。この差額原価が意思決定に用いられるケースとしては，例えば，プロダクト・ミックスの変更，

自製か外注かの問題等がある。

　取替原価ないしは再調達原価は，取得原価と再取得原価に差がある場合にとり挙げられる概念であり，当該資産の再調達に要する原価あるいは現在の市場価格をいう。そして，受注価格の決定，適正な製品原価の決定等の意思決定をするにあたっては，この取替原価が用いられる。

　機会原価とは，財をある用途に利用することにより，断念された別の用途からの収益の測定額をいう。かかる原価の適用例には，内部振替価格の決定，中間製品を売却するか加工するかの決定等がある。

　付加原価とは，現金支出を伴わず，費用とはならない犠牲価値であるが，原価計算上原価として認識されるものをいい，計算原価と称されるものである。そして，有利な経営形態（個人か会社か）の採用，設備取替かリースかの意思決定等にこの種の原価は重要となる。

　埋没原価とは，代替案の選択に関する意思決定に関係のない無関連原価をいう。この種の原価は，旧設備の利用か新設備の購入か，自製か外注か等の意思決定に用いられる。

　以上述べたような特殊原価概念やその他現金支出原価，回避可能原価，回避不能原価等を活用し，経営計画に関する意思決定のための情報提供が特殊原価調査を介してなされることになる。

第2節　業績評価会計

　業績評価会計とは，期間計画設定およびコントロールを目的とする会計である。この会計は，アンソニーがマネジメント・コントロール，オペレーショナル・コントロールと体系づけた相互補完的な領域である。

1　短期利益計画

　マネジメントがする総合管理は，その形態において利益計画と利益統制とから成る利益管理と断言することができようが，この利益管理の一翼を担う短期利益計画（以下，利益計画という）は，利益に関するトップ・マネジメントの策定する全般的計画であり，目標利益を達成せんがため将来の経営諸活動を総合的に計数表示した経営計画のひとつのタイプである。[10]
　利益計画は，利益の予測のみに終始するものであってはならない。利益計画は，長期利益計画に示される目標を達成すべく，しかも企業の当面の制約条件を勘案しつつ最適計画として作成をはからなくてはならない。それも，「目標利益＝計画収益－計画費用」なる利益公式に包含せられる利益計画設定のための基調，すなわち，目標利益達成のための弾力的にして相関的な収益・費用の計画という意味を踏まえてである。
　ところで，利益計画の設定にさきだって，この計画に盛り込まれるべき多種多様な個別事項の計画化が問題となる。例えば，セールス・マンの増員・広告等による販売量の増大をはかる計画，販売価格の変更に伴う計画，セールス・ミックス，代替材料・消費量の節約等による材料費節減のための計画，作業時間・方法の合理化計画，費用の節減計画といったような事項である。
　こうした各種計画の検討をしつつ利益計画を組み上げていく過程において，それも特に利益目標の決定において，直接原価計算，特殊原価調査，ＣＶＰ分析（損益分岐点分析）といった計算技法が有効な情報を提供することは，誰もが認め得るところである。そこで，その一技法としてのＣＶＰ分析について概

説する。[11]

　ＣＶＰ分析とは，原価を変動費と固定費とに区分すること，また，価格，固定費額，プロダクト・ミックス，経営規模等が不変であることといった前提のもとに，原価－営業量－利益三者の相関関係の分析技法であり，算式による分析と図式による分析との２つがある。この分析による意図は，例えば，営業量の増減により原価やあるいは収益がどのように増減するのか等を明らかにするものである。

　ところで，ＣＶＰ分析における算式であるが，それは，損益分岐点の売上高を算出する算式，すなわち，「固定費÷（１－変動費／売上高）」で示される。なおこの式を変形することにより各種分析が可能となる。

　ついで利益図表の作成法だが，それは，おおむね次のような手順を踏む。

　まず，縦軸に費用・損益を，横軸に売上高線を示した正方形を作り，当該図表に対角線としての売上高を記入する。次に，横軸上に可能売上高を求め，垂線を引く。そして，その垂線上に期待利益額を示す利益点を求める。さらに，縦軸上に固定費額を示す枢軸点を求める。最後に，この枢軸点と利益点を結び，この線（総費用線）と売上高の交点が，求める損益分岐点となる。

　さて，利益計画の進め方は，一般的に，①目標利益（率）の設定，②収益計画の作成，③製造原価計画（生産量計画，材料費，労務費，製造間接費の計画）の作成，④営業費計画の作成，⑤資金計画の作成，⑥見積財務諸表の作成という手順を踏む。

　利益計画は，目標利益の決定およびその達成方法に関する計画であるともいえる。この目標利益は，期間利益額，売上高利益率，資本利益率の３つのタイプで表示される。理論的には，収益性および資本効率の判定において，すぐれた包括的指標となり得る資本利益率が目標利益の表示方法として適したものであるといえる。さらに，目標利益率は，①過去の実績をベースに算定する方法，②配当金，社内留保額等の希望額を求め，同額を資本額で除し目標利益を算出する方法，③資本金利益率なり自己資本利益率なりを予測し，これと資本構成との比率関係をもって目標利益率を算出する方法といった方法により具体的に

算出される。ともあれ，利益計画における目標利益率の算定は，求められた目標利益率と，経営内外の当面の諸条件を前提に求められた目標利益率との両者を比較考量の上で決定されることになる。目標利益率が決定されると，ひきつづき，前述の各種計画の作成，さらに利益統制という過程に利益管理は移行してゆくことになる。[12)]

最後に，利益計画は，その設定にあたって，収益性の追求のみに偏ってはならない。なぜなら，企業の健全な経営，すなわち，安全性を確保するという意味で，利益計画は，資金計画に裏付けされねばならないからである。

2 予算管理

予算管理（budgetary management）は，予算制度を介しての総合的経営管理の過程であり，大別すれば，大綱的利益計画の実施計画としての予算の編成と予算による業績評価とからなる計数的管理の技術体系である。[13)]

経営管理の一環としての予算管理は，計画，調整，統制という機能を持つ。

まず，その経営機能についてであるが，トップ・マネジメント・レベルにおける計画を全社的な立場から執行計画として調整し，コントロール基準としての予算という形に編み上げる必要がある。計画と表裏一体の関係をもつこの予算は，その編成過程において，とりもなおさず，計画ひいては経営管理における計画機能を付与されることになる。

予算編成過程における中心的課題は，トップ・マネジメントの予算編成方針に基づく意向と，予算案という形で出される各予算編成単位の要請を全社的立場から体系化し，そして，総合予算に集約してゆくことにある。予算管理の調整機能は，まさに，トップと各部門間における計画と予算案の，また，部門相互間の予算案どうしのギャップを埋める手続きが具有する機能にほかならない。

編成された予算は，各部門の業務活動におけるコントロール基準として機能することになる。すなわち，予算差異分析，業績評価，改善措置に代表される手続きの中に，予算管理の統制機能が存するのである。

さて，予算とは，利益計画に具体性をもたせた規範的な活動指標であると同

時に，経営活動の責任区分と結びついた実行計画でもある。したがって，予算は，活動指標として，また，業績評価基準として経営活動あるいは管理組織に即して体系づけられている。この予算体系の一例としては，販売予算，製造予算，一般管理費予算からなる損益予算，財務予算，資本予算，そして，これらを総合化した総合予算といったようなものがある。

ところで，予算管理を円滑に実施するためには，そのための前提条件，すなわち，予算管理組織・予算報告制度の確立，マネジメントと企業構成員の理解と支持，予算期間，予算管理規定といったような前提の整備が必要不可欠となる。[14]

以上，概説した予算管理は，おおむね，予算編成と予算による業績評価という具体的な手続きによって実施されることになる。

予算編成は，予算編成方針の設定に始まり，各部門予算の編成と調整，総合予算の編成そして予算の決定に終わる一連の過程である。いうまでもなく，予算は，利益計画の具体的展開としての執行計画である。したがって，予算編成に際しての予算編成方針は，少なくとも利益計画においてとり挙げられた設定方針が，そのままではないにしても，ひきつづき踏襲されるべきである。予算編成方針にあっての配慮を列挙すれば，それは，大体において，過去の実績，販売予測の的確な把握，それぞれの業務部門における各種プロジェクト導入の検討，資金的裏付けの確保といったことになろう。そして，このような配慮のうえに，例えば，目標利益率，収益および費用に関する基準，各種個別計画事項といった具体的な予算編成方針が示されることになる。

さて，予算編成方針につづく過程だが，それは，例えば，一予算期間の売上高見積額を盛り込んだ売上高予算やら，製品種類，製品数量などの生産計画を具体化した製造高予算に代表される部門予算案の作成および調整という過程になる。

最後に，予算による業績評価，すなわち，予算差異分析は，実績と予算の比較に代表される管理会計における伝統的手法であり，その発生原因および責任の明確化，改善措置のための情報提供等をその目的とする。そして，総合予算

の差異分析，部門予算の差異分析として，予算報告書をもって関係者に伝達されることになる。[15]

3　原価管理と標準原価計算

　原価管理（cost management）は，当初，原価統制を中心とした管理技法としてその生成をみた。当然のことながら，この種の原価管理は，所与の経営条件を前提とし，原価の発生を個々の作業過程において引き下げることを主眼とした物量的な原価効率の追求のみに終始していた。しかし，昨今の企業をとりまく経営環境下では，このような意味の原価管理では十分に対応しえない。そこで，原価計画と称する領域をも包括した概念としてのそれが要請されてくる。[16]

　原価管理は，たしかに，個々の原価額を引き下げるべく原価能率の向上という意図をもつ。しかし，同時に，それは，利益に直結した原価政策などを織り込んだ，それも原価標準の切り下げを狙いとする原価計画をより重視している。

　原価計画は，企業の安定的発展をはかるためには，単なる原価抑制という伝統思考を脱皮し，利益との関係からするひとつの原価管理のありようを示すものである。こういった場合の原価管理では，原価抑制といったことにとらわれず，全社的観点からの弾力的な原価計画の検討がより重要になる。

　利益管理の一環としての原価管理は，利益計画あるいは予算と無関係ではありえない。すなわち，原価計画が利益計画なり予算なりの一構成部分として組み込まれるのは，それが具有する計画機能が目標利益達成のための一方策として条件づけられる性質のものだからである。また，原価統制は，こと直接費に関しては予算による統制にとって替わる。というのも，予算による統制は，本質的には，発生すると予測される原価発生額の総額を枠づけるものであり，収益とのバランスで原価発生を統制せんとする機能だからである。原価統制こそが，その本質的意味において作業過程での原価能率の規範たる標準原価による統制である。ところで，原価管理は，その手続上，原価引き下げ目標の設定，原価低減のための個別計画の検討，原価計画の設定という過程からなる原価計画と，原価標準の設定，原価標準の伝達および動機づけ，標準原価差異分析，

原価報告，是正措置という過程を経る原価統制とに大別される。[17]

(1) 原 価 計 画

　原価計画の設定にあたっては，まず，基本方針となるべき原価引き下げ目標が定められなければならない。この目標は，長期的な視点にたつことはもとより，利益計画との関連においてその一翼を担うべく，原価引き下げ額なり，原価引き下げ率なりとして設定する必要がある。

　この目標を達成すべく，製造部門では，個別計画としての原価引き下げ計画を検討することになる。この種の計画は，すでに利益計画のところで考察済みであるが，例えば，設備投資に基づく原価引き下げ計画，同作業時間・作業工程短縮計画，材料購入価格引き下げ計画，材料消費量節減計画，在庫管理の合理化計画，遊休設備の利用計画等が挙げられる。もちろん，こうした各種原価引き下げ計画は，利益計画中生産計画として販売計画との有機的関連のもと，その設定過程において調整される。そして，期間計画たる原価計画として予算に織り込まれ，原価統制の実施へとつながることになる。

(2) 原 価 統 制

　原価統制における手続きは，標準原価計算がその中心的役割を担う。標準原価計算とは，材料費，労務費，製造間接費について，あらかじめ原価標準を定め，これをもとに算定した標準原価と実際原価との比較を通じ，原価管理に役立つ情報を提供する方法である。[18]

　そこでは，いかに原価標準を設定するかという点が問題となる。この点は後に概説するとして，標準原価は，作業能率に基づき理想的標準原価，正常的標準原価，現実的標準原価とに，また，価格水準の改訂度合に基づき基準標準原価，当座標準原価とに分類できる。

　上記のような分類にあって，原価統制に採用される標準原価は，少なくとも一定の経営条件下での原価である。すなわち，当座標準原価と現実的標準原価でもつことが望ましいのである。

　しかし，標準原価が原価統制に役立つためには，さらに，その原価がコスト・センター別，責任中心点別の経営管理組織に結合した形で設定される必要が

ある。加えて,標準化への思考は,製造原価領域にかぎらず,販売費及び一般管理費の領域へも拡大することが望ましい。

さて,標準原価を算定するためには,その基礎的条件としての原価標準の設定が必要不可欠となる。この原価標準の設定は,要するに,各原価要素別に,製品単位当りの物量標準と価格標準として設定する。といっても,この設定が,直接費と間接費とではその思考をまったく異にする。それゆえ,原価統制の観点から,かかる設定を原価要素別に要約してとり挙げてみると,ひとつは,直接材料費標準であり,もうひとつは,直接労務費標準であり,さらにいまひとつは製造間接費標準である。

このように設定された原価標準は,それがコントロール基準として企業構成員へ周知徹底させる必要がある。すなわちトップからロアーへのコミュニケーション,逆にロアーからトップへのそれと,また,企業構成員相互間のそれが,実は原価統制を有効に実施するためには,極めて重要となる。いかにすぐれた原価標準の設定も,それが各現場部門へ伝達されず,また,伝達されても理解できない場合,原価統制は,無きに等しい存在となる。良きコミュニケーションを通じ,かかることのないよう,それも,原価管理組織,原価報告等に裏付けられたコミュニケーションにより,企業構成員全員に原価意識を植え付けることが肝要である。企業構成員各自が原価意識をもつことは,とりもなおさず,企業構成員がするモチベーション・コントロール,コレクティブ・コントロールのための原動力ともなるからである。[19]

(注)
1) A.A.A., "A Statement of Basic Accounting Theory", American Accounting Association, 1968, p.44.
2) A.A.A., Tentative Statement of Cost Concepts Underlying Reports for Management Purposes, Committee on Cost Concepts and Standards, "The Accounting Review", April, 1956, p.184.
3) A.A.A., op. cit., p.184.
4) J. Dean "Management Economics", Prentice Hall, 1959., pp.603〜610.

5）溝口　一雄編著「管理会計の基礎」，中央経済社，平成7年，211〜228頁。
6）青木　茂男著「経営計画会計」，国元書房，昭和41年，104〜113頁。
7）山口　年一著「特殊原価調査」，日本経営出版会，昭和49年，1〜17頁。
8）吉田　弥雄著「現代管理会計論」，同文舘，昭和55年，305〜310頁。
9）山口　年一著「前掲書」，35〜104頁。
10）古川　栄一著「利益計画のたて方」，森山書店，昭和43年，31〜41頁。
11）岡本　清著「原価計算」，国元書房，昭和55年，491〜505頁。
12）古川　栄一著「前掲書」，67〜98頁。
13）角谷　光一・綱島　将吉・山田　庫平共著「予算統制の基礎」，中央経済社，昭和47年，3〜21頁。
14）青木　茂男著「新版近代予算統制論」，ダイヤモンド社，昭和45年，58〜79頁。
15）木内　佳市編著「予算管理」，同文舘，昭和49年，143〜194頁。
16）角谷　光一著「現代原価管理の基礎」，同文舘，昭和62年，3〜10頁。
17）溝口　一雄編著「前掲書」，147〜152頁。
18）角谷　光一著「前掲書」，同文舘，昭和62年，23〜64頁。
19）吉田　弥雄著「前掲書」，176〜179頁。

第13章 経営分析

第1節 経営分析の意義

　経営分析（business analysis）とは，主として財務諸表で示されている企業（グループ企業を含む）の会計データを分析比較して，経営成績や財政状態の良否・適否を観察批判し，かつその原因を明らかにし，企業内外の利害関係者の意思決定に役立たせるものである。
　経営分析は，当初，米国において発展してきたものであり，一般に財務分析（financial analysis）または財務諸表分析（financial statement analysis）などの用語が用いられている。
　最近の経営分析では，会計データのみならず，経営者の手腕，従業員のモラル，得意先や仕入先の状況，経済状況などの非会計データを考慮して，総合的に企業の経営状態を判断するようになっている。

第2節 経営分析の種類

　経営分析は，分析主体，分析目的（内容），及び分析方法の相違により次の如く分類することができる。
　(1) **分析主体による分類**
　経営分析をする立場が企業外部者か企業内部者かによる分類で，外部経営分析と内部経営分析とに分かれる。
　① 外部経営分析（external business analysis）
　外部経営分析とは，企業外部者による分析である。企業外部者には，株主や

社債権者などの投資家,銀行や取引先などの債権者,税務当局・大蔵省・通産省・中小企業庁などの国家機関等がある。外部経営分析では,分析者の利用できる資料は,企業が公表する財務諸表に限られるので,内部経営分析に比べて制約を受けることになる。

② 内部経営分析 (internal business analysis)

内部経営分析とは,企業内部の経営管理者により行われる分析であり,経営管理者分析 (managerial analysis) ともいわれる。経営管理者は,企業内部の細部にわたるデータが入手可能であることから,正確で詳細な企業内容の良否を分析できるので,管理能率の吟味,経営政策の樹立に役立たせることができる。

(2) 分析目標(内容)による分類

いかなる目標(内容)をもって企業内容の分析を行うかの分類である。

① 企業に収益力(利益獲得能力)はあるか。このための分析を「収益性の分析 (profitability analysis)」という。

② 企業に投下された資本が効率よく運用されているか。このための分析を「活動性の分析 (activity analysis)」という。

③ 企業に債務支払能力が十分であり,経営が安全に行われているか。このための分析を「安全性の分析 (safety analysis)」という。

④ 企業の資金がうまく運用され,その資金に余裕があるか。このための分析を「キャッシュ・フロー分析 (cash-flow analysis)」という。

⑤ 企業に合理的な生産性の向上があり,さらに生産成果の合理的な配分が行われているか。このための分析を「生産性の分析 (productivity analysis)」という。

⑥ 企業に成長力(将来性)はあるか。このための分析を「成長性の分析 (growth analysis)」という。

(3) 分析方法による分類

① 静的分析 (static analysis) と動的分析 (dynamic analysis)

静的分析とは一定時点または一期間の会計数値を比較分析して企業の静的状

第13章 営業分析

態を観察することをいう。動的分析とは，前期と当期のように2期間以上の期間の同一項目の会計数値を比較分析して企業の動的状態を観察することをいう。ただし，貸借対照表の分析を静的分析といい，損益計算書の分析を動的分析という場合もある。

② 実数分析と比率分析（ratio analysis）

実数分析とは，会計データを加工せずにそのまま分析の測定値とする方法であり，控除法（関係2項目の実数の差額により財政状態を分析する方法），切下法（貸借対照表の資産金額を一定割合だけ引き下げて，支払能力を判断する方法），損益分岐点法（一定期間の総収益と総費用とが一致し，損失も利益もない損益分岐点を求め，収益と費用と利益の関係を判断する方法），増減法（2期間の財務諸表の各項目の数値の増減をもって分析する方法）がある。

比率分析とは，2つの実数を加工して割合（百分比）を求め，これに基づいて比較観察して分析する方法であり，一般に広く用いられている分析方法である。これには，構成比率法（百分率財務諸表のように，財務諸表の各項目の金額を総額（売上高や総資本など）に対する割合を求め，収益・費用または資産・負債・資本のバランスがとれているかどうかを観察分析する方法），関係比率法（財務諸表の異なる項目相互間の実数の割合を求め，これに基づいて分析する方法），趨勢比率法（財務諸表の各項目の2期間以上の動向を増減率になおして観察分析する方法）がある。

③ 個別企業分析（individual business analysis）とグループ企業分析（grouping business analysis）

この分類は，企業の親会社に子会社等を含めたグループ企業における分析を行うか否かの相違である。つまり，親会社（単体企業）のみを対象にした分析を行うか，それともグループ全体を対象にした分析を行うかの相違に基づくものである。前者の分析は，個別分析ともいい，主として親会社を中心として（個別）財務諸表（individual financial statement）の分析であり，後者は連結分析や連結財務諸表分析ともいい，グループの財務諸表である連結財務諸表（consolidated financial statement）を分析とした分析である。特に連結財務諸表分析での中心は，以下に述べる個別財務諸表の分析と同様に行うが，個別財

務諸表と連結財務諸表における表示された各種実数の違いを分析する連単実数分析とその実数の違いを百分率に表した連単比率分析，さらに個別分析と連結分析で計算された比率の違いがどのくらいの違いがあるかを見るために連単倍率を使用する。

$$連単倍率 = \frac{連結分析に使用された実数値又は比率値}{個別分析に使用された実数値又は比率値}（倍）$$

第3節 経営分析資料の収集

　経営分析の第一段階は，経営分析のための資料の収集である。そのための資料は，企業が作成・公表する報告書，すなわち財務諸表が中心となる。財務諸表 (financial statements) とは，個別のみならず連結もいうが，企業の経営状態（経営成績や財政状態）を企業の利害関係者に報告するために，会計帳簿に基づいて作成されたものである。また，第3の財務諸表として，損益計算書と貸借対照表の連結環としての「キャッシュ・フロー計算書」も経営分析の対象となった。

(1) わが国における公表財務諸表

　わが国の，企業が公表する財務諸表には，証券取引法に基づく財務諸表等規則（「財務諸表等の用語，様式及び作成方法に関する規則」の略称）によるものと，商法の計算書類規則（「株式会社の貸借対照表，損益計算書，営業報告書及び附属明細書に関する規則」の略称）によるものとがある。前者のそれは上場企業を中心として公表されており，一般に「有価証券報告書総覧」として販売されている。後者のそれは定時株主総会提出用に作成され株主に配布されている。なお，企業会計原則による財務諸表についても併記すると下記のごとくである。

第13章 営業分析

企業会計原則	財務諸表等規則	商法・計算書類規則
〈財務諸表〉 ① 損益計算書 ② 貸借対照表 ③ 財務諸表付属明細表 ④ 利益処分計算書	〈財務諸表〉 ① 貸借対照表 ② 損益計算書 ③ キャッシュ・フロー計算書 ④ 利益金処分計算書又は損失金処理計算書 ⑤ 付属明細表	〈財務諸表〉 ① 貸借対照表 ② 損益計算書 ③ 営業報告書 ④ 利益の処分又は損失の処理に関する議案 ⑤ 付属明細書
〈連結財務諸表〉 ① 連結貸借対照表 ② 連結損益計算書 ③ 連結剰余金計算書 〈連結キャッシュ・フロー計算書〉	〈連結財務諸表〉 ① 連結貸借対照表 ② 連結損益計算書 ③ 連結剰余金計算書 ④ 連結キャッシュ・フロー計算書	

(2) その他の資料

　算定された諸比率等の良否・適否をより合理的に判断するためには，次の資料が必要となる場合がある。この資料は，一般に業種別の標準比率としても使用できる。

　上場企業の場合のそれには，通商産業省産業政策局編『わが国企業の経営分析』，三菱総合研究所編『企業経営の分析』，日本銀行調査統計局『主要企業経営分析』，日本経済新聞社『日経経営指標』などがある。非上場企業の場合のそれには，中小企業庁『中小企業の経営指標』や『中小企業の原価指標』，総理府統計局『個人企業経済調査速報・季報・年報』，ＴＫＣ全国会計システム委員会『ＴＫＣ経営指標』などがある。

第4節　企業の全体像の把握

　経営分析の第二段階は，企業の全体像の把握である。それは企業の財政状態を示す貸借対照表と企業の経営成績を示す損益計算書により把握できるが，その概観性を高めるために要約貸借対照表と要約損益計算書を作成し，これを構

成比率法を用いて百分率（比）貸借対照表と百分率（比）損益計算書，および百分率（比）キャッシュ・フロー計算書とを作成する。これにより貸借対照表の主な構成項目が総資産や総資本全体に占める割合，さらに損益計算書項目の売上高に占める割合，および各キャッシュ・フロー項目が営業活動によるキャッシュ・フローに占める割合が明確になり，企業の全体像が浮き彫りになる。同時に2期間以上の比率を併記することにより，期間比較（趨勢分析）を行うことができ，より企業の動向を観察することもできる。

第5節　経営分析の具体的手法

経営分析の第三段階は，経営分析の目標（内容）別に，その良否や適否を判断するために比率法や実数法の具体的手法を使用して行うことである。

(1) **収益性の分析**

収益性の分析とは，企業の収益獲得能力の分析である。収益性の指標としては利益額の大きさよりも，利益額と投下資本との関係を考慮した資本利益率を使用する。資本利益率は，さらに売上高利益率（利幅（マージン）の分析）と資本利益率（資本効率の分析）に分解されるので，総合収益指標ともいわれる。

$$\frac{利益}{資本} = \frac{利益}{売上高} \times \frac{売上高}{資本}$$

（資本利益率）＝（売上高利益率）×（資本回転率）

① 資本利益率（return on investment）の分析

資本利益率は，資本に対する利益の割合である。これには利益に関係づけられる資本概念により，総資本利益率，自己資本利益率，払込資本利益率などに分類される。

1）総資本利益率（return on total investment）

総資本利益率は，投下された自己資本（資本の部合計）と他人資本（負債の部合計）の合計額である総資本平均有高（期首総資本と期末総資本を加算したものを2で除したもの－以下同様）と利益額との割合である。この利益率は，企業に投

下された全資本の収益獲得能力の度合を示し，この比率が高いほど収益性は良好と判断される。分子の利益に何を使用するかにより，総資本売上総利益率，総資本営業利益率，総資本経常利益率，総資本当期純利益率などがある。

$$総資本利益率 = \frac{各種の利益}{総資本平均有高} \times 100$$

2） 自己資本利益率（return on equity）

自己資本利益率は，出資者利益率ともいい，利益額と投下された自己資本平均有高との割合である。この比率は，出資者の投資資本による収益獲得能力の度合を示す。分子の利益に何を使用するかにより，自己資本営業利益率，自己資本経常利益率，自己資本当期純利益率などがある。

$$自己資本利益率 = \frac{各種の利益}{自己資本平均有高} \times 100$$

3） 払込資本利益率（profit ratio of paid-in capital）

払込資本利益率は，資本金利益率ともいい，利益額と資本金平均有高との割合であり，株主の投資資本による収益獲得能力の度合を示す。この比率は，株主が企業の配当能力や経営者の配当率の判断にも使用することができる。

$$払込資本利益率 = \frac{各種の利益}{資本金平均有高} \times 100$$

② 売上高利益率の分析

売上高利益率は，売上高に対する利益の割合であり，売価￥100に対する利益額（マージン）を示している。この比率は高ければ高いほど資本利益率を高めることになり，収益性が良好であることを示している。この比率は，分子の利益の種類に応じて売上高売上総利益率，売上高営業利益率，売上高経常利益率，売上高当期純利益率などに分類される。

$$売上高利益率 = \frac{各種の利益}{売上高} \times 100$$

1） 売上高売上総利益率（gross margin ratio）

売上高売上総利益率は，売上高総利益率，売上総利益率ともいわれ，商品や製

品の利幅(マージン)の大きさを表わす。この比率は，1－売上原価率(売上原価／売上高)と同じになる。売上原価率が上昇すれば売上高売上総利益率は低下するので，売上高売上総利益率の変動原因は売上高と売上原価の増減関係を分析する必要がある。

2) 売上高営業利益率(operating margin ratio)

売上高営業利益率は，生産活動・販売活動・管理活動などの営業活動からの収益性の良否を判断するために使用される。この比率は，売上高と営業費用(売上原価と販売費及び一般管理費)によって左右されるので，その良否の原因は，売上高と営業費用の増減関係を分析する必要がある。

3) 売上高経常利益率(ratio of ordinary income to sales)

売上高経常利益率は，営業活動のみならず財務活動をも反映した経常活動からの収益性の良否を判断するために使用される。

この比率の良否は，上記の売上高営業利益率のほかに，営業外活動からの営業外損益の増減関係を分析する必要がある。

4) 売上高当期純利益率(profit magin ratio)

売上高当期純利益率は，売上高当期利益率，売上高純利益率ともいわれ，特別損益増減後の最終的に企業に残された利益額と売上高との比較である。

(2) 活動性の分析

① 活動性の分析の意義

活動性の分析は，効率よく資本が運用されているか(資本の活動性)を観察分析するためであり，具体的には資本回転率の分析のことである。資本利益率は，売上高利益率と資本回転率との積であるから，売上高利益率を同一とすれば資本回転率が高いほど資本利益率は高くなる。

企業資本は，調達源泉からみると他人資本と自己資本から構成されており，運用形態よりみると流動資産・固定資産・繰延資産などの資産からなる。資本回転率(広義)もこれに従い，調達源泉よりみる資本回転率(狭義)と運用形態から見る資産回転率とに区別される。

資本回転率(turnover ratio of capital)は，売上高を資本平均有高で除する

第13章 営業分析

ことで求められ，1年間に資本が何回転しているかをみるものであり，回転数が多いほど資本が効率よく運用していることを意味する。資本回転率の逆数（つまり，資本平均有高を売上高で除して求められたもの）は，資本回転期間を意味し，1回転するのに何年要しているかをみるものであり，回転期間がより短いほど資本が効率よく運用されていることを意味している。

$$資本回転率 = \frac{売上高}{資本平均有高}（回数） \qquad 資本回転期間 = \frac{資本平均有高}{売上高}（年数）$$

（年数）× 12 ＝ 月数
（年数）× 365 ＝ 日数

② 資本回転率（狭義）の分析

資本回転率（狭義）は，資本の運用形態からみた分析であり，資本が効率的に運用されているかどうかを観察分析する。この回転率は売上高を資本で除して求められる。分母の資本に何を使用するかにより，総資本回転率，自己資本回転率，他人資本回転率などに分類される。

$$資本回転率 = \frac{売上高}{各種資本平均有高}（回） \qquad （逆数…回転期間）$$

1) 総資本回転率（turnover ratio of total capital）

総資本回転率は，総資本が効率よく運用されているか，つまり総資本の活動性をみるものである。

2) 自己資本回転率（turnover ratio of net worth）

自己資本回転率は，企業の出資者の投下資本が効率よく運用されているか，つまり自己資本の活動性をみるものである。

3) 他人資本回転率（turnover ratio of total liabilities）

他人資本回転率は，金融機関や取引先などの債権の回収が確実迅速に行われているかどうか，つまり他人資本の活動性をみるものである。

③ 資産回転率の分析

資産回転率（turnover ratio of assets）は，効率的な資産運用が行われているかどうかを観察分析するものであり，売上高を資産で除して求められる。この回転率は，分母の資産に何を使用するかにより，売上債権回転率，棚卸資産回

転率，固定資産回転率などに分類される。

$$資産回転率 = \frac{*売上高}{各種資産平均有高}（回）\quad（逆数…回転期間）$$

＊棚卸資産関係の回転率は通常売上原価を用いる。

1）　売上債権回転率（turnover ratio of sales receivable）

　売上債権回転率は，売掛債権回転率，受取勘定回転率ともいわれ，売上債権（受取手形と売掛金の合計）の回収状況を示している。この比率が高いと，売上債権の回収がスムーズに行われており，低いときには，不良債権の可能性があることを示している。この比率の逆数である回転期間は，売上債権の発生から取立・回収までの回収期間を示している。

2）　棚卸資産回転率（turnover ratio of inventory）

　棚卸資産回転率は，棚卸資産（商品・製品・仕掛品・原材料などの合計）の在庫管理（購入・保管・販売までの一連の活動）が適切に行われているかどうかの分析のために使用される。この比率が高いと，在庫管理がスムーズに行われており，低いときには，過剰在庫の可能性を示している。この比率の逆数である回転期間は，棚卸資産の購入から消費または売却までの在庫期間を示している。なお，この回転率は，さらに商品回転率，製品回転率，仕掛品回転率，原材料回転率などに分解できる。

3）　固定資産回転率（turnover ratio of assets）

　固定資産回転率は，効率的な固定資産の稼働が行われているかどうかの分析に使用する。この比率が高いと，固定資産の稼働が効率的に行われ収益性の向上に貢献しているが，逆に低いと，遊休設備や未稼働資産の存在があることを意味している。なお，この回転率には，有形固定資産のみを対象にした有形固定資産回転率がある。

(3)　**安全性の分析**

　安全性の分析とは，財務の安全性，すなわち債務支払能力の良否・適否を分析することである。安全性の分析は，主として貸借対照表項目間における均衡状態を分析観察することである。

① 資本安全性（資本構成）の分析

資本安全性の分析は，貸借対照表貸方の分析であり，自己資本（資本の部合計），他人資本（負債の部合計），および総資本（自己資本と他人資本の合計）の三者の関係を観察分析することである。

1） 自己資本比率（stockholder's equity ratio）

自己資本比率は，自己資本構成比率ともいわれ，総資本に占める自己資本の割合をいう。この比率が高いほど返済に必要な他人資本が少なく経営が安定していることを，逆に，この比率が低い場合には，借金依存体質であることを意味する。

$$自己資本比率 = \frac{自己資本}{総資本} \times 100$$

2） 負債比率（ratio of debt equity）

負債比率は，負債の担保としての自己資本がどの程度負債をカバーしているか，つまり借入資本（他人資本）の安全性を観察分析するものである。この比率は100％以下が望ましいとされている。

$$負債比率 = \frac{負債}{自己資本} \times 100$$

② 資産安全性（資産構成）の分析

資産安全性（資産構成）の分析は，貸借対照表借方の分析であり，総資産，流動資産（当座資産，棚卸資産など），固定資産などの資産相互間における均衡が保持されて資産の安全性が阻害されていないかを観察分析するものである。

$$各種資産構成比率 = \frac{各種資産}{総資産} \times 100$$

③ 資産・資本安全性（資産・資本均衡）の分析

資産・資本安全性（資産・資本均衡）の分析は，貸借対照表の借方（資本の運用形態である資産項目）と貸方（資本の調達源泉である負債と資本項目）との相互関係の分析であり，両者間に均衡がとれているかどうかにより安全性の良否・適否を観察分析するものである。

1） 流動比率（current ratio）

　流動比率は，流動資産と流動負債との割合である。これは，1年以内に返済を要する流動負債を，1年以内に支払手段となる流動資産を支払財源にあてることが安全とされる。一般には200％以上が安全とされている。

$$流動比率 = \frac{流動資産}{流動負債} \times 100$$

2） 当座比率（quick ratio）

　当座比率は，当座資産（現金預金，売上債権，有価証券など）と流動負債との割合である。これは，1年以内に返済を要する流動負債を，1年以内に換金化・費用化する流動資産よりもより確実な支払手段となる当座資産を支払財源にあてることが最も安全とされる。一般には100％以上が望ましいとされている。

$$当座比率 = \frac{当座資産}{流動負債} \times 100$$

3） 固定比率（ratio of net worh to fixed assets）

　固定比率は，固定資産と自己資本との割合であり，固定資産投資額が返済不要の自己資本でまかなわれていることが安全とされている。この比率は，100％以下が望ましいとされている。

$$固定比率 = \frac{固定資産}{自己資本} \times 100$$

(4) **キャッシュ・フローの分析**

① キャッシュ・フローの分析の意義

　キャッシュ・フローの分析は，キャッシュ・フロー計算書を中心に分析する方法である。キャッシュ・フロー計算書は，一定期間のキャッシュ・フロー状況を一定の活動区分（営業活動，投資活動，および財務活動）別に表示するものであり，貸借対照表と損益計算書との連結環として企業活動全体を対象とする重要な情報を提供するものである。

第13章 営業分析

② キャッシュ・フロー分析の主な比率
1) 営業キャッシュ・フロー対売上高比率
　この比率は，キャッシュ・フロー・マージン比率（cash-flow margin ratio）ともいわれ，営業キャッシュ・フローがそのキャッシュ・フロー源泉である売上高との程度，相対的に大きいのかを把握するためのものである。

$$\text{キャッシュ・フロー・マージン比率} = \frac{\text{営業活動からのキャッシュ・フロー}}{\text{売上高（正確には営業収入高）}} \times 100$$

2) 営業キャッシュ・フロー対当期純利益比率
　営業キャッシュ・フロー対当期純利益比率は営業キャッシュ・フローと当期純利益との関係を見たもので，売上債権，買入債務および在庫の増減額や減価償却費などの関係を見て，営業キャッシュ・フローの状況を観察するものである。

$$\frac{\text{営業キャッシュ・フロー}}{\text{対当期純利益比率}} = \frac{\text{営業活動からのキャッシュ・フロー}}{\text{当期純利益}} \times 100$$

3) 営業キャッシュ・フロー対財務キャッシュ・フロー比率
　この比率は，営業活動からのキャッシュ・フローがプラスで，投資活動からのキャッシュ・フローがマイナスの場合には，営業活動からのキャッシュ・フローが投資活動からのキャッシュ・フローを賄っていることを示している。

$$\frac{\text{営業キャッシュ・フロー}}{\text{対財務キャッシュ・フロー比率}} = \frac{\text{営業活動からのキャッシュ・フロー}}{\text{投資活動からのキャッシュ・フロー}} \times 100$$

4) 営業キャッシュ・フロー対有形固定資産比率
　この比率は，有形固定資産投資比率（capital expenditure ratio）ともいわれ，営業活動からのキャッシュ・フローで投資活動に中心である有形固定資産にどれだけ投資したか測定するためのものである。

$$\text{有形固定資産投資比率} = \frac{\text{営業活動からのキャッシュ・フロー}}{\text{有形固定資産投資額}} \times 100$$

5) 営業キャッシュ・フロー対財務キャッシュ・フロー比率
　この比率は，営業活動からのキャッシュ・フローがプラスで，財務活動からのキャッシュ・フローがマイナスの場合には，営業活動からのキャッシュ・フ

ローが財務活動からのキャッシュ・フローを賄っていることを示している。

$$\frac{\text{営業キャッシュ・フロー}}{\text{対財務キャッシュ・フロー比率}} = \frac{\text{営業活動からのキャッシュ・フロー}}{\text{財務活動からのキャッシュ・フロー}} \times 100$$

6) 営業キャッシュ・フロー対流動負債比率

この比率は，流動負債の支払に当てられる資金創出能力を表したものである。

$$\frac{\text{営業キャッシュ・フロー}}{\text{対流動負債比率}} = \frac{\text{営業活動からのキャッシュ・フロー}}{\text{貸借対照表上の流動負債}} \times 100$$

7) 営業キャッシュ・フロー対固定負債比率

この比率は，固定負債の支払に当てられる資金創出能力を表したものである。

$$\frac{\text{営業キャッシュ・フロー}}{\text{対固定負債比率}} = \frac{\text{営業活動からのキャッシュ・フロー}}{\text{貸借対照表上の固定負債}} \times 100$$

8) 1株当たり営業キャッシュ・フロー

この比率は，営業キャッシュ・フローを発行済み株式数で除して，1株当たりのキャッシュ・フロー額を求めるもので，配当能力の判断の資料とする。

$$1\text{株当たり営業キャッシュ・フロー} = \frac{\text{営業活動からのキャッシュ・フロー}}{\text{発行済み株式数}} \text{（円）}$$

(5) 生産性の分析

① 生産性の分析の意義

生産性の分析とは，生産が合理的に行われて生産性が向上して，かつ生産成果が企業の利害関係者に適正に配分されているかどうかを観察分析するものである。生産性（productivity）とは，企業が，一定期間に生産諸要素（資本・労働・原材料等）を用いて，効率的に生産物を生産しているか，すなわち生産諸要素の有効利用の度合をいい，それは，一期間の産出（output）を生産諸要素の投入（input）で除することで示される。

投入される生産要素は，労働（労働力）と資本（生産設備）であるから，生産性は労働生産性と資本生産性に大別される。

$$\text{生産性} = \frac{\text{産出}}{\text{投入}} \quad \text{労働生産性} = \frac{\text{産出}}{\text{労働}} \quad \text{資本生産性} = \frac{\text{産出}}{\text{資本}}$$

分母の「労働」には従業員数，作業時間数および人件費等を，また「資本」には機械運転時間数や有形固定資産額などで表わされる。これに対して，分子の「産出」には，生産量，生産高，売上などが考えられるが，それらは純粋な生産性を示さないので，次の付加価値を用いることが多い。

② 付加価値の意義と算定方法

付加価値（value added）とは，企業があらたに付加した生産物の価値をいい，具体的には，企業が生産した生産物の総価額からその生産のために他企業から購入した生産物の消費額を控除した純生産額であって，企業の社会への貢献度を示している。付加価値の算定方法には，減算法（控除法）と加算法（集計法）があるが，一般には算定が容易な加算法が用いられる。

  減算法による付加価値

   ＝生産高（または売上高）－（材料費＋外注加工賃＋購入品費＋購入用役）

  加算法による付加価値

   ＝利益＋人件費＋金融費用＋賃借料＋租税公課＋減価償却費

③ 生産性比率

生産性比率には，労働生産性比率と資本生産性比率の二つに分類される。

1）労働生産性比率（productivity ratio of labor）

労働生産性比率には，付加価値を平均従業員数で除して求めた「従業員1人当たり付加価値（value added per employee）」，売上高を平均従業員数で除して求めた「従業員1人当たり売上高（sales per employee）」などがあり，この比率が高いほど労働生産性が高いと判断する。

$$\text{従業員1人当たり付加価値} = \frac{\text{付加価値}}{\text{平均従業員数}}$$

$$\text{従業員1人当たり売上高} = \frac{\text{売上高}}{\text{平均従業員数}}$$

上記の他に，人件費を平均従業員数で除して求めた「従業員1人当たり人件費」，人件費を付加価値で除して求めた「労働分配率」，付加価値を売上高で除して求めた「付加価値率」などがある。

2) 資本生産性比率 (productivity ratio of capital)

資本生産性比率には,付加価値を平均総資本で除して求めた「総資本投資効率 (value added to total assets)」,付加価値を平均有形固定資産有高で除して求めた「設備投資効率 (value added to tangible fixed assets)」などがあり,この比率は,高いほど資本生産性が高いと判断する。

$$総資本投資効率 = \frac{付加価値}{平均総資本}$$

$$設備投資効率 = \frac{付加価値}{平均有形固定資産有高}$$

上記の他に,平均総資本を平均従業員数で除して求めた「資本集約度」,平均有形固定資産有高を平均従業員数で除して求めた「資本装備率」などがある。

(6) 成長性の分析

成長性の分析とは,企業の発展成長力を判断し,将来性を観察分析するものである。

① 短期成長性の分析

短期成長性の分析は,成長力を示す項目(売上高,利益額,総資産額,従業員数,付加価値額など)の2期間の増減額を前年度からどのように変化したかを示したもので,それには,売上高増加率,経常利益増加率,総資産増加率,固定資産増加率,従業員増加率,付加価値増加率などがある。

$$各種成長性の増加率 = \frac{今年度の金額 - 前年度の金額}{前年度の金額} \times 100$$

② 長期成長性の分析

長期成長性分析は,上記の短期成長性の比率を過去2期間のみにとどめず,少なくとも過去3期間以上5期間程度の趨勢比率を求める方法である。それには,基準年度の実数を100として各年度の実数の割合を求める固定基準法と,対前年度の実数を常に100として各年度の実数の割合を求める移動基準法とがある。

第6節　分析結果の総合判断

　経営分析の最終段階は分析成果の総合判断である。前節において収益性，活動性，安全性，キャッシュ・フロー，生産性，および成長性の各分析に必要な個々の比率の算定方法について示してきたが，個々の比率が良否異なる結果を示したときに，結論として企業全体での良し悪しを判断する必要がある。このような総合評価の方法としては，指数法，レーダー・チャート法，フェース・メソッド法などがある。
　① 指数法による総合評価
　指数法（index method）とは，ウォール（Alexander Wall）により考案されたもので，指数を用いることで，各種比率を点数化し，その数値の大小により総合的に企業を評価するものである。
　② レーダー・チャート（rader chart）法による総合評価
　この方法は，総合評価を図示して視覚に訴える方法である。この方法によると，各種比率を円形の「くもの巣」上に記載するので，企業の全体像が一目でわかる非常に有効な方法である。
　③ フェース・メソッド法による総合評価
　フェース・メソッド（face method）は，評価の結果を人間の顔で表現する方法で，レーダー・チャートと同様に視覚に訴える総合評価の方法の一つである。この方法によると，経営内容が良好だと顔がふくよかになり，逆に悪化すると不細工な顔になる。我が国のフェース・メソッドを使用した総合評価法を採用している例としては，日本経済新聞社の NEEDS‐FACE 分析法が知られている。

第14章　会　計　監　査

第1節　監査の意義と発達

　監査とは，ある人の行為およびその行為の結果を示す記録，さらにはこれらの行為ないし記録の背後にあって，これらを規制しつつある制度や組織について，第三者が正当性または適正性の判定のために，これを分析し，検討することを意味する。[1]

　かつて，アメリカ会計学会（American Accounting Association）の基礎的監査概念委員会が公表した監査の定義は次の如くであった。「監査とは，経済活動や経済事象についての主張と確立された規準との合致の程度を確かめるために，これらの主張に関する証拠を客観的に収集・評価するとともに，その結果を利害関係をもつ利用者に伝達する体系的な過程である」[2]としている。

　いずれにしても，今は監査といえば一般に企業の会計監査を指し，企業の会計記録および会計行為すなわち，証憑書類・帳簿・財務諸表その他一切の会計上の記録やこれらを作成する行為を監査対象とするものである。

　そして，この会計監査は会計記録および会計行為に関係のない第三者，すなわち企業内にあっては内部監査人や監査役，企業外においては，職業的専門家たる公認会計士によって行われなければならない。

　さらに，この会計記録を分析的かつ遡求的にその正否または適否に関して監査人は意見を表明し，これに対して責任を負わなければならないのである。

　この会計監査の起源は遠く，ギリシャ・ローマ時代に，さらにはエジプト・バビロニヤに求められるが，企業会計を中心とした近代会計監査の成立は，これを英国に求めることができる。

英国においては，監査制度とこれに携わる勅許会計士という専門家が育成され，さらに会社法により会社は強制的に監査が義務づけられ発展したのである。

米国における監査は，最初英国からの伝統的な実務を中心に受け継がれてきたのである。

その後，1929年の大恐慌による株価の暴落により，1933年にニューヨーク証券取引所は投資家保護のため新政策をとり入れ，とくに株式会社に対し強制監査の導入をはかった。

この新政策は1933年の証券法（Securities Act），1934年証券取引法（Securities and Exchange Act）となり，有価証券届出制度が証券取引委員会（Securities and Exchange Commission, S. E. C）によって管理された。

従来より監査といえば信用目的のため債権者の立場を考えるが通例であった。しかし，これら2法の制定によって，投資家のための監査制度，ひいては，投資家中心の会計へとアメリカ会計制度は時代の転換を遂げていったのである。

ドイツにおける法定監査は，株式法や協同組合法にそれぞれ具体的に規定されている。

そこでは，資格のある職業的監査人を決算監査人と呼び，個人たる経済監査人および法人である経済監査会社から決算会計監査が実施され，監査役による会計業務監査が重複的に行われている。

わが国の監査は，古くは，明治14年に，会計検査院規定，さらには明治32年制定の商法の監査役制度が株式会社に設定されたのがはじまりとみることができる。

その後，わが国最初の職業的専門家たる計理士法が昭和2年に公布され，新たに計理士が誕生したが，実質的には会計監査は行っていなかったのである。

戦後の昭和23年7月に永年懸案であった公認会計士法が制定され，公認会計士が財務書類の監査または証明を行うことになった。

ついで，昭和25年3月には，証券取引法の改正を機に，公認会計士または監査法人の監査証明を受けなければならないとし，監査証明の法的根拠を与えた。

第14章　会　計　監　査

　さらに，昭和25年9月に企業会計制度対策調査会（現在の企業会計審議会）から，監査基準・監査実施基準が公表され，公認会計士による監査証明制度に指針が与えられた。また，昭和26年3月には，証券取引委員会から財務書類の監査証明に関する規則が公布され，昭和26年7月1日以降に始まる事業年度から一定条件の上場会社に対して，公認会計士による法定監査を実施することになった。

　しかし，いわゆる正規の財務諸表監査を最初から実施することは種々の理由から極めて困難であった。したがって，この間において，数次にわたる見直し・整備・改正の作業が行われた。

　とくに昭和31年12月に監査基準の一部を改訂するとともに監査実施準則の全面的な改正と，さらに監査報告準則が新たに制定され正規の監査へと移行したのである。その後も監査会社の拡大とわが国の経済の発展に応じて，証券取引法・公認会計士法・監査基準等の数次の改正がなされた。また証取法監査と商法監査の一元化を目的として二度（昭和49年・56年）にわたる大幅な改善がなされた。

　さらに，中間財務諸表および連結財務諸表に対する監査が実施されることとなった。

　その後数次にわたり監査基準・監査実施準則および監査報告準則の改訂が行われ，一段と拡充・整備され今日に至っている。

第2節　監査の種類

　監査はその立場の相違により種々な区分・分類をすることができる。
(1) **監査の範囲を標準とする区分**
① 貸借対照表監査
　これは監査の範囲を主として貸借対照表に示されている諸項目に限定される。すなわち，貸借対照表記載の諸項目が適正に表示され，企業の財政状態に対する利害関係者の判断を誤らせることがないよう監査するものである。

そこでは，貸借対照表の資産・負債および資本が，貸借対照表作成日にそれらの諸項目が実在し，その評価が適正であるか否かを吟味するものである。

② 損益計算書監査

これは監査の範囲が経営成績を示す損益計算書の諸項目に限定されものである。そこでは一定期間の企業の収益・費用の認識測定に関する正否を監査するもので，企業の収益項目と費用項目を監査することにより，適正な期間損益の算定を確認するものである。

③ 精密監査

この監査は，たんに期末における財務諸表の監査だけではなく，当該会計期間において，作成または発生した取引書類や伝票その他の証憑書類と会計帳簿を詳細に検査するものである。

精密監査は，全ての取引と全ての勘定について，正確性を期そうとするものであるが，それは，数字的な正確性のみだけでなく，会計責任および会計原則に準拠して会計処理・手続が行われているか否かに関して詳細な検査を実施するものである。

すなわち，貸借対照表および損益計算書その他の書類のすべての項目について，監査手続を適用するばかりでなく，証憑書類から原始簿への記入，原始簿から元帳への転記をすべて吟味し，資産・負債・資本および費用・収益に関する全取引を検査するものである。したがって，この精密監査は，別名完全監査とも呼ばれ，監査の重点が虚偽・誤謬の検査に重点がおかれた英国において発達したものである。

(2) 監査の実施時期を標準とする区分

① 定期監査と臨時監査

定期監査とは，毎期一定の時期において繰り返し行う監査である。これに対して，臨時監査とは，一定の時期を問わず不意に実施する監査である。

前者の場合は，被監査会社に対して，事前に，会計事項についての整理をある程度させることができる。これに対して後者の場合は，監査を不意に行うから，不正や隠蔽などの操作を防止することができる。

第14章　会計監査

② 期中監査と期末監査

期中監査とは，一会計期間を数回に分けて監査を行うものである。この期中監査では最初に予備調査を行い監査計画に基づいて，とくに内部統制の確立，運用状況を調査し評定して監査を実施する。

期末監査は，決算監査とも呼ばれ，財務諸表項目の各勘定残高およびこれに直接関係した取引記録の監査，財務諸表の表示方法の法令等への準拠性の監査，さらには後発事象に関する監査等を実施する。

③ 事前監査と事後監査

事前監査とは監査を事前に行うもので，一般に内部監査においてみられるところである。監査は，通常，取引記録の正否または適否に関して証拠により会計処理の当否を立証するために実施されるが，この事前監査は，不正な取引が行われた後，それをもとに戻すことは困難であるから，そのような疑いのある取引について，予め監査人の意見を聴するものである。

事後監査は，法定監査における必須の監査であって，一般に期末監査は，この事後監査を意味するものである。

(3) 監査の執行機関が企業内部か否かを標準とする区分

① 内部監査と外部監査

内部監査とは，企業の組織内の内部の監査人によって，経営管理目的のために行われる監査をいう。すなわち，内部監査は，企業の経営管理について，その有効性・妥当性についての検閲と評価の結果について報告し，必要に応じて，より良い管理を遂行できるように，助言または勧告を行うスタッフ機能をある一面で果たすものであるとみることができる。

外部監査とは，企業の外部の執行機関である監査人によって行われる監査を外部監査という。この外部監査は，被監査会社と利害関係をもたない独立の立場にある第三者によって行われる。したがってこの外部監査は監査効果の面からみても極めて信頼性が高く，社会的意義も深いものである。一般に公認会計士および監査法人の監査は，この外部監査の典型的なものとしてみることができる。

(4) 法律に基づくか否かを標準とする区分
① 法定監査と任意監査

法定監査とは別名強制監査とも呼ばれ，法律によって監査が強制され，その実施が義務づけられている監査である。したがって，会社の意思とは関係なく法律により強制的に監査が義務づけられているものである。この法律は，証券取引法により今日では資本金1億円以上の上場会社は，公認会計士または監査法人によって強制監査が義務づけられまた実施されている。

任意監査とは別名自由監査とも呼ばれ，被監査会社（依頼会社）の自由意思に基づいて行われる監査である。任意監査は，監査を受けるかどうかは会社の自由であり，また仮に受けるとしても，監査人と被監査会社との間に結ばれた任意契約によりその種類・方法・範囲などは自由に決めることができるのである。

第3節　監査基準および監査手続

(1) **監査基準について**

わが国においては，昭和25年9月に「監査基準」，「監査実施準則」が公表され，さらに昭和31年12月には「監査報告準則」を制定し，それ以後経済環境の変化に対応すべく監査基準，実施準則および報告準則などが数次にわたり修正・改訂を経て法定監査制度が定着し今日に至っているのである。

この監査基準には，監査人の人的資格要件，監査事務の質的尺度，およびその達成目標に関する基準をそれぞれ定めたものであるとみることができる。

この監査基準の内容としては，次の3種に区分される。
① 一般基準

一般基準は，別名人的基準とも呼ばれ，監査人の資格とその業務上の規範を定めた基準である。すなわち，監査は，誰にでも容易にできるような簡単なものでない。監査人として適格な条件を備えて，初めてできるものである。しかも監査人は，経済的にも身分的にも，すべて公平無私で不偏不党の立場でもっ

て監査を実施しなければならない。さらに監査人は，企業経営上および社会経済上果たすべき監査人の任務の重要性から，とくに職業的専門家としての技量が要求される。よく監査人の責任問題が生ずる場合があるが，まさにこの点において発生するものである。これは，監査人の正当な注意義務に他ならないのである。さらに監査人に対しては秘密保持の義務も課せられるのである。

　このように，一般基準にあっては，次の四つの基準からなっている。すなわち，㈠監査人の適格性と独立性の基準，㈡監査人の公正不偏の態度保持の基準，㈢監査人の正当な注意義務の基準，㈣監査人の秘密保持の基準である。

② 実施基準

　実施基準は，監査の現場基準とも呼ばれ，監査人が監査の現場において行使する監査手続の選択適用に関する基本原則を定めたものである。職業的専門家としての公認会計士は，監査の専門家であるから，実施基準がなくても，適当に監査を実施することは可能である。しかし，どのような場合にいかなる監査手続を選択適用し，いかなる範囲まで監査を実施すべきかは，個々の監査人によってまちまちとなる。したがって，いかなる監査人でも必ず実施すべき最低限度の監査手続を規定する必要がある。また，監査人の任務の範囲について公正妥当な基準を設け，監査人の責任の限界を明確にしておく必要もある。

　実施基準はこのような要請に応えるものであって，監査制度の円滑な運営をはかるためにも重要な基準といわざるを得ない。

　この基準は，次の三つから構成されている。すなわち，㈠監査人の意見形成の基準，㈡監査の計画性の基準，㈢監査手続・実施時期・試査の範囲の決定の基準である。

③ 報告基準

　報告基準は，監査報告書の記載要件を定めた基準である。

　この監査報告書は，財務諸表に対する監査人の意見を記載するものであって，いわゆる監査の結論書ともいうべきものである。

　すなわち，この意見表明によって，監査人は自己の意見に対して責任をもたなければならないことを意味する。したがって，そこには，監査人の意見と，

その裏づけになる監査範囲を明確に記載し，責任の範囲や限界を明示しなければならない。このような監査報告書の基本的な記載要件を規定している報告基準には，次の四つの基準からなっている。すなわち，㈠監査報告書の記載方法の基準，㈡財務諸表に対する意見表明の基準，㈢意見表明の差控えの基準，㈣重要事項の監査報告書の記載の基準である。なお，以上の実施基準および報告基準に対し，それぞれ具体的な補足や詳細な内容の要件を定めたものに監査実施準則や監査報告準則さらには監査証明省令などがある。

(2) **監査手続について**

監査手続とは，監査人が，財務諸表に対する自己の意見を保証するに足るだけの合理的基礎を与えるため，証拠によって会計記録の正確性または妥当性を確かめることをいう。

監査実施準則では通常実施すべき監査手続としてつぎのように規定している。すなわち，十分な監査証拠を入手するため，①取引記録の信頼性，②資産および負債の実在性・網羅性および評価，③費用，収益の期間帰属の適正性，④表示の妥当性などの監査要点に適合した監査手続を選択適用しなければならない。

また，監査はあらかじめ企業の実情に適した監査計画に基づいて行わなければならないし，その実施の過程において事情に応じて修正されなければならない。

そして監査計画を設定するにあたっては内部統制の有効性および危険性を評価されなければならない。

(1) 内部統制の有効性を評価するには内部統制組織の整備・運用の状況のみならず，それに影響をあたえる経営環境の把握と評価を行う。
(2) 内部統制の危険性を評価するには監査の対象項目に内在する虚偽記載発生の可能性に留意するのみならず経営環境を把握しそれが虚偽記載の発生をもたらす可能性を考慮しなければならない。

平成3年12月26日の改正で，①監査の責任を明確にするため経営者の確認書を監査人は入手しなければならない。②従来は監査手続の適用は試査のみであったのが，原則として試査によると改められた。

なお，監査手続として監査人が選択して適用する一般監査手続および個別監査手続としては，次のようなものがある。

一般監査手続は，会計帳簿に記入された取引の全部について，いわゆる内部証拠によりそれが正確か否か，または妥当か否かを確かめる手続をいう。これには①証憑突合，②帳簿突合，③計算突合等による監査手続の方法がある。

別個監査手続は，上述の一般監査手続を補塡するために個々の重要項目については，いわゆる外部証拠により監査人が企業の外部から証拠資料を求めて行う監査手続をいう。これには，①実査，②立合，③確認，④質問，⑤勘定分析，⑥視察，⑦閲覧，⑧分析的吟味等による監査手続が適用される。

第4節 証券取引法と公認会計士

(1) 証券取引法の規制

証券取引法は，戦後アメリカの証券二法（1933年証券法および1934年証券取引法）に範をとって採り入れられたものである。その目的とするところは，株式・社債などの有価証券が公正に取引され，また円滑に流通するようにすることによって一般投資家を保護することにある。

この証券取引法による規制としては，有価証券の発行市場における規制と流通市場における規制に分けられる。

前者の主な規制としては，有価証券届出書の大蔵大臣への提出と目論見書の作成がある。すなわち，発行価額または売出価額の総額が5億円以上の有価証券を募集または売り出そうとする会社は，有価証券届出書を大蔵大臣に提出し，その写しを証券取引所などに提出しなければならない（証券取引法第4条）。そして，会社は，その後，この届出書の記載内容と実質的に同様の目論見書を作成して，有価証券の募集または売出しをしなければならない（同第13条）。

次に，後者の規制としては，有価証券報告書，半期報告書などがある。

有価証券報告書は，上述の有価証券届出書を提出した会社や，証券取引所に有価証券を上場している会社などが毎決算期経過後3か月以内に大蔵大臣に提

出する書類である（同第24条）。また，半期報告書は，会計期間が1年の会社がその中間期（6か月）から3か月以内に大蔵大臣に提出する書類である（同第24条の5）。

　これらの，有価証券届出書や有価証券報告書などの書類は，大蔵省や証券取引所などに保管され，公衆に広く公開され縦覧される（同第25条）。

　なお，証券取引法による会計規定としては，上述の有価証券届出書，目論見書，有価証券報告書などの書類のなかに含まれる財務諸表（貸借対照表，損益計算書，利益金処分計算書，附属明細表など）について，その作成方法などを定めたものである（同第193条）。この財務書類の作成方法などは，具体的には，財務諸表規則，中間財務諸表規則，連結財務諸表規則などに定められている。さらにこれらの財務書類については，公認会計士または監査法人の監査証明が要求される（同第193条の2）。また，有価証券届出書や有価証券報告書などには，この公認会計士または監査法人の監査報告書が添付されるのである。

(2)　公認会計士制度

　公認会計士は，公認会計士法（昭和23年制定）で定める公認会計士試験に合格した者である。公認会計士となるための資格試験は，第1次試験・第2次試験および第3次試験からなる。第1次試験は，一般的な学力を試すもので，国語，数学，外国語（大蔵省令で定めるものに限る）および論文について行われる。

　第2次試験は，専門的学識をみるもので，平成7年度より筆記試験に短答式による試験と論文式による試験が導入された。すなわち，論文式による試験は，短答式の試験に合格した者が受験できることとしている。

　この短答式による試験は会計学4科目（簿記，財務諸表論，原価計算および監査論）と商法について行われる。

　論文式による試験は，科目選択制を一部導入して行うこととし，必須科目としては5科目（会計学4科目と商法）と選択科目2科目（経営学，経済学に新たに民法を加え，その中から2科目を選択）について行われ，全科目に合格しなければならない。これに合格すると会計士補となる。

　第3次試験の受験資格は，会計士補となった者が，実務補修期間が1年以上

第14章 会計監査

であり，会計士補となる資格取得後に所定の実務に従事した期間（業務補助等の期間という）が2年以上であって，かつ，実務補習期間と業務補助等の期間が通算して3年以上となる者であることが要件とされる。そして高度の専門的応用能力の判定を目的として，財務に関する監査・分析その他の実務および論文について，筆記と口述の両方法で行われ，これに合格するとはじめて公認会計士となるのである。

公認会計士は，他人の求めに応じ報酬を得て，財務書類の監査または証明を行うことを業とするが，同時に財務書類の調整と財務に関する調査もしくは立案，または財務に関する相談に応ずることを業とすることもできる。公認会計士法の制定により，それ以前まであったいわゆる計理士制度は廃止された。なお公認会計士は，その公共的使命の重要性を認識し，高い品位と独立性が必須のものでなければならないことはいうまでもないであろう。

（注）
1) 監査は英語で audit, auditing というがこれは，ラテン語の audire（聞くこと）を語源としている。また，独語の Revision, Prüfung, 仏語の reviseur もラテン語 revidere（ふたたびみること），probare（調べること）に由来しているものといわれている。日本で最初に監査という用語が使用されたのは，明治14年（1881年）に公布された会計検査院章程第3条に「官金及ヒ物品ノ出納，官有財産管理ノ方法ヲ監査ス」と条文に示されたのが始まりである。
2) American Accounting Association ; A Statement of Basic Auditing Concepts 1973.（青木茂男監訳，鳥羽至英訳，アメリカ会計学会，基礎的監査概念，p.3）

第15章 連結会計

第1節 連結会計の概要

1 連結財務諸表の目的
(1) 連結財務諸表の意義

連結財務諸表（consolidated financial statements）は，主に株式保有を背景とした支配従属関係に基づき，それぞれ法的に独立した複数の企業が1つの企業集団として経済活動している場合，その実態に着目して，それぞれの企業が作成した個別財務諸表を基礎として，そのような企業集団全体の総合的な経営成績と財政状態を報告することを目的として作成される会計報告書である。株式の保有等を背景として，ある会社を支配している会社を親会社（parent

図表15-1　個別財務諸表との関係

連結財務諸表は，親会社と子会社の個別財務諸表を合算し，連結手続を経て作成される。

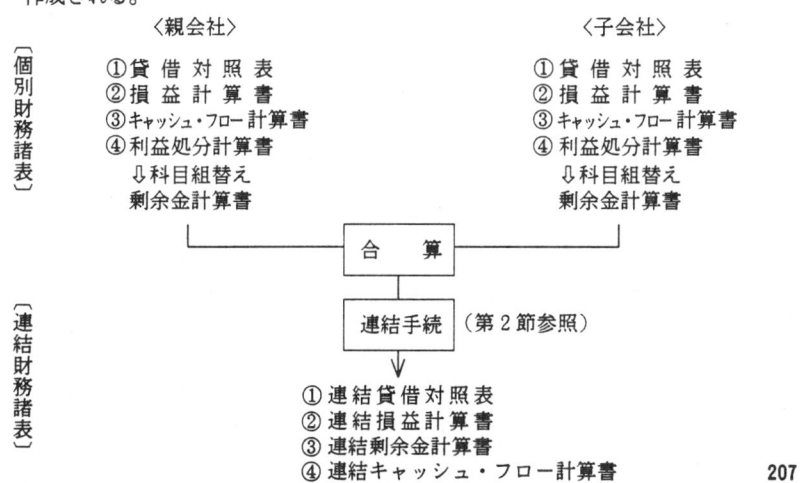

〔個別財務諸表〕

〈親会社〉
①貸借対照表
②損益計算書
③キャッシュ・フロー計算書
④利益処分計算書
　⇩科目組替え
　剰余金計算書

〈子会社〉
①貸借対照表
②損益計算書
③キャッシュ・フロー計算書
④利益処分計算書
　⇩科目組替え
　剰余金計算書

合　算

連結手続（第2節参照）

〔連結財務諸表〕
①連結貸借対照表
②連結損益計算書
③連結剰余金計算書
④連結キャッシュ・フロー計算書

company）といい，支配されている会社を子会社（subsidiary company）という。

(2) **連結財務諸表の必要性**

連結財務諸表は，企業集団全体の経済的実態を把握するために作成される。

例えば，親会社が製造し，子会社が販売するというような企業グループの実態を把握する際に，それぞれの個別財務諸表上の利益を単純に合算するのでは明らかにならない。連結財務諸表に依る他はない。つまり，親会社が製品を子会社に販売すると，親会社の個別財務諸表に売上高が計上されるが，企業集団を一つの企業と考える連結会計では，それが企業グループ外に販売されず子会社の期末棚卸資産として残っている限りは，単なる企業集団内の物の移動に過ぎないことから，いわゆるそのような内部売上高は相殺消去されることになる。

また，故意に親会社の業績を色付けするため，子会社に対して無理な押し込み販売をして粉飾決算を行っても，連結財務諸表の公開は，そのような偽装的な取引行為を意味のないものとする。

連結財務諸表により企業集団の経済的な実態が明らかにされ，投資家・証券アナリスト・経営者などの企業内外の会計情報利用者に有用な投資意思決定情報を提供することができる。

2　連結範囲の決定基準

(1) **決定基準の意義**

連結会計における親会社と子会社の支配従属関係，すなわち連結の範囲を決定する基準には持株比率基準と支配力基準がある。

前者の持株比率基準は，一方の会社が他方の会社の議決権株式の過半数（50％超）を実質的に取得している場合，両者の間には支配従属関係が存在すると見做す基準である。議決権株式の過半数を所有している会社を親会社といい，他方の会社を子会社という。

この基準によれば，支配従属関係が株式の保有という形式要件で客観的に判定できるという実施上の安定性が利点としてあげられる反面，株式保有は50％

を超えていなくても、実態は親子会社関係にあるというようなものを連結の範囲に取り込めないという欠点が指摘される。

後者の支配力基準は、支配従属関係を判定する考え方として現在多く採用されている。それは、持株数といった形式的な基準にのみ依存することなく、被支配会社の経営方針・財務方針の決定や取締役の過半数を指名できる力を持つことなどを通じて実質的に支配しているか否かを支配従属関係の有無の判断をする際の指針とする。

なお、それによれば、より実態に沿った支配従属関係が把握できる利点があるが、その判定において主観的な要素が加わる可能性のある点が問題点としてあげられる。しかし、企業集団の経済的実態を開示するという目的からすると合理的な基準であるといえる。

(2) 連結範囲の決定

わが国会計制度上は、支配力基準等により、連結の範囲に含まれる子会社・関連会社を、以下のようなプロセスを通して決定している。

すなわち、ある会社の議決権株式の過半数を実質的に所有している場合、また、取引関係・人事関係等により実質的に当該会社を支配している場合、当該会社は子会社と見做される。しかし、その株式所有が一時的であるとか、組織の一体制を欠く企業であるとか、継続企業ではないとか、連結の範囲に含めると利害関係者の判断を誤らせる会社であるとかの連結範囲の除外要件に該当する場合は、非連結子会社とされる。また、資産基準・売上高基準・利益基準・剰余金基準などより子会社の重要性が低い場合には、重要性の原則に基づき連結の範囲から除外できる。

3 連結会計手続の流れ

(1) 連結財務諸表の作成手順

連結財務諸表の作成は、おおむね以下の手順で行われる。

① 連結の範囲を決定（支配力基準・連結除外・重要性の原則）
　　⇩

② 連結の会計方針等を決定（会計期間・会計処理の原則及び手続の統一）
　　　　⇩
③ 個別財務諸表科目の連結財務諸表科目への組み替え
　　　　⇩
④ 支配獲得日の子会社資産・負債の再評価手続
　　　　⇩
⑤ 親会社と子会社の個別財務諸表を単純合算
　　　　⇩
⑥ 連結の開始仕訳（投資勘定と資本勘定の相殺消去）
　　　　⇩
⑦ 当期純利益の按分・利益処分の処理（配当金・利益準備金繰入・役員賞与）
　　　　⇩
⑧ 内部取引の相殺消去（債権と債務，収益と費用等の相殺消去）
　　　　⇩
⑨ 未実現損益の消去（棚卸資産・固定資産の未実現利益の消去）
　　　　⇩
⑩ 連結財務諸表の作成（連結貸借対照表・連結損益計算書・連結剰余金計算書・連結キャッシュ・フロー計算書）

　上記の手続のうち，①に関しては先述した。また，④～⑩までの具体的な会計処理については後述する。よって，本節ではその他についてみることにする。ただし，連結財務諸表の全体像を理解してもらうために，⑩の内容のうち連結財務諸表の体系ならびに様式例については，先にここで概観することにする。なお，④～⑩までの一連の連結手続は次ページの連結精算表上で展開される（連結キャッシュ・フロー計算書は除く）。

第15章 連結会計

図表15-2 連結精算表

連 結 精 算 表
自平成×年×月×日 至平成×年×月×日
(単位:千円)

科目	個別財務諸表		消去・振替仕訳						連結財務諸表
	親会社	子会社	開始仕訳	連結調整勘定の償却	当期純利益の按分	利益処分の振替	配当金の相殺	追加購入	その他の消去・振替仕訳	
貸借対照表	×××	×××	×××					×××	×××	×××
⋮								×××		⋮
損益計算書	×××	×××		×××	×××	×××	×××		×××	⋮
⋮						×××				×××
剰余金計算書	×××	×××	×××	×××	×××	×××	×××	×××	×××	⋮
⋮						×××				⋮

(2) 連結決算日

②の連結手続では，まず親会社と子会社の会計期間を統一するという問題が検討される。

いうまでもなく，親会社と子会社の会計期間が同一の場合は問題ないが，親会社と異なる決算日をもつ子会社については，次の三つの方法により調整が図られなければならない（なお，親会社の決算日を連結決算日という）。

(i) 子会社の決算日を連結決算日に変更する。
(ii) 連結決算日に正規の決算に準ずる合理的な手続による決算を行う。
(iii) 決算日の差異が３か月を超えない場合は，子会社の正規の決算を基礎として連結決算を行うこともできる。

ただし，(iii)の場合は，重要な不一致がある場合それについては調整の必要がある。この方法は，あくまで例外的な方法である。

(3) 会計方針の統一

さらに，親会社と子会社間で選択されている会計方針，すなわち会計処理の原則及び手続が相違するときに，それを統一するという手続が行われる。

その意義は，認められる複数の方法から異なる方法が選択されている場合，その金額を合算して表される連結財務諸表の数値は，各方法の仮定や意味が混合したものとなる。したがって，それにひとつの意味・メッセージをもたせるという趣旨からその調整が求められる。

調整方法としては，財務諸表の数値等を修正するやり方と注記により差異の内容を明らかにするやり方がある。相違が最も顕著に存するのは，外国の会計制度下にある在外子会社の連結の場合であろう。

会計期間の統一と異なり会計方針の統一は，会計方針の選択自体が，業種や環境条件等の違いを前提として，それに最も適したものを選ぶという考えの下で行われていることから，その統一はかえって正しくない状況を生むという主張もある。したがって，統一を図る必要があると認められるのは，どの企業においても一般的に採用されるような会社の特殊性に関係ない会計処理の原則及び手続に限られることになる。

第15章 連結会計

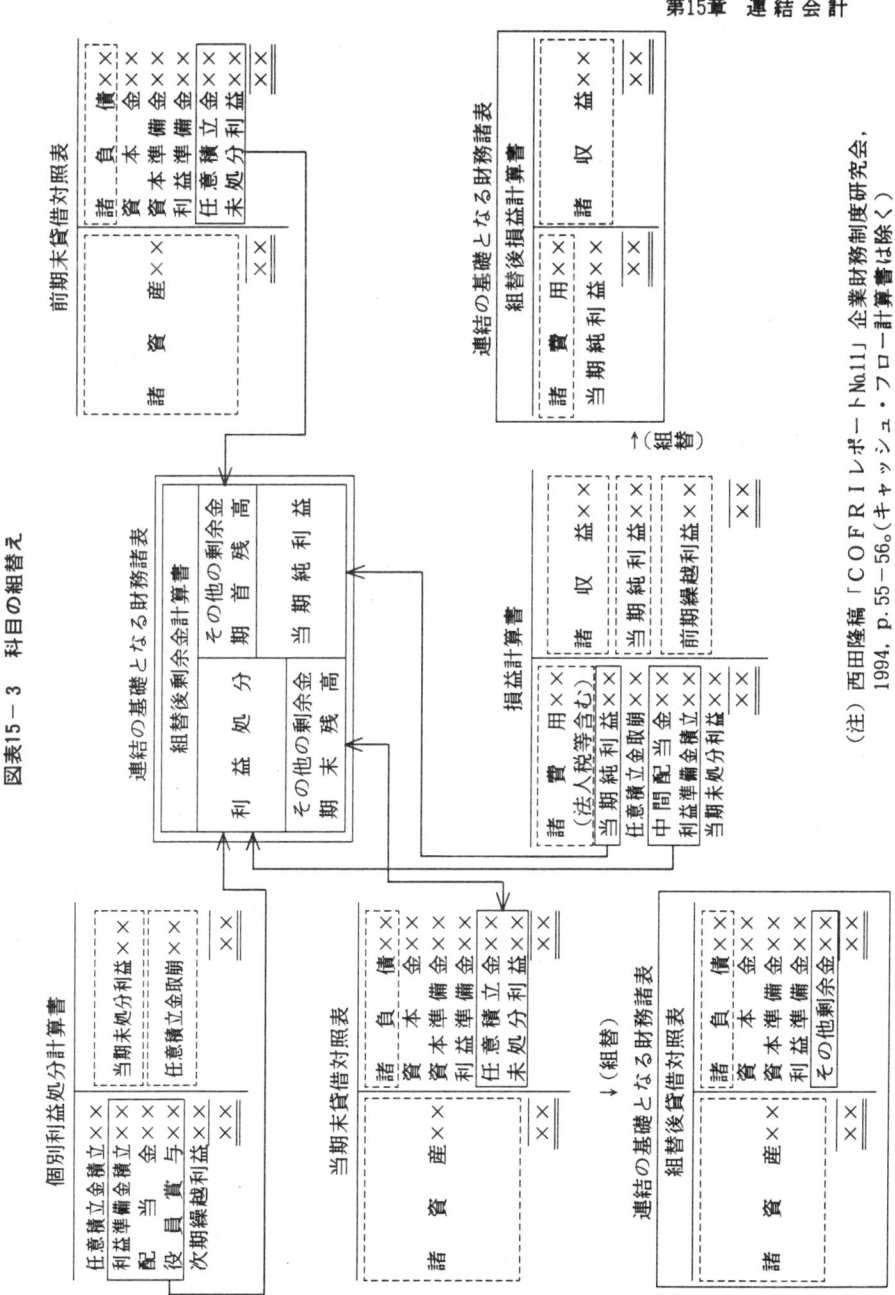

図表15-3 科目の組替え

前期末貸借対照表

諸　資　産××	諸　　負　　債××
	資　本　金××
	資本準備金××
	利益準備金××
	任意積立金××
	未処分利益××
××	××

連結の基礎となる財務諸表
組替後剰余金計算書

| 利　益　処　分 | その他の剰余金期首残高 |
| その他の剰余金期末残高 | 当期純利益 |

連結の基礎となる財務諸表
組替後損益計算書

諸　費　用××	諸　収　益××
当期純利益××	
××	××

→（組替）

損益計算書

諸　費　用×× (法人税等含む)	諸　収　益××
当期純利益××	当期純利益××
利益積立金取崩××	前期繰越利益××
中間配当金××	
利益準備金積立××	
当期未処分利益××	

個別利益処分計算書

任意積立金積立××	当期未処分利益××
利益準備金積立××	
配　当　金××	任意積立金取崩××
役員賞与××	
次期繰越利益××	
××	××

当期末貸借対照表

諸　資　産××	諸　　負　　債××
	資　本　金××
	資本準備金××
	利益準備金××
	任意積立金××
	未処分利益××
××	××

↓（組替）

連結の基礎となる財務諸表
組替後貸借対照表

諸　資　産××	諸　　負　　債××
	資　本　金××
	資本準備金××
	利益準備金××
	その他の剰余金××
××	××

（注）西田隆稿「COFRIレポートNo.11」企業財務制度研究会，1994, p.55-56。（キャッシュ・フロー計算書は除く）

(4) 財務諸表の合算と連結

親会社と子会社の作成した個別財務諸表を基礎として連結財務諸表を作成するが，前記の会計期間の統一・会計方針等の統一を経て，個別財務諸表科目の連結財務諸表科目への組み替えを行い，（組替後）個別財務諸表の合算手続が行われる。

そして，各連結手続を経て連結財務諸表が作成されるが，連結財務諸表の体系は次のように示すことができる。なお，支配獲得日に作成されるのは企業集団会計の出発点となる連結貸借対照表のみとなり，連結損益計算書や連結剰余金計算書，連結キャッシュ・フロー計算書が作成されるのは株式取得日後1年度目の連結からとなる。

図表15-3　連結財務諸表の体系

連結貸借対照表		連結剰余金計算書			連結損益計算書	
諸 資 産	諸 負 債	利益処分	利益準備金繰入額	その他の剰余金期首残高	諸 費 用	諸 収 益
	資 本 金		配 当 金			
	資本準備金		役員賞与金			
	利益準備金					
	その他の剰余金期末残高	その他の剰余金期末残高		当期純利益 ←	当期純利益	

連結キャッシュ・フロー計算書	
① 営業活動のCF	×××
② 投資活動のCF	×××
③ 財務活動のCF	×××

(5) 連結キャッシュ・フロー計算書

連結キャッシュ・フロー計算書は，企業の一会計期間におけるキャッシュ・フローの状況に関する情報を提供する財務表である。

「キャッシュ」とは現金および現金同等物（容易に換金可能で，価格変動に対して僅少なリスクしか負わない短期投資）をいい，「フロー」とはそれらの収入（流入）と支出（流出）をいう。

それは，損益計算書や貸借対照表からキャッシュ・フローを伴う取引項目を導き出して作成される。その構造は，以下の3つに分けられる。

① 営業活動によるキャッシュ・フローの区分

営業収入，原材料または商品の仕入れによる支出など主要な営業取引におけるキャッシュ・インフローとキャッシュ・アウトフローを記載する区分。

② 投資活動によるキャッシュ・フローの区分

投資活動は，設備投資（有形固定資産等）や株式・債権投資などを内容とする。したがって，投資活動によるキャッシュ・フロー区分は，将来の営業収益や資金運用益の拡大のためにどの程度キャッシュを支出あるいは回収したかを示す。

③ 財務活動によるキャッシュ・フローの区分

財務活動によるキャッシュ・フロー区分は，営業活動および投資活動を維持するための資金をどの程度調達または返済されたかを示す。具体的には，借入金の収入や返済，社債の発行や償還などである。

第2節　連結会計手続

1　投資と資本の相殺消去

(1) 意義と基本手続

支配従属関係をもとうとする会社の議決権株式の購入は，購入日現在の当該子会社の純資産（資産－負債＝資本）を購入することを意味する。したがって，親会社の財務諸表と子会社の財務諸表を単純に合算しただけでは，相対する関係にある親会社の貸借対照表上の子会社株式（投資）勘定とそれに該当する子会社の純資産の両方が連結貸借対照表上に計上されることになる。

ところが，連結会計上は親会社と子会社を一つの企業体と考えることから，それらの項目は本来存在しえないものであり，以下の仕訳を通して連結財務諸表上相殺消去しなければならない。

　　　（借方）資　本　金　　×××　　（貸方）子会社株式　　×××

図表15－4　投資勘定と資本勘定

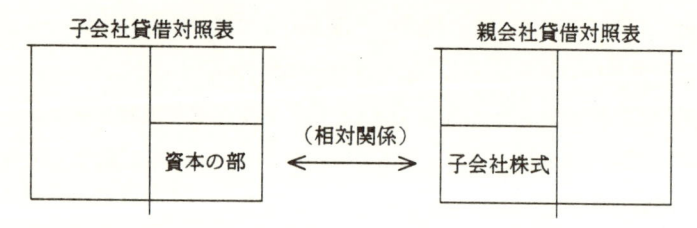

子会社貸借対照表　　　　　　　親会社貸借対照表

資本の部　←（相対関係）→　子会社株式

(2) **資産・負債の公正評価**

連結貸借対照表の作成に当たって，まず，支配獲得日における子会社の資産および負債をつぎの部分時価評価法か全面時価評価法のいずれかの方法により再評価しなければならない（「連原」第四の二）。

① 部分時価評価法

部分時価評価法とは，子会社の資産および負債のうち，親会社持分に相当する部分については株式の取得日ごとに公正な評価額（時価）により再評価し，少数株主持分に相当する部分については子会社の個別貸借対照表上の金額（帳簿価額）による方法をいう。

したがって，公正評価により発生した評価差額に少数株主持分は関係しない。いいかえれば，それは，親会社株主に自己の持分に関係する親会社持分に係る評価差額のみを連結財務諸表上に反映させる親会社理論をベースとした処理といえる。

② 全面時価評価法

全面時価評価法とは，子会社の資産および負債のすべてを，支配獲得日の時価により評価する方法をいう。この方法では，少数株主の持分割合についても子会社の資産および負債を再評価するため親会社持分とその点で同等の扱いになる点に留意する必要がある。

その特徴は，部分時価評価法と異なり少数株主持分に係る評価差額も計上される点である。

第15章 連結会計

[設例1] 部分時価評価法と全面時価評価法

親会社は子会社の発行済株式の80％を取得している。なお，再評価の結果，諸資産は600評価増された。それぞれの方法による合算される子会社貸借対照表のデータはつぎのようになる。①の場合，少数株主持分に係る評価増120（＝600×20％）は圧縮される。

① 部分時価評価法

子会社B／S

諸　資　産	2,000	諸　負　債	1,000
	(2,480)	資　　本	1,000
		（評価替剰余金	480）

② 全部時価評価法

子会社B／S

諸　資　産	2,000	諸　負　債	1,000
	(2,600)	資　　本	1,000
		（評価替剰余金	600）

(3) 投資と資本の相殺消去へ

子会社とする会社の議決権株式を複数回にわたって購入し，その数が発行済株式総数の50％を超えたときに支配従属関係が成立することになるが，その場合における親会社の投資勘定と子会社の資本勘定の相殺消去の方法には，部分時価評価法による場合は段階法と，全面時価評価法による場合は一括法が適用される。

段階法とは，株式の取得日ごとに段階的に相殺消去する方法をいい，原則的な方法とされる。また，一括法とは，上記のように支配従属関係が成立した日複数回にわたる株式の取得を一括して相殺する方法である。

[設例2] 投資と資本の相殺消去

P社（親会社）は，以下のようにS社の議決権株式を取得し，当期末から連結することになった。なお，S社資本の部に変化はない（時価評価後）。

217

	株式取得状況		S社資本の部	
	取得割合	取得原価	資本金	利益剰余金
前期末（原始購入）	40％	¥4,800	¥10,000	¥2,000
当期末（追加購入）	60％	¥7,200	¥10,000	¥2,000

① 段 階 法

前期末（原始購入）

（借方）資　本　金　　10,000　　（貸方）S 社 株 式　　4,800
　　　　利 益 剰 余 金　 2,000　　　　　　少数株主持分＊　7,200

　　　＊少数株主持分については，219ページを参照のこと。

当期末（追加購入）

（借方）少数株主持分　　7,200　　（貸方）S 社 株 式　　7,200

② 一 括 法

（借方）資　本　金　　10,000　　（貸方）S 社 株 式　　12,000
　　　　利 益 剰 余 金　 2,000

(3) **連結調整勘定の発生**

　親会社が子会社の発行済株式の一定割合をそれに相当する資本の部の合計額と異なる金額で取得した場合，その差額は連結調整勘定として処理する。

　そのような差額の発生原因は，子会社の超過収益力（暖簾）である。なお，連結調整勘定は計上後20年以内に定額法等の方法で償却していく。

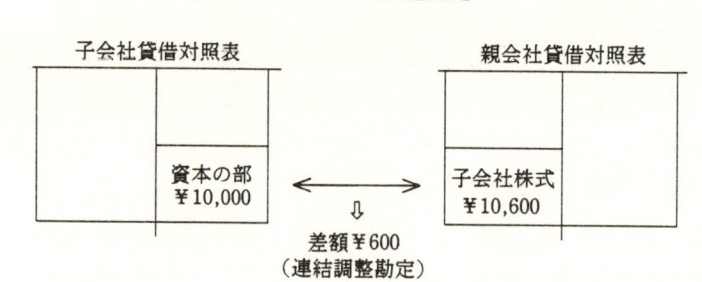

図表15－5　連結調整勘定

子会社貸借対照表

資本の部
¥10,000

親会社貸借対照表

子会社株式
¥10,600

⇩
差額¥600
（連結調整勘定）

(4) 少数株主持分の計上

親会社が子会社の株式を100％取得した場合（全部所有）の投資勘定と資本勘定の相殺消去については前で見たところであるが，100％未満取得の場合（部分所有）は，親会社以外に子会社の株式を保有している株主が存在する。そのような株主を少数株主といい，その持分を「少数株主持分」（minority interests）という。少数株主持分は，連結貸借対照表上負債の部に計上される。また，子会社の取得後剰余金の増加とともにその持分割合が増加し，反対に欠損が生じた場合は減少することになる。

図表15-6　少数株主持分

```
子会社貸借対照表
┌─────────┬─────────┐
│         │         │
│         ├─────────┤       ┌── 親会社（80％）
│         │ 資本の部 │───────┤
│         │ ¥10,000 │       └── 少数株主（20％）⇒ ¥2,000
│         │         │                    （少数株主持分）
└─────────┴─────────┘
```

2　当期純利益と利益処分の処理

(1) 当期純利益の按分

子会社の当期純利益は，親会社持分と少数持分に按分する。連結損益計算書上の税金等調整前当期純利益は，単純に親会社と子会社の当期純利益を合算したものだが，それから少数株主に帰属する利益を控除して連結会計上の当期純利益を算定することになる。

図表15-7　連結損益計算書末尾

連結損益計算書（一部）

⋮

Ⅵ	特別損失	×××
	税金等調整前当期純利益	×××
	法人税等	(−)×××
	少数株主持分損益	(−)×××
	連結調整勘定償却額	(+)(−)×××
	当期純利益	×××

少数株主に帰属する当期純利益部分は,「少数株主持分損益」という科目で処理する。按分の際の仕訳は以下のようである。

　　（借方）少数株主持分損益　×××　　（貸方）少 数 株 主 持 分　×××

(2)　利益処分の処理

　連結剰余金計算書は,連結貸借対照表上の「その他の剰余金」の期中増減額ならびに期末残高を明らかにするために作成されるが,そのために配当金の処理,利益準備金繰入額の処理,役員賞与金の処理の三つを行う。

　まず,配当金は,親会社においては受取配当金（収益）として処理されている。しかし,親会社と子会社を一つの企業としてとらえる連結会計においては,その間における配当のやり取りは存在しえない取引,すなわち内部取引となる。したがって,当該取引に関する処理は相殺消去される。

　また,少数株主に対する配当金は,結局は少数株主がその配当を受け取ったことでその分少数株主持分が減少したと見做されることから,以下の仕訳を通して少数株主持分より控除する。

　　（借方）受 取 配 当 金　×××　　（貸方）配　　当　　金　×××
　　　　　　少 数 株 主 持 分　×××

　次に,利益準備金繰入額の処理は,親会社に属する部分は,連結会計上も利益準備金として計上されるのでそのまま合算されてよい。しかし,少数株主に属する部分は,そのままにしておくと連結企業集団の利益準備金として計上されてしまうので,以下の仕訳を通して消去する。

　　（借方）利 益 準 備 金　×××　　（貸方）利益準備金繰入　×××

　最後に,役員賞与金の処理については,親会社に属する部分は,連結会計上も利益処分を通じて剰余金の減少となるので特別な処理は必要ない。それに対して,役員賞与金の内少数株主がその持分割合に応じて負担しなければならない部分は,以下の仕訳を通して少数株主持分の減少として処理されることになる。

　　（借方）少 数 株 主 持 分　×××　　（貸方）役 員 賞 与 金　×××

3 内部取引の相殺消去

(1) 債権債務の相殺消去

債権債務の相殺消去は，連結会計上一つの企業として親会社と子会社を考えるとその間で行われた取引により生じた債権債務は，もともとのその取引自体が存在しえない内部取引であることから当然に相殺消去の対象となる。例えば，売掛金と買掛金，受取手形と支払手形，貸付金と借入金などである。なお，それらについては，個別財務諸表上貸倒引当金が設定されているためその部分も相殺消去する必要がある。相殺消去仕訳を例示すると以下のようである。

（借方）買　　掛　　金　×××　（貸方）売　　掛　　金　×××
　　　　支　払　手　形　×××　　　　　受　取　手　形　×××
（借方）貸 倒 引 当 金　×××　（貸方）貸倒引当金繰入　×××

(2) 損益項目の相殺消去

収益と費用項目の相殺消去は，例えば，親会社と子会社間の商品売買取引などの内部取引において発生した損益項目の処理において行われる。具体的には，売上高と仕入高，受取利息と支払利息，受取地代と支払地代などの相対する損益項目の相殺消去がある。相殺消去仕訳を例示すると以下のようである。

（借方）売　　上　　高　×××　（貸方）売　上　原　価　×××
（借方）受　取　利　息　×××　（貸方）支　払　利　息　×××

4 未実現損益の消去

(1) 棚卸資産の未実現利益

本支店会計においてもそうであったように，親会社と子会社間で行われた商品売買取引により算定された利益は，親会社と子会社を一つの企業体と考えれば，その中での単なる商品の移動に過ぎず，実現した利益とはいえない。したがって，企業集団外部に販売されたものを除いて在庫として残っている棚卸資産に含まれる販売益は，未実現利益であるので消去しなければならない。

図表15-8　実現利益と未実現利益

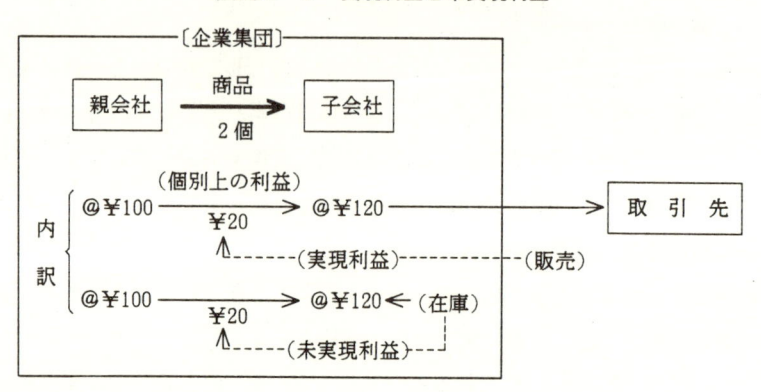

```
          ─〔企業集団〕──────────────
         │          商品               │
         │   親会社 ────→ 子会社       │
         │          2個                │
         │        （個別上の利益）      │
         │   @¥100 ────→ @¥120 ───────┼───→ 取引先
    内   │        ¥20                  │
    訳   │         ↑----（実現利益）---┼---（販売）
         │   @¥100 ────→ @¥120 ← (在庫)│
         │        ¥20                  │
         │         ↑----（未実現利益）--┘
         └─────────────────────────────
```

　未実現利益の消去方法には，①全額消去親会社全部負担方式，②部分消去親子按分負担方式がある。具体的には，以下の設例のように計算される。

［設例2］　棚卸資産の未実現利益

　P社（親会社）は，S社（子会社）に商品100個を販売した（原価@¥100，売価@¥120）。そのうち，半分が子会社の期末棚卸資産に含まれている。連結会計上の処理を行いなさい。なお，P社（親会社）のS社（子会社）議決権株式の保有割合は80％である。

①の方法

　（借方）売　上　原　価　　1,000　　（貸方）棚　卸　資　産　　1,000
　　　　＊（@¥120－@¥100）×50個＝¥1,000

②の方法

　（借方）売　上　原　価　　　800　　（貸方）棚　卸　資　産　　　800
　（借方）少数株主持分　　　　200　　（貸方）少数株主持分損益　　200

(2)　固定資産の未実現利益

　親子会社間で固定資産の売買が行われた場合も，前述の棚卸資産と同様未実現利益の相殺消去が行われる。土地のように非償却性資産の場合には問題はないが，建物などの償却性資産の場合には，取得原価に含まれる未実現利益の部分に対して減価償却費が計上されているためそれについても消去しなければな

らない。仕訳を例示すると以下のようである（前記①の方法の場合）。

（借方）建 物 売 却 益　×××　　（貸方）建　　　　物　×××

（借方）建物減価償却累　計　額　×××　　（貸方）減 価 償 却 費　×××

第16章　外貨換算会計

第1節　外貨換算会計の概要

　日本企業の活動の国際化に伴って，外国企業との取引（輸出や輸入）のみならず，海外で直接支店を開設したり，子会社を設立して活動を行うことも多くなってきている。さらに，外貨建デリバティブ（derivative：金融派生商品）の売買などもさかんに行われるようになってきた。このような取引は，例えば米国ドルのような，外国通貨が使用されることも多く，これを日本円に計算し直す必要がある。

　このような米国ドルなどの外国通貨で表示されているものを日本円という本邦通貨（邦貨という）で測定・表示し直す手続きのことを換算（translation of foreign currencies）といい，これに関する会計領域が外貨換算会計（accounting for foreign currency translation）である。

　外貨換算会計の対象となる企業の主な国際的な活動には，次のようなものがある。

(1) 国内企業が行う輸出入等

　これは，日本の企業が外国企業との間で行う輸出や輸入，外国企業の株式への投資，資金の貸付け，外海における社債の発行や資金の借入れ，外貨建デリバティブの売買などの取引である。

　これらの取引の特徴としては，次のようなことがあげられる。

　① 例えば，売掛金や買掛金などの一部の項目のみ換算が行われること
　② 通常，邦貨との交換や邦貨による決済を前提として取引が行われること

(2) 海外支店や海外子会社の活動

これは，日本企業が海外支店や海外子会社を設立し，海外で行う取引である。

これらの取引については，本支店合併財務諸表や連結財務諸表を作成するために，海外支店や子会社の財務諸表の換算が必要となってくる。

これらの取引の特徴としては，次のようなことがあげられる。

① 一部の項目のみではなく，すべての財務諸表項目について換算が行われること

② 通常，邦貨との交換や邦貨による決済を前提として取引が行われないこと

第2節 外貨建取引等会計処理基準

1 外貨建取引等会計処理基準の意義

外貨建取引等を邦貨へ換算するのに，各企業が自由にそれを行っていたのでは，企業間比較を阻害したり，利益操作の恐れなどの種々の問題が生じる。そこで，これらの問題を避けるために，外貨建取引等を換算するための統一的な基準として，現在，外貨建取引等会計処理基準が企業会計審議会により公表されている。

この基準が公表されるまでに，次のような個別意見（「企業会計上の個別問題に関する意見」）が公表されている。

① 個別意見第一 「外国通貨の平価切下げに伴う会計処理に関する意見」（昭和43年）

② 同第三 「外国為替相場の変動幅制限停止に伴う外貨建資産等の会計処理に関する意見」（昭和46年）

③ 同第四 「基準外国為替相場の変動に伴う外貨建資産等の会計処理に関する意見」（昭和46年）

④ 同第五 「現行通貨体制のもとにおける外貨建資産等の会計処理に関する意見」（昭和47年）

⑤ 同第六 「外国為替相場の変動幅制限停止中における外貨建資産等の会計処理に関する意見」（昭和48年）

これらの個別意見を包括し，同時に昭和53年以降に実施された連結財務諸表制度に関連して，在外子会社の外貨表示の財務諸表の換算基準を示す必要から，外貨建取引等の会計処理及び財務諸表表示についての一般に公正妥当と認められる基準として外貨建取引等会計処理基準が昭和54年に公表された。この基準は，その後の外貨建金融商品の出現や在外子会社の位置づけの変化など外貨建取引等をめぐる内外の著しい環境の変化に伴って，平成7年（1995年）及び平成11年（1999年）に改訂された。

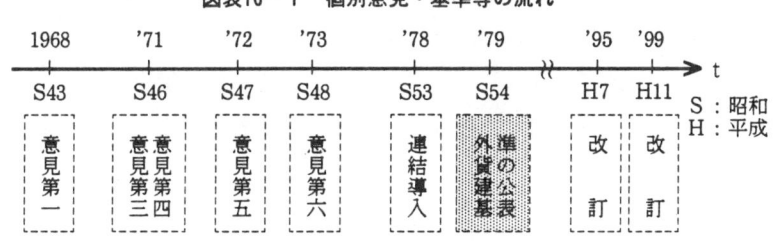

図表16－1　個別意見・基準等の流れ

1968	'71	'72	'73	'78	'79	'95	'99	
S43	S46	S47	S48	S53	S54	H7	H11	S：昭和 H：平成
意見第一	意見第三 意見第四	意見第五	意見第六	連結導入	基準の公表 外貨建	改訂	改訂	

2　外貨建取引等会計処理基準の基本的な考え方

外貨建取引等会計処理基準（以下，基準という）の基本的な考え方は，次のとおりである。

(1)　決算時の為替相場

決算時の外貨換算に際して，どのような為替相場を選択・適用すべきかという問題については，次のように考えている。

① 外貨建取引の換算は，原則として決済時レート法による。
② 在外支店の棚卸資産等の非貨幣項目の換算は，原則としてテンポラル法による。
③ 在外子会社等の外貨表示財務諸表項目の換算は，決算時レート法による。

(2) 為替差異の処理

これは，外貨建取引の発生の日から，その取引についての外貨建金銭債権債務の決済日までの為替相場の変動による為替差異（すなわち為替換算差額と為替決済損益）の処理に，一取引基準（外貨建取引とその取引から生じる外貨建金銭債権債務等にかかわる為替差異の発生を1つのものと考えて処理するもの）と二取引基準（上述のものを，それぞれ別個のものとして処理するもの）のいずれを採用すべきかの問題である。

これについて，基準では，後者（二取引基準）を採用した。

(3) 為替変動の認識

これは，為替相場の変動を，会計上認識するにあたって，その変動が会計に与える確定的な影響（すなわち為替決済損益）のみを認識するのか，会計に与えている暫定的な影響（すなわち為替換算差額）も認識するかの問題である。

これについて，基準では，後者（暫定的な影響も認識するもの）を採用している。

第3節　外貨建取引の換算

1　概　　要

日本の会社（本店・本社）が，外国通貨を用いて取引（外貨建取引）を行った場合に，ここで示された基準により換算を行う。

ここで外貨建取引とは，売買価額その他取引価額が外国通貨で表示されている取引のことであり，次のものが含まれる（基準注1）。

① 取引価額が外国通貨で表示されている物品の売買または役務（サービス）の授受
② 決済金額が外国通貨で表示されている資金の借入れまたは貸付け
③ 券面額が外国通貨で表示されている社債の発行
④ 外国通貨による前渡金，仮払金の支払いまたは前受金，仮受金の受入れ
⑤ 決済金額が外国通貨で表示されているデリバティブ取引など

2 取引発生時の換算

(1) ヘッジ会計でない場合

外貨建取引は，原則として，その取引発生時の為替相場（発生時レート）により換算する。

この為替相場は，原則として取引が発生した日における直物為替相場または合理的な基礎に基づいて算定された平均相場によることとされている。この直物為替相場に，電信為替相場（電報で外貨の受払いを指図するもの）があり，次の3つのレートがある。

図表16-2　電信為替相場の種類

①	TTB（電信為替買相場）…銀行の買い（↔企業の売り）
②	TTS（電信為替売相場）…銀行の売り（↔企業の買い）
③	TTM　①と②の仲値

なお，一般的に，外貨建債権にTTB，外貨建債務にTTSが適用される。

(2) ヘッジ会計の場合

外貨建取引に係る外貨建金銭債権債務と為替予約との関係がヘッジ会計の要件を充たしている外貨建取引の円換算は，ヘッジ会計を適用することができる。

金融商品の会計基準が原則とするヘッジ会計の方法は繰延ヘッジ（すなわち評価差額をヘッジ対象の損益が認識される期まで貸借対照表に資産・負債として繰延べる方法）である。

なお，為替予約等には，通貨先物，通貨スワップ及び通貨オプションといったデリバティブが含まれる。

3　決算時の処理

次の項目については，原則として決算時において，次の処理を行う。ただし，ヘッジ会計の要件を充たしている場合には，ヘッジ会計を適用できる。

① 外国通貨

これについては、決算時の為替相場（決算時レート）により換算する。なお、決算時の為替相場としては、次のものがある。

図表16-4　決算時の為替相場

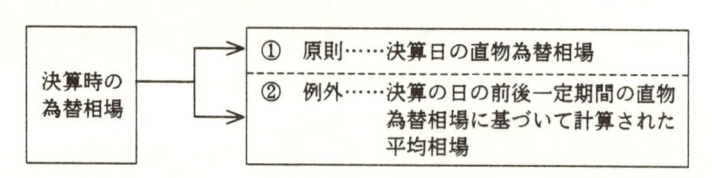

決算時の為替相場	① 原則……決算日の直物為替相場
	② 例外……決算の日の前後一定期間の直物為替相場に基づいて計算された平均相場

② 外貨建金銭債権債務（外貨預金を含む。以下、同じ）

外貨建金銭債権債務については、原則として、決算時レートにより換算する。

ただし、例外として、外貨建自社発行社債のうち転換請求期間満了前の転換社債（ただし、換算請求の可能性がないと認められるものは除く）については、発行時の為替レートにより換算する。

③ 外貨建有価証券

1) 満期保有目的の外貨建債券……これについては、決算時レートにより換算する。

2) 売買目的有価証券及びその他の有価証券……これについては、外国通貨による時価を決算時レートにより換算する。

3) 子会社株式及び関連会社株式……これについては、取得時レートにより換算する。

4) 強制評価減・実価法……外貨建有価証券について時価の著しい下落又は実質価額の著しい低下により評価額の引下げが求められる場合には、その有価証券の時価又は実質価額は、外国通貨による時価又は実質価額を決算時レートにより換算した額による。

④ デリバティブ取引等

デリバティブ取引等上記①から③に掲げるもの以外の外貨建ての金融商品の時価評価においては、外国通貨による時価を決算時レートにより換算する。

以上の関係を図示すれば、次のとおりである。

〔外貨建有価証券等の換算基準と処理〕

元　　　　本	換算レート	処　　理
① 満期保有債券	決算時レート	当期の損益
② 売買目的有価証券		
その他有価証券		税効果適用のうえ資本の部
③ 子会社株式等	取得時レート	―
④ 強制評価減・実価法	決算時レート	当期の損益
⑤ デリバティブ等		

⑤　換算差額の処理

上述のように，決算時における換算によって生じた換算差額は，原則として当期の為替差損益（営業外損益）として処理する。

ただし，強制評価減および実価法による換算差額は，当期の有価証券評価損として処理し，また，金融商品についての会計基準による時価評価により生じる評価差額に含まれる換算差額は，原則としてその評価差額についての処理方法による。

4　決済に伴う損益の処理

外貨建金銭債権債務の決済や外国通貨の円転換に伴って生じた損益は，当期の為替差損益（営業外損益）として処理する。

第4節　在外支店の財務諸表項目

1　概　　要

在外支店の財務諸表は，日本において本支店合併財務諸表を作成するために，その構成要素として必要とされる。この場合，在外支店の財務諸表項目の換算が必要となるが，本店の外貨建項目の換算基準と整合性があることが要求され，基本的にテンポラル法（属性性とも呼ばれる）によりなされる。テンポラル法と

は，それが元の外貨表示財務諸表において測定されている時点のレートで換算する方法である。すなわち，決算時の外貨額で表示されている項目は，決算時の相場で換算し，過去の外貨額で表示されている項目は，測定時のレートで換算するものである。

なお，貨幣・非貨幣法とテンポラル法は，原価主義会計の場合には，同じ結果となることが多く，特に，貨幣項目がすべて決算時または将来の価額で示されており，かつ非貨幣項目がすべて過去の取得原価で示されているときは，同一結果となる。

このようなテンポラル法に基づき，外国通貨で表示されている在外支店の財務諸表項目の換算は，次のとおりである。

2　原　　　則

在外支店における外貨建取引については，原則として，本店と同様に処理する。

3　特　　　例

例外として，外国通貨で表示されている在外支店の財務諸表に基づき本支店合併財務諸表を作成する場合には，次の方法によることができる。

(1) 収益費用の換算の特例

収益や費用〔収益性負債（たとえば前受利息等）の収益化額や費用性資産（たとえば前払利息等）の費用化額を除く〕の換算については，期中平均レートによることができる。

(2) 外貨表示財務諸表項目の換算への特例

在外支店の外貨表示の財務諸表の換算にあたり，非貨幣項目の金額に重要性がない場合には（支店における本店勘定等を除き），すべての貸借対照表項目について決算時レート法を適用できる。この場合，損益項目についても決算時レートによることもできる。

4 換算差額の処理

本店と異なる方法により換算することによって生じる換算差額は，当期の為替差損益（営業外損益）として処理する。

第5節　在外子会社等の財務諸表項目

1　概　　要

在外子会社等の財務諸表項目については，従来，テンポラル法を一部修正した方法（修正テンポラル法）を採用していたが，①テンポラル法による財務諸表項目の換算が実務的に著しく困難になっていることや②在外子会社等の独立事業体としての性格が強くなり，現地の通貨による測定値そのものを重視する傾向が強まったことなどの理由により，決算時レート法に変わった。決算時レート法とは，原則として，すべての財務諸表項目を決算時レートで換算する方法である。

2　具体的な換算

連結財務諸表の作成や持分法の適用にあたって，外国にある子会社（在外子会社）または関連会社（在外子会社と合せて在外子会社等）の外国通貨で表示されている財務諸表の換算は，次の方法による。

(1)　資産および負債

これらについては，原則として，決算時レートにより換算する。

(2)　資　　本

親会社による株式の取得時における資本に属する項目については，株式の取得時レートにより換算する。

また，親会社による株式の取得後に生じた資本に属する項目については，その項目の発生時レートにより換算する。

(3) 収益および費用

これらについては，原則として期中平均レートまたは決算時レートにより換算する。

ただし，親会社との取引による収益および費用の換算については，親会社が換算に用いる為替レートによる。この場合に生じる差額は，当期の為替差損益として処理する。

(4) 換算差額の処理

換算によって生じた換算差額については，為替換算勘定として貸借対照表の資本の部に記載する。

第17章　税務会計

第1節　租税制度

1　財政と租税

われわれの日常生活と国や市町村などの地方公共団体の行っている活動（例えば交通，上下水道，学校，警察などの活動）とは，われわれが平和的，文化的な，そして健康的な生活を営むに当たって，密接な関係を有している。財政とはこれら国や地方公共団体が行う経済活動をいい，われわれの日常生活とは切っても切り離せない関係にあることが理解できるであろう。

財政の役割ないし機能は，置かれている経済環境，国民のニーズなどにより異なる。一般には資源の最適配分，所得の再配分および景気の調整の3つがあげられる。第一の資源の最適配分とは警察・国防など国の根幹にかかわる活動を政府が行い，医療や教育など全て民間に任せてしまうと，種々の問題が生じる。これらの活動については，国や地方公共団体が行い，同時に民間の資源を活用するなど，民間部門と政府部門が資源を最も適切に配分することをいう。また第二の所得の再配分とは所得の多い人には高い税金を課し，恵まれない人に向けるなど国民の間の所得格差を調整することをいう。第三の景気の調整とは，不景気のとき，国や地方公共団体がより多くの公共工事などを発注することにより財貨の供給量を増やしたり，また物価の乱高下や雇用に不安がないよう種々の施策を行って経済の安定化に寄与することをいう。

国や地方公共団体が，国（市）民に各種のサービスを行うにあたって生ずる資金の支出を歳出といい，また歳出を賄うために，国や地方公共団体が行う資金の調達を歳入という。歳入のほとんどは国民に課している税による収入に

依っているところから，歳入の大小は国民の税負担の大小となって跳ね返ってくる。そのため，歳入の見返りたる歳出，即ち税の使途については，われわれは租税の負担との関係において，もっと関心を持つべきである。

このように，われわれがこの社会をよりよくするための会費ともいえる税は，他の民主主義国家と同様，法律に基づいて課税している。これを租税法律主義という。我が国では憲法第30条に「国民は，法律の定めるところにより納税の義務を負う」との規定を設けている。この憲法の条文を受けて，数多くの租税にかかる法律が制定されている。

2 税の種類

課税当局は国民の社会的要求の実現のため，納税者に対する課税の公平性，担税能力に応じた課税，徴税コストを最小にするなど課税上の諸原則に則り，各種の租税を設けている。施行されている税目を一般的に使われている項目にしたがって分類すると，次の通りとなる。

(1) 直接税と間接税

納税する人（法人）（納税者）と，その税金を負担する人（担税者）が同一人であるか否かにより，直接税と間接税に分けられる。法人税，所得税，相続税などはそれが同一人であるため直接税という。間接税とは，消費税や酒税，タバコ税のように税金を負担する人（消費者）と納税者（事業者または生産者）が異なる税金をいう。

(2) 国税と地方税

税金を納める先の団体の差異による分類である。国に納める税金を国税，地方公共団体に納める税金を地方税といい，地方税はさらに，都道府県に納める都道府県税と市町村に納める市町村税に分けられる。

(3) 普通税と目的税

税金の使途が決まっているかどうかによる分類である。目的税は道路の整備費用に充てるため設けた自動車取得税，軽油取引税。また都市計画のために充てられる都市計画税などのように使途が決められている税金をいい，その他を

普通税という。普通税はその他の財源によって充てられる。

(4) その他の分類

収得税　その人（法人）が所得を得ている事実に基づいて課される税金をいう。法人税，所得税，事業税などであり，すべてが直接税に属する。

流通税　財産の移転する取引に基づいて課される税金をいう。印紙税，不動産取得税などである。

財産税　財産の保有により課される税金をいう。固定資産税，自動車税などであり，直接税に属する。相続税，贈与税はその性格から財産税の範疇となっている。

消費税　特定の財を消費している事実に基づいて課される税金をいう。消費税，酒税，たばこ税などで，すべてが間接税に属する。

主な税目を，上記の分類にしたがって示すと，次の表のとおりとなる。

区分	直接税		間接税	間接税又は直接税
	収得税	財産税	消費税	流通税
国税	所得税 法人税	相続税 贈与税	消費税　酒税 揮発油税 石油ガス税 たばこ税	有価証券取引税 自動車重量税 登録免許税 印紙税
地方税　道府県税	道府県民税 事業税	固定資産税 ※ 自動車税	道府県たばこ税 ゴルフ場利用税	不動産取得税 自動車取得税
地方税　市町村税	市町村民税	固定資産税 都市計画税	市町村たばこ税	

※　固定資産税はふつう，市町村が課税するが，一定基準額を超える大規模な償却資産は都道府県が課税する。

3　申告と納税

「国民は，法律の定めるところにより，納税の義務を負う」（憲法30）。国民（法人も含む）が納付すべき税目，税額はその者がどのような職業に就いているか，またどのような行為を行ったかにより，負担する税目が異なるが，税金の納付する方法として，申告納税制度と賦課課税制度の2つがある。なお，

特別な納付方法として，源泉徴収制度がある。

(1) **申告納税制度**

納税者自ら所得金額を計算し，当該所得に対する税額を計算の上，申告し，納税する制度をいう。所得税，法人税，地方税の法人市・県民税，法人事業税など自分の所得の状況を最も知り得る者が，自らの責任の下で，申告することが民主的納税制度であるとして，昭和22年の税制改革で導入されたものである。

(2) **賦課課税制度**

課税当局によって，納付すべき税額が決定され，当該に基づいて納付する制度である。国税の殆どは申告納税制度となっているが，個人住民税，個人事業税，固定資産税，不動産取得税など地方税に多くの賦課課税制度が採用されている。

(3) **源泉徴収制度**

利子や配当金，給与，報酬など特定の所得の発生するものについて，その支払い者（源泉徴収義務者という）が，当該を支払う際，当該支払額に一定の率を乗じた税額（源泉徴収税額という）を控除して支払い，源泉徴収義務者は控除した源泉徴収税額を国に支払わなければならないとされている。このような制度を源泉徴収制度という。源泉徴収された者は確定申告の際，納付すべき額から当該源泉徴収税額を控除し納付するか，または還付を受けることにより，源泉徴収税額は終局的に精算される。

なお源泉徴収税を徴収された時をもって課税関係を終了すること，すなわち当該所得を他の所得と合算して確定申告をすることを要しないことを，源泉分離課税といい，利子や配当など特定の所得に適用されている。一定要件に該当する者が源泉分離課税の選択を希望する場合は，「源泉分離課税の選択申告書」を源泉徴収義務者に提出をしなければならない。

第2節　税務会計

1　税務会計の意義

　会計とは，ある一定の個別経済活動を計数をもって集計し，かつ分類・整理し，報告することをいう。個別経済が企業活動の場合を企業会計といい，官庁の場合を官庁会計，あるいは学校の場合を学校法人会計などという。これら会計の対象となる個別経済活動体名を冠して，その語を用いる場合が多い。また会計の領域についても財務会計，管理会計，情報会計，制度会計などと用いる場合もある。いずれも会計は特定の目的をもっている。その目的が課税所得の計算の場合を税務会計という。

　税務会計は課税所得計算のための会計とするところから，申告納税制の適用を受ける収益事業を営む法人や個人に限られる。うちでも法人税が中心となる。法人税の課税標準たる所得の計算は，後述のとおり，企業会計を前提とし，これに税法上の諸規定に照らし合わせ，企業会計上の処理の中で，税法上，適当でない事項を調整して，課税所得を算出する構造になっている。そのため税務会計を理解するには，簿記会計に関する知識はもちろんのこと，更に税法の計算構造を理解すると共に，税法固有の規定についても十分理解しておかなければならない。

2　企業会計上の利益と課税所得

　企業会計は企業業績の測定に，法人税法は公平な課税に主眼が置かれている。そのため，同じく一般に公正妥当と認められる会計処理の基準に従って計算（法22④）されても決算利益と法人税法上の所得は異なってくる。その差異が生ずる原因について，企業会計審議会は昭和27年「税法と企業会計原則との調整に関する意見書」を公表しているが，主たる要因を具体的に述べれば次のとおりである。

(1) 法人が国や地方公共団体から補助金の交付を受けた場合，企業会計上，資本贈与取引として，資本剰余金を構成するものとして考えられるが，法人税法では益金と扱われるため，実務上は収益処理される。しかしこれに課税することは，納税後の手取り額をもって補助金対象目的物の取得をしなければならないことになるため，補助金の目的たる資産の取得が困難となる。よって法人税法は一時に課税をせず，固定資産の帳簿価額を補助金相当額だけ減額，つまり圧縮して記帳する事にしている（これを圧縮記帳という）。圧縮分について，次の仕訳を行い損金に算入するのである。このようにして，補助金等は一時に課税することなく，例えば機械の取得額を減らす事により，減価償却費を少なくすることをもって利益を徐々に計上し，課税の繰延を行うのである。

　　　（借方）機械装置圧縮損　×××　　（貸方）機　械　装　置　×××

(2) 公共事業等のために要する土地等の買収を容易にするため，また当該買収が強制的であるためを考慮し，税法には当該土地等を譲渡した場合の譲渡益については課税を免ずる特別控除の制度などがある。企業会計上は，当然，当該譲渡益は収益となるものである。

　これら(1)，(2)は租税特別措置法において規定されている。この法律は時の産業政策や景気対策等が色濃く反映し，企業会計上の損益概念と異なる概念を生じさせる事が多いため，企業会計上の利益と税法上の所得に差異を大きくしているといっても過言ではない。

　企業会計上当然に費用となる交際費・寄付金については限度額を設け，それ以上を損金としないなどの規定はこの法律から生じている。

(3) 企業は，当該企業の特性に応じ，自主的判断にて会計処理基準を設け，継続適用を行えば，企業会計上，一応合理的であるとされている。しかし税務当局は税務行政上，処理基準や，認識基準について業種を考慮しつつも，当該業種内では，画一的に決定している。減価償却を計算するに当たっての耐用年数の制定や，各種引当金・準備金の繰入率の制定などがその例である。企業が費用計算した額が当該法定基準額を超えた場合，課税

第17章　税務会計

所得の計算にあたっては，調整を要することになる。

(4) 法人の捉え方について，法人は個人と同じく権利能力を有するとする法人実在説と，法人は個人の集合体であり，便宜上権利能力を有する組織体を作ったものに過ぎないとする法人擬制説とがある。法人税法は後者の説を採っている。そのため法人の所得は終局的には個人株主の所得であるため，中間に位置する法人株主が得た受取配当金を益金とすると，配当金支払い側と，受取り側の二重課税の問題が生ずる。よって，法人税法では課税しないこととしている。なお，企業会計上は，法人実在説を採っているため，収益となる。

(5) 納税引当額を超過して支払った法人税，住民税は租税公課勘定で処理されるのが一般的であるが，個人が支払った所得税，住民税が個人の所得計算にあたり控除されないと同様に，これらは損金とならない。また加算税，延滞金，加算金，罰科金，交通反則金などを企業が支払った場合，企業は租税公課勘定で処理するが，当該の支払いは罰金的性格であるが故に，税務上，当該を費用とすれば罰金的性格が無くなるため損金とされない。

以上を，差異発生区分ごとに例示すれば次のとおりである。

区　分	内　容　説　明	具　体　例
益金不算入	企業会計上，収益とされるが，税務上，益金の額に算入されないもの	・受取配当金 ・還付法人税等
益金算入	企業会計上，収益とされないが，税務上，益金の額に算入されるもの	・特定外国子会社等の留保金
損金不算入	企業会計上，費用とされるが，税務上，損金の額に算入されないもの	・減価償却超過額 ・引当金，準備金の繰入限度超過額 ・役員賞与，役員報酬や役員退職金の過大部分 ・寄付金，交際費の限度超過額 ・法人税，住民税，罰科金
損金算入	企業会計上，費用とされないが，税務上，損金の額に算入されるもの	・収用などの所得の特別控除 ・繰越欠損金の控除

3　課税の公平を支える重要な原則

　課税の公平化を図るには，まず所得に応じた課税を行う，いわゆる応能負担の原則がある。また外形に捕らわれることなく，真なる所得者に課税をする考え方がある。具体的には前者の考え方として超過累進税率の導入や，同族会社の留保金課税として表われ，また後者は実質課税の原則や，同族会社の行為計算否認の原則の適用として表われている。

(1)　実質課税の原則

　「資産または事業から生ずる収益の法律上帰属するとみられる者が単なる名義人であって，その収益を享受せず，その者以外の法人がその収益を享受する場合には，その収益は，これを享受する法人に帰属するものとして，この法律を適用する。」(法11)と規定し，課税公平の見地から，外形的なものに捕らわれることなく，所得が実質的に誰に帰属したのかを以て課税が行われる。これを実質課税の原則という。

(2)　同族会社の行為計算否認の原則

　「税務署長は，次に掲げる法人に係る法人税につき更生または決定をする場合において，その法人の行為または計算で，これを認容した場合には法人税の負担を不当に減少させる結果となると認められるものがあるときは，その行為または計算にかかわらず，税務署長の認めるところにより，その法人に係る法人税の課税標準若しくは欠損金または法人税の額を計算することができる。」(法132)この規定は同族会社にのみ適用されることから，同族会社の行為計算否認の原則という。同族会社の場合，当該会社の首脳者は意識的に法人税を不当に減少させる行為が容易にできる立場にあるところから，その防止措置として制定したものである。

　なお，同族会社とは，株主等が3人以下並びにこれらと政令で定める特殊の関係のある個人および法人が有する株式が，株式の総数または出資金額の50％以上に相当する会社をいう(法2)。

　＊本章で，カッコ書きの(法)とは法人税法の条文を示す。

第17章　税務会計

第3節　法　人　税

1　納税義務者と課税範囲

　法人税とは法人の所得に課される税金のことである。法人税法では法人税を納める義務のある法人を，内国法人と外国法人とに分け規定している。内国法人は，日本国内に本店または主たる事務所のある法人をいい，更に内国法人を公共法人，公益法人等，協同組合等，普通法人，人格のない社団等に区別（法2）し，納税義務者（法4）や課税所得の範囲（法5，法9）について定めている。なお外国法人は内国法人以外の法人をいう（法2）。

　区分された法人ごとに分けて，課税所得の範囲を簡略に表にまとめると，次のとおりとなる。

	内　国　法　人	外　国　法　人
公　共　法　人	非課税	非課税
公　益　法　人　等	収益事業から生じた所得のみ	国内源泉所得の内，収益事業から生じた所得のみ
人格のない社　団　等	収益事業から生じた所得のみ	国内源泉所得の内，収益事業から生じた所得のみ
普　通　法　人	所得の全部	国内源泉所得についてのみ
協　同　組　合　等	所得の全部	＊＊＊＊＊＊＊

2　課税標準——課税所得計算の基本構造

　課税標準とは税計算のもととなるもので，税額を算出する直接の金額をいう。租税については税目ごとに課税標準について明文規定がされており，法人税ついては，「内国法人に対して課する各事業年度の所得に対する法人税の課税標準は，各事業年度の所得の金額とする。」（法21）と規定している。すなわち，法人税の課税標準は法人の所得である。また所得の計算については，「各事業年度の所得の金額は，当該事業年度の益金の額から損金の額を控除した金額と

する」（法22）と規定し，所得概念を明らかにしている。また「内国法人は，各事業年度終了の日の翌日から2月以内に，税務署長に対し，確定した決算に基づき次に掲げる事項を記載した申告書を提出しなければならない。」（法74）として，課税所得計算は確定した決算，つまり株主総会や社員総会で承認を得た決算上の利益（企業会計上の利益，とりわけ商法上の利益）をベースにして，課税所得を算出しなければならない。それは法人税は納税者が自ら所得金額や税額を計算し，それにもとづいて申告する，いわゆる申告納税制度を採っているため，企業の自主的な経理を尊重するとともに，企業会計と税務会計の業務の重複を避け，税務行政の円滑化を図るためである。

【決算利益と課税所得の関係】

```
［企業会計］              【法人税法】
   収    益               益   金（法22②）
    |                      |
   費    用               損   金（法22③）
    ‖                      ‖
   利    益 ± 調  整 ----> 課税所得（法22①）
```

3　益金・損金の計算原則

法人税法における益金の額とは，別段の定めがあるものを除き，
① 資産の販売
② 有償または無償による資産の譲渡または役務の提供
③ 無償による資産の譲受け
④ その他の取引で資本等取引以外のもの

で，その事業年度の収益の額とされている（法22②）。

また，損金の額とは，別段の定めがあるものを除き，
① その事業年度の収益に係る売上原価，完成工事原価その他これらに準ずる原価の額
② その事業年度の販売費，一般管理費その他の費用（償却費以外の費用での事業年度終了の日までに債務の確定していないものは除く）の額

とされている（法22③）。

法人税法は「…当該事業年度の収益の額および前項各号に掲げる額は，一般に公正妥当と認められる会計処理の基準に従って計算されるものとする」（法22④）と規定してあるため，損益の認識基準では，企業会計上と税務上とでは，原則上一致している。よって費用と損金，収益と益金の差異は「別段の定め」から生じているともいえる。

4 税務調整

企業会計は「企業業績」の測定を主眼に置いて，その目的を達するよう一般に公正妥当と認められている会計原則に準拠して，利益計算が行われる。また商法は会計処理や財務諸表の作成にあたって，「債権者保護」を基本的立場をもって利益計算が行われる。更に法人税法は「公平課税」をその理念に掲げて，課税所得の計算が行われる。したがって，それぞれの立場でもって算出される利益は異なることになる。法人税法はすでに述べたとおり，商法上の決算利益を基本とし，当該利益を調整して課税所得を算出する仕組みを採用している。当該課税所得計算のための調整を税務調整といい，これは次の2つにより構成される。

法人税法に，「損金経理により…したときは，所得の金額の計算上損金の額に算入する。」との条文が数多く見受けられる。損金経理とは，「法人がその確定した決算において費用または損失として経理すること」（法2-26）をいうことから，決算書を作成する段階で経費処理をしていなければ，損金と認められないものである。つまり，企業会計の中に，税法の規定を強制的に組み込んでいるのである。当該手続を決算調整という。減価償却費，貸倒償却，各種引当金など経費処理がその例である。そのため法人税法の影響を受けた決算利益は企業会計の理念上の利益，すなわち業績測定のための会計理論上の利益が計算されないと批判されているが，財務諸表で表示されている決算利益は会計理論上最も近いとされる企業会計原則を基にしつつも，強制法規たる商法や税法などの法律の制約を受けた下での利益になっているのが実体である。第2として，決算利益を計算する過程における収益，費用項目の内容を，税法固有の規

定を適用することにより，税務上費用としない損金不算入，収益としない益金不算入，また税務上費用として認容する損金算入，収益とする益金算入額を算出し，当該額を複式簿記の原理を離れ，申告書上のみで決算利益を加算・減額して調整が行われる。これを申告調整という。

【決算利益から課税所得の計算を申告書様式（別表4）で示せば次のとおりとなる。】

区　　　分		金　　額
決　算　利　益　額		×××
申告調整	加算　益　金　算　入	×××
	損　金　不　算　入	×××
	減算　益　金　不　算　入	×××
	損　金　算　入	×××
所　　　　得		×××

主な税務調整項目を掲げれば次のとおりである。

【決算調整項目】

(1) 損金経理しなければ，損金の額に算入されないもの
　・減価償却資産の償却費の損金算入（法31）
　・繰延資産の償却費の損金算入（法32）
　・資産の評価損の損金算入（法33）
　・使用人兼務役員の使用人賞与の損金算入（法35）
　・役員退職給与の損金算入（法36）
　・各種引当金の損金算入（法52～56の2）
　・貸倒損失の損金算入（基通9－6－1～3）

(2) 利益処分による場合も損金算入が認められるもの
　・各種準備金の損金算入（措法54～57の7，58の2）
　・特別償却準備金の損金算入（措法52の3）

(3) 利益処分によって経理処理した場合には，損金の額に算入されないもの。
　・使用人賞与（法35）
　・寄付金（法37）

【申告調整項目】

(1) 必ず申告書で調整しなければならないもの。
- 還付金等の益金の不算入（法26）
- 過大役員報酬，役員賞与，過大役員退職給与の損金不算入（法34～36）
- 寄付金の損金不算入（法37）
- 法人税額から控除される所得税額の損金不算入（法40）
- 青色申告事業年度の欠損金および災害損失金の損金算入（法57～58）
- 交際費等の損金不算入（措法62）
- 各種引当金の繰入限度超過額，準備金の積立限度額，償却超過額の損金不算入（法31，32，52～56の2，措法54～57の7，58の2）

(2) 申告書で調整しなければ認められないもの。
- 受取配当等の益金不算入（法23）
- 所得税額の控除（法68）

　　＊（措法）とは租税特別措置法の条文，（基通）とは基本通達の番号を示す。

第4節　税効果会計

1　税効果会計の意義

　企業会計は，企業の経済活動を記録計算し，その内容・結果を利害関係者に報告する一連の手続きである。企業会計は一般に公正妥当と認められる会計原則および手続きを毎期継続して適用すれば，理にかなっていることになる。しかしながら，各種引当金や準備金の計上，貸倒れの認定，償却資産の耐用年数の設定等については，税法の基準によることが多い。特に，経営革新の激しい今日においては，投資家等に対して企業の実態情報を提供する必要に迫られ，税法等の強制法規にしばられず，会社の特性を考慮した会計処理基準を導入するようになった。それにより，企業会計の利益と税務会計の所得がますます遊離することになり，当期の税引前当期純利益から控除する確定法人税等（法人税，住民税，事業税）－当期の純利益に対応しなければならない法人税等－の中

に，前払や未払の性質をもつ法人税等が多く含まれることになり，当期純利益との対応が薄れ，企業の経営成績や財政状態の適正表示に影響をおよぼすことになった。よって，法人税等の引当は確定額をもって計上するほか，税金の前払や未払の性質のものを選別し，前払税金を資産に計上，未払税金を負債に計上し，確定法人税等調整する会計手続が行われるようになった。税効果会計とは，このように，企業会計上の利益に対応する法人税等の配分手続をいう。

企業会計審議会は，1997（平成9）年6月に「連結財務諸表制度の見直しに関する意見書」を発表し，それまで任意であった税効果会計の導入を連結財務諸表に全面的に導入することを明らかにした。さらに，1998（平成10）年10月に「税効果会計に係る会計基準の設定に関する意見書」(注)を発表し，財務諸表（個別財務諸表，連結財務諸表，中間財務諸表等）に対し，税効果会計を適用するための財務会計基準を明らかにして，1999（平成11）年4月1日以後に開始する事業年度から全面的に実施されることになった。

　　（注）
　　　「税効果会計に係る会計基準の設定に関する意見書」
　　　　税効果会計は，企業会計上の収益または費用と課税所得計算上の益金または損金の認識時点の相違により，企業会計上の資産または負債の額と課税所得計算上の資産または負債の額に相違がある場合において，法人税その他利益に関連する金額を課税標準とする税金（以下「法人税等」とする。）の額を適切に期間配分することにより，法人税等を控除する前の当期純利益と法人税等を合理的に対応させることを目的とする手続きである。

2　法人税等の会計処理方法

企業会計における法人税等の会計処理方法として，次の方法がある。
- 納付時に租税公課で処理する方法
　　納付時に経費処理しても，期間損益に影響をおよぼさないような場合に行う方法で，中小・零細企業に多く用いられているものである。

- 確定納税額により計上する方法

  納税額が確定した決算期末に，次の仕訳を行い計上する方法で，従来から一般的に用いられているものである。

  （借方）法 人 税 等　×××　　（貸方）未払法人税等　×××

- 税効果会計を適用する方法

  社内の会計処理基準による損益と税法の計算規定による損益を比較し，その差異（一時差異という）を分析し，その結果がもたらす税金への影響額（税効果という）を法人税等の計上に反映させる方法である。

  ① 決算期末は，次のとおりの仕訳を行う。

  （借方）法 人 税 等　×××　　（貸方）未払法人税等　×××

  ② 企業会計上の利益と税務会計上の所得の間の一時差異を把握し，その一時差異に法定実効税率を乗じて，繰延税金資産，繰延税金負債の計算を行い，次のⅠの仕訳を行う。

  　一時差異の発生原因が解消した時は，上記会計処理と反対のⅡの仕訳を行う。

将来減算一時差異がある場合

　（Ⅰ）（借方）繰 延 税 金 資 産　×××　　（貸方）法人税等調整額　×××

　（Ⅱ）（借方）法人税等調整額　×××　　（貸方）繰 延 税 金 資 産　×××

将来加算一時差異がある場合

　（Ⅰ）（借方）法人税等調整額　×××　　（貸方）繰 延 税 金 負 債　×××

　（Ⅱ）（借方）繰 延 税 金 負 債　×××　　（貸方）法人税等調整額　×××

ここで，将来減算一時差異とは，差異が解消する将来年度に税務上の控除対象額になるものをいい，これには自己否認した不良債権の償却，早期の減価償却，退職引当金超過額等が挙げられる。

また，将来加算一時差異とは，差異が解消する将来年度に課税対象額に含まれるものをいい，これには利益処分による特別償却準備金等が挙げられる。

3 税効果会計による損益計算書の作成事例
　　　-将来減算一時差異に基づく事例-

【事例】・ A社の不良債権500（損金不算入）の償却後の税引前当期純利益が2,000，第2期の税引前当期純利益が同額の2,000であった。
　　　　・ 第2期に第1期で否認した不良債権が回収不能と確定した。

　なお，税率は50％とし，貸倒れ以外の税務上の加算，減算項目はなかったものとする。

［第1期］　　　-税務申告-　　　　　　　　　-損益計算書-
　　　　税引前当期純利益　　2,000　　税引前当期純利益　　2,000
　　　　貸倒損失否認（＋）　　 500　　法人税等　　　　　 1,250
　　　　課税所得　　　　　　2,500　　当期純利益　　　　　 750
　　　　税　　　額　　　　　1,250

［第2期］　　　-税務申告-　　　　　　　　　-損益計算書-
　　　　税引前当期純利益　　2,000　　税引前当期純利益　　2,000
　　　　貸倒損失認容（－）　　 500　　法人税等　　　　　　 750
　　　　課税所得　　　　　　1,500　　当期純利益　　　　　1,250
　　　　税　　　額　　　　　　750

　税効果会計を適用した場合，第1期の自己否認した貸倒損失は，貸倒れが現実となるまでは，企業にとって税金の前払いとなる（将来減算一時差異となる）ため，自己否認した貸倒損失は，資産（繰延税金資産勘定）計上する。すなわち，次の仕訳となる。

　　　　（借方）法　人　税　等　　1,250　　（貸方）未払法人税等　　1,250
　　　　（借方）繰延税金資産　　　 250　　（貸方）法人税等調整額　　250

　なお，第2期に，第1期に自己否認した貸倒れが現実化したため，資産勘定から税金勘定（法人税等調整額）へ振りかえる。仕訳は次のとおりである。

　　　　（借方）法　人　税　等　　 750　　（貸方）未払法人税等　　 750
　　　　（借方）法人税等調整額　　 250　　（貸方）繰延税金資産　　 250

　税効果会計を適用した場合の損益計算書は，以下のとおりとなる。

第17章　税務会計

[第1期] 　－損益計算書－		[第2期] 　－損益計算書－	
税引前当期純利益	2,000	税引前当期純利益	2,000
法人税等	1,250	法人税等	750
法人税等調整額(－)	250	法人税等調整額(＋)	250
当期純利益	1,000	当期純利益	1,000

　納税額をもって法人税等を計上した場合，税引前当期純利益が同額であっても，納税額の如何により当期純利益に変動をおよぼすため，企業の財政状態や経営成績が明確にされないという問題点があったが，税効果会計を適用することにより，同利益に対し同税金となり，業績比較が容易になった。

　税効果会計の導入は，経営者の意思決定に影響をあたえ，不良債権の償却や，評価損を抱える株式・土地の時価への評価替えをより促進させる効果をもっているといえよう。

第18章　国際会計基準

第1節　国際会計基準の重要性

わが国においても，会計ビッグ・バンにより会計基準が大幅に改訂された。主な改訂内容としては，個別情報中心主義から連結情報中心主義への移行，有価証券やデリバティブへの時価評価の導入等があるが，これらはいずれも国際会計基準に近いものとするためのもの，すなわち会計基準の国際的調和化を目指すものであった。この国際的調和化への対象の有力なものとして国際会計基準（International Accounting Standards：IAS）があり，これは国際会計基準委員会（IAS Committee：IASC）により作成・公表されている。

第2節　IASCとIASの歴史と現状

IASCは，1973年6月に米国，英国，西ドイツ，フランス，日本，メキシコ，オランダ，オーストラリア，カナダの9カ国の16職業会計士団体にて設立された民間部門であり，その目的は監査対象となる財務諸表の作成表示にあたり準拠すべき基本的な会計基準を公共の利益のために作成公表し，かつこれが世界的に承認され，遵守されることを促進することである，というものであった。

これまでのIASCの活動は，大きく次の3つの時期に分けることができる。

第1期（1973年から1980年代前半まで：あまり重視されなかった時期）

この時期において，IASCは，会計基準の調和化を目指してはいたけれども，民間部門であったところから，IASCにより作成されたIASは何ら法

的強制力をもたなかった。それゆえ，世界的にほとんど注目されなかった。

第2期（1980年代後半から1990年代末まで：ＩＡＳによる会計基準の国際的調和化が現実味を帯びてきた時期）

1980年代に入ると経済活動が益々国際化し，以前はラテンアメリカ諸国の資本市場の育成という地域的な活動をしてきたアメリカ州証券監督者協会（ＩＡＳＣＯ）が他の証券取引所と協力し，1986年にその名称を証券監督者国際機構（International Organization of Securities Commissions and Similar Agencies：ＩＯＳＣＯ）と改めるとともに，翌87年9月にＩＡＳＣの諮問グループに参加し，証券取引のグローバル化に対応するための一つの有力な手段として国際的に統一化された開示制度の確立を目指し，会計基準の国際的調和化の達成を支援することとした。このＩＯＳＣＯは日本の大蔵省や米国のＳＥＣ等も参加する公的部門であり，質の高い比較可能性のあるコア・スタンダード（国際資本市場で資本調達を行う企業のための包括的で中核的な会計基準のこと）ができることを条件に，ＩＡＳが世界の証券取引所で採用されることを支持した。この結果，ＩＡＳの世界の証券取引所での採用が一挙に現実味を帯びてきたのである。このために，ＩＡＳＣは，1989年に公開草案Ｅ32「財務諸表の比較可能性」や「財務諸表の作成表示に関する枠組」を公表するとともに，これに合せて13の基準の改訂を行い，1993年に比較可能性のある基準が一括承認された。その後，コア・スタンダードのＩＯＳＣＯによる一括承認に向けて，この完成に努力し，最後の「投資不動産」に関する基準が2000年3月に承認された。これによりコア・スタンダードの実質的に完成した期間である。

第3期（1990年代末以降現在まで：ＩＡＳＣの改造に伴う新ＩＡＳＣによる時代）

ＩＡＳＣの理事会は1997年に，コア・スタンダード完成以降のＩＡＳＣの戦略と組織のあり方を検討するため戦略作業部会（ＳＷＰ）を設置した。それは，1998年12月に「ＩＡＳＣの将来像：Shaping IASC for the Future」という討議資料（ＤＰ）を公表し，自らの組織の大改革を提案した。これに対して，ＦＡＳＢ等から多くのコメント・レターが寄せられ，1999年7月のワルシャワ会議で，主にＦＡＳＢの主張に沿った新提案がなされた。その後，最終案

第18章 国際会計基準

「IASCの将来像についての勧告」が1999年11月に公表された。これらの提案に基づき2000年5月にIFAC総会で承認され，2001年1月から新しい体制の下で理事会の活動が開始されることになっている。この新構想の下では，会計士団体の関与は著しく減らされ，単一の理事会の下で，外部から独立した少数の専門家により高品質で統一的な会計基準を設定していくことになった。それゆえ，ここでは，従来の調和化（harmonization）から統一（uniformity）へと概念の転換がなされたといわれている。そして，このことは，従来国内の会計規制当局が決定してきたマクロ会計政策（public accounting policy：どのような会計基準を設定していくかということ）が，少なくとも証券取引法会計については，IASCという国際組織の影響下におかれることを意味する。

第3節　新構想の概要

ここでは，1999年に公表された新構想の内容を概説していくことにする。

(1) **指名委員会**（Nominating Committee：NC）

これらは，8人の世界的な著名人（たとえば，世界銀行の会長やSECの議長等）だけで構成され，評議委員会の最初の委員を指名して解散する。

なお，1999年12月にアムステルダムでの理事会で指名委員会の7人の委員（米国2人，英国，ドイツ，フランス，オーストラリア，香港各1人）が決定され，日本人は選出されなかったので，日本は危機感を募らせた。

(2) **評議委員会**（Trustees：T）

これは19人（北米6，ヨーロッパ6，アジアパシフィック4，その他3）で構成され，理事会や解釈指針委員会及び基準勧告委員会の委員を指名するとともに，IAS全体の運営を監視し，資金調達を行う。

(3) **理　事　会**（Board：B）

これは14人（うち12人は独立性の維持のため常勤とし，IASCが給与を全額支給する）で構成され，このうち7人は主要な会計基準設定機関とリエゾン関係（連絡調整を行うもの）を有し，IASCの決定を各々会計基準設定機関の会合

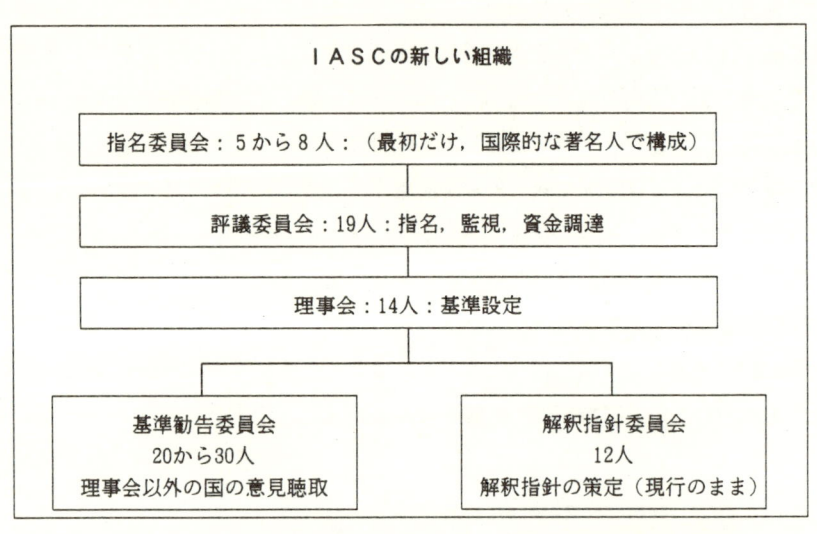

```
┌─────────────────────────────────────────────────┐
│              IASCの新しい組織                    │
│  ┌───────────────────────────────────────────┐  │
│  │ 指名委員会：5から8人：（最初だけ，国際的な著名人で構成） │  │
│  └───────────────────────────────────────────┘  │
│  ┌───────────────────────────────────────────┐  │
│  │ 評議委員会：19人：指名，監視，資金調達       │  │
│  └───────────────────────────────────────────┘  │
│  ┌───────────────────────────────────────────┐  │
│  │ 理事会：14人：基準設定                      │  │
│  └───────────────────────────────────────────┘  │
│  ┌──────────────────┐  ┌──────────────────┐    │
│  │  基準勧告委員会   │  │  解釈指針委員会   │    │
│  │   20から30人      │  │      12人        │    │
│  │ 理事会以外の国の  │  │ 解釈指針の策定    │    │
│  │   意見聴取        │  │  （現行のまま）   │    │
│  └──────────────────┘  └──────────────────┘    │
└─────────────────────────────────────────────────┘
```

	現在の組織	新組織
構成メンバー	IFACメンバー	任意の団体又は個人
運営の監視	IFACと理事会	評議委員会
資本負担	主に構成メンバー	政府も含む広い範囲
年間予算	約2.5百万ポンド	約1千万ポンド
理事会メンバー	13か国の代表と3関係団体（48人），IFACで決める	14人で評議委員会が指名する
基準設定機関との関係	特になし（参考にする）	リエゾンは基準の統合への責務を負う
勢力の重心	欧州	米国

〔出所〕：山崎彰三「国際会計基準の現状と日本の課題」JICPAジャーナル No.535 FEB. 2000, 33頁。

に出席して伝達し，IASが受け入れられるように調整することが要求されている。

　なお，基準，公開草案，指針の公表は理事会の過半数（14人中8人）の同意が必要である。また，新しい理事会の委員に求められる要件は，高度な専門知識と地域的利益に左右されないで理事会のために最善の判断を下せることである。

(4) **基準勧告委員会**（Standards Advisory Council : SAC）

　これは，さまざまな地域や経歴の個人や組織により構成され，理事会や評議委員会にアドバイスを行うものである。

(5) **解釈指針委員会**（Standing Interpretations Committee : SIC）

　これは，IASの解釈指針を作成・公表する委員会であり，従来のものが継続される。

　そして，新構想の下でのIASCの目的は，公共の利益のために，世界の資本市場の参加者が適切な意思決定ができるように，高品質で透明かつ比較可能な情報を財務諸表で表示しうるための，単一の高品質な，広く理解可能で適用可能な世界的な会計基準を作ることであるとされた。

第4節　IASの概要

　IASCは，2000年3月末時点で104カ国，143職業会計士団体で構成されている。そして，この時点での公表されたIASの状況は，次のとおりである。

International Accounting Standards

IAS 1　Presentation of Financial Statements : 財務諸表の表示
IAS 2　Inventories : 棚卸資産
IAS 3　(Superseded by IAS 27 and IAS 28)
IAS 4　Depreciation Accounting : 減価償却会計
IAS 5　(Superseded by IAS 1)
IAS 6　(Superseded by IAS 15)
IAS 7　Cash Flow Statements : キャッシュ・フロー計算書
IAS 8　Net Profit or Loss for the Period, Fundamental Errors and Changes in Accouting Policies : 当期純損益，基本的誤謬及び会計方針の変更
IAS 9　Research and Development Costs : 研究開発費
IAS 10　Contingencis and Events Occurring After the Balance Sheet Date : 偶発事象及び後発事象
IAS 11　Construction Contracts : 建設契約
IAS 12　Income Taxes : 法人所得税

IAS 13	(Superseded by IAS 1)
IAS 14	Segment Reporting：セグメント報告
IAS 15	Information Reflecting the Effects of Changing Prices：物価変動の影響を反映する情報
IAS 16	Property, Plant and Equipment：不動産，工場及び設備
IAS 17	Leases：リース
IAS 18	Revenue：収益
IAS 19	Employee Benefits：従業員給付
IAS 20	Accounting for Government Grants and Disclosure of Government Assistance：国庫補助金会計及び国庫補助の開示
IAS 21	The Effects of Changes in Foreign Exchange Rates：外国為替レートの変動の影響
IAS 22	Business Combinations：企業結合
IAS 23	Borrowing Costs：借入費用
IAS 24	Related Party Disclosures：関連当事者の開示
IAS 25	Accounting for Investments：投資会計
IAS 26	Accounting and Reporting by Retirement Benefit Plans：退職給付制度の会計及び報告
IAS 27	Consolidated Financial Statements and Accounting for Investments in Subsidiaries：連結財務諸表と子会社投資会計
IAS 28	Accounting for Investments in Associates：関連会社投資の会計
IAS 29	Financial Reporting in Hyperinflationary Economies：超インフレーションの経済下での財務報告
IAS 30	Disclosures in the Financial Statements of Banks and Simila Financial Institutions：銀行等の金融機関の財務諸表上の開示
IAS 31	Financial Reporting of Interests in Joint Ventures：共同事業体投資の財務報告
IAS 32	Financial Instruments：Disclosure and Presentation：金融商品：開示及び表示
IAS 33	Earnings Per Share：1株当たり利益
IAS 34	Interim Financial Reporting：四半期報告
IAS 35	Discontinuing Operations：廃止事業
IAS 36	Impairment of Assets：資産の減損

IAS 37　Provisions, Contingent Liabilities and Contingent Assets：引当金，偶発負債及び偶発資産
IAS 38　Intangible Assets：無形資産
IAS 39　Financial Instruments：Recognition and Measurement：金融商品：認識及び測定
IAS 40　Investment Property：投資不動産

第5節　IASとわが国基準との主要な相違点

　わが国においても会計ビッグ・バンに伴って1997年から99年までの間に，連結財務諸表，連結キャッシュ・フロー計算書，研究開発費，中間連結財務諸表，退職給付，税効果会計，金融商品及び外貨建取引に関する基準が整備されたので，大きくIASに近づき，ほとんど差異は解消したといわれている。しかし，未だ両者の間には若干の重要な相違点も存在している。
　IASとわが国の会計基準との主要な相違点は，次のとおりである。
　①　わが国基準が未整備のもの
　これは，IASでは規定があるが，わが国基準が未整備なものである。これには，減損会計，企業結合会計，包括利益および概念的枠組等がある。
　②　IASで強制されている処理がわが国基準に合致しないもの
　これは，IASで強制されている処理をした場合に，わが国基準と合致しないものであり，たとえば，金融商品の会計処理のうちヘッジ会計，転換社債の処理方法等がある。
　③　IASで選択可能な処理がわが国基準に合致しないもの
　これは，IASで複数の選択肢があり，その一部がわが国基準に合致しないものであり，たとえば，IASで採用することが許容されている共同事業体の比例連結，有形固定資産の再評価等がある。
　④　わが国基準で一般的な処理がIASに合致しないもの
　これは，わが国基準で複数の選択肢があり，IASと同じ処理を採用することもできるけれども，IASと合致しない処理が国内でかなり使用されている

ものである。これには，たとえば，わが国で採用の認められている棚卸資産の原価法処理，長期請負工事完成基準及びファイナンス・リースの賃貸借処理等がある。

第19章　環境会計

第1節　環境問題

　20世紀における産業経済の急速な大発展は，人類に物質的に豊かな生活をもたらしたが，同時に，公害，地球温暖化，異常気象，オゾンホール，熱帯雨林の大減少，環境ホルモン，ダイオキシン・有害化学物質・車の排ガス・産業廃棄物や原子力発電所の事故による土壌・大気・水質汚染等々さまざまな環境問題を引き起こした。そして，人類の活動が地球環境に重大なる悪影響を及ぼしうること，また地球環境は，以前考えられていたような無限なものではなく，有限で貴重なものであること，さらに微妙なバランスの上になり立っており，保全しなければ失われてしまい，2度と回復しえない（たとえば，オゾンホールを想起せよ）可能性があることを示した。このような理由により，20世紀型の大量生産・大量消費・大量廃棄・大量環境破壊型の社会からの脱却が今まさに求められている。

　この環境問題は，大きく次の2つに分けられる。

〔環境問題〕

環境問題		
①	地球環境問題	地球温暖化，オゾンホール，熱帯雨林の大減少，大気・海洋汚染等
②	地域環境問題	公害，ダイオキシン，土壌・水質汚染，環境ホルモン等

　環境の世紀といわれる21世紀には，環境問題を解決するために，個人・企業・国家・世界の各レベルで日々環境保全を考え，かつ行動し，ゼロ・エミッション（zero-emmission：排出物（ゴミ）ゼロ）の概念に基づいた循環型社会

（リサイクルやリユースによってゴミを出さずに資源を再利用していく社会）を実現することが不可欠である。このために有力な手段の一つが環境会計である。

第2節　環境会計の意義と体系

　企業等の活動は環境に配慮して，より具体的にいえば，環境への負荷をできるだけ削減し，良好な環境を維持ないし改善しながら，行われるべきであるという考え方を前提にし，そのような活動をできるだけ効果的・効率的に行うことを支援し，その成果を貨幣数値や物量数値等により適切に測定・伝達するための仕組みのことを環境会計という。

　環境会計は，大きく国や地域を単位とするマクロ環境会計と企業や組織を単位とするミクロ環境会計とに分けられ，これはさらに，企業等の内部の管理のための内部環境会計と外部の利害関係者に報告を行うための外部環境会計とがある。前者は，企業等が環境に配慮した経営を行うための管理活動や経営意思決定を支援するため，後者は，企業等が環境問題にどのように取り組んできたかの結果を利害関係者に開示し，理解や支持を得るために行われる。

〔環境会計の体系〕

環境会計		
	① マクロ環境会計	国や地域単位
	② ミクロ環境会計	企業や組織単位
	┗ ⓐ 内部環境会計	内部経営管理のためのもの
	┗ ⓑ 外部環境会計	外部報告のためのもの

　また，環境会計において対象となる情報には，貨幣情報，物量情報，記述情報がある。

〔環境会計の対象情報〕

環境会計の対象情報	貨幣情報
	物量情報
	記述情報

第3節　認識・測定

環境会計が認識対象とする主な項目およびその測定単位は，次のとおりである。

〔認識対象〕

認識対象			物量単位	(補足)記述(情報)
	①	環境負荷	企業活動が環境に及ぼしている負荷の大きさ	物量単位	
	②	環境保全効果	企業の環境保全活動の成果		
	③	環境保全コスト	企業が環境保全活動のために費やしたコスト	貨幣単位	

① 　環境負荷は，企業活動が環境に及ぼしている（又はその可能性のある）悪影響（負荷）のことで，直接的負荷（直接的な資源の利用及び環境中への放出による負荷）と間接的負荷（原材料の調達や商品・サービスの提供などに伴ってその企業外部で引き起こす資源の利用ないし環境中への放出による負荷）がある。これは，期末の状態（ストック量：例えば土壌汚染等）又は一期の総量（フロー量：例えば廃棄物発生量等）によって把握する。なお，環境リスク（環境汚染等のリスク）も，環境負荷に含める。環境負荷は原則として，物量数値で測定するが，ライフ・サイクル・アセスメント（LCA）等によるインパクト評価等の利用がなされている。

② 　環境保全効果は，企業の環境保全活動の成果を示すものであるが，さらに次の三つに分けられる。これらも，原則として物量単位で測定される。

〔環境保全効果〕

環境保全効果			
	①	維持的効果	環境保全活動により，汚染等を未然に防止し，現状を維持する効果
	②	環境負荷削減効果	過年度と比較して，事業活動に関連する環境負荷を削減する効果
	③	環境改善効果	自社の事業活動とは関連しない環境負荷を削減し，又は環境を積極的に改善する効果

③ 環境保全コストは，環境保全活動のために費やした資源の評価額であり，貨幣数値で測定する。これは，自社の環境負荷にかかわるコストをその企業が負担するか否かにより，その企業が負担する内部コストと自社以外が負担する外部コストとに分けられる。またこれとは別に，私的主体によって負担されるか否かにより，私的主体によって負担される私的コストとそれにより負担されない社会的コストとに分けられる。

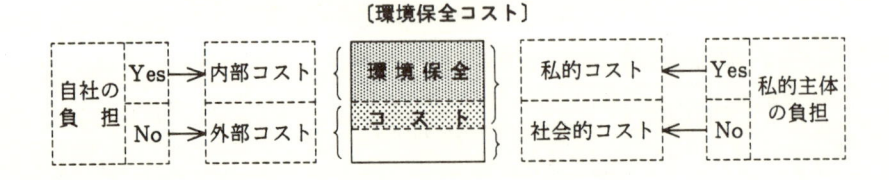

〔環境保全コスト〕

自社の負担 —Yes→ 内部コスト ｝環境保全コスト｛ 私的コスト ←Yes— 私的主体の負担
　　　　　—No→ 外部コスト　　　　　　　　　社会的コスト ←No—

第4節　内部環境会計

内部環境会計は，環境保全活動を推進するための内部的な管理や経営意思決定のために有用な情報を提供するものである。環境保全のために，企業は独自の目的に応じて自主的にこれを行う。ここでは，一定の方法で，環境負荷，環境保全効果及び環境保全コストを把握し，環境保全コストを環境問題との関連性をもとに事業部や製品等に配賦することによって環境保全上や経営効率上より適切な経営意思決定を導く。さらに，環境保全活動が企業利益に与える利益（たとえば，①エネルギーコスト等の削減やリサイクル物品の売却収入，②企業経営上の（環境）リスクの削減，③企業イメージの向上による商品売上の増加等）を把握し，これを経営意思決定に役立てる。

第5節　外部環境会計

外部環境会計は，環境アカウンタビリティ（環境は公共財であり，それを利用する企業は，社会に対して環境についての説明する責任を負っているという考え方）

を履行するための重要な一手段である。そこでは，環境報告書において，環境負荷，環境保全効果，環境保全コスト及びそれらの関連記述情報を公表することにって利害関係者による理解と支持を得る。なお，この場合，主要な項目を包括的に開示すること（包括性）や情報の信頼性を確保すること並びに期間比較・企業間比較が可能であること（比較可能性）が望まれる。

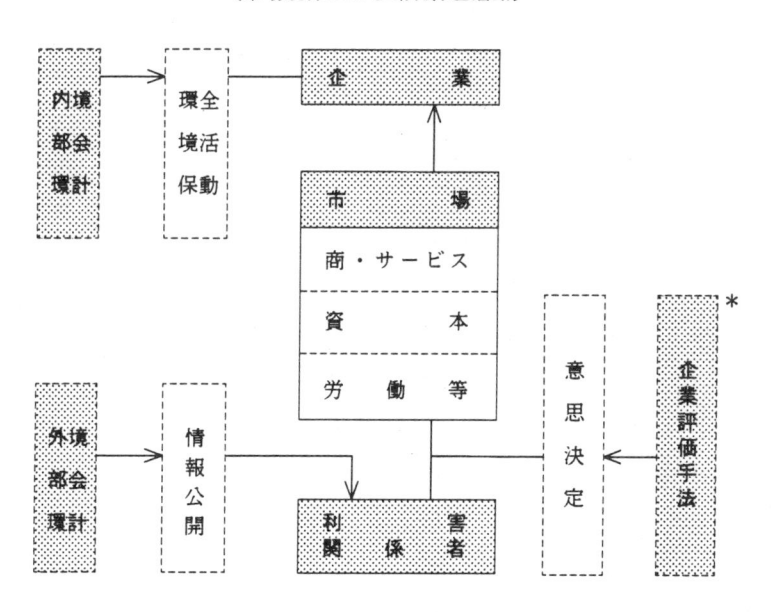

〔市場規律による環境保全活動〕

```
┌─────┐   ┌─────┐   ┌─────────────┐
│内環 │→ │環全 │   │  企    業   │
│部会 │   │境活 │   └──────↑──────┘
│環計 │   │保動 │   ┌─────────────┐
│     │   │     │   │  市    場   │
└─────┘   └─────┘   ├─────────────┤
                    │ 商・サービス │
                    ├─────────────┤
                    │ 資    本    │
                    ├─────────────┤
                    │ 労  働  等  │
┌─────┐   ┌─────┐   └─────────────┘   ┌─────┐   ┌─────┐ *
│外環 │→ │情報 │                       │意思 │ ← │企業 │
│部会 │   │公開 │   ┌─────────────┐   │決定 │   │評価 │
│環計 │   │     │   │ 利 害       │   │     │   │手法 │
│     │   │     │   │ 関 係 者   │   │     │   │     │
└─────┘   └─────┘   └─────────────┘   └─────┘   └─────┘
```

* これには，財務比率（ＲＯＩ等），環境効率性（環境負荷削減効率等）及び環境有効性（環境目標達成率等）等が考えられる。

第6節　新　動　向

この分野での新動向としては，単なる環境問題にとどまらず，これを経済や社会と結びつけて，3者の調和のとれた発展を意図したサスティナビリティ（sustainability：持続可能性）概念が重視されてきた。そこでは，環境報告書からサスティナビリティ報告書へ，またエコ・ファンドからサスティナビリ

ティ・ファンドへの移行等がみられる。

〔サスティナビリティ：持続可能性〕

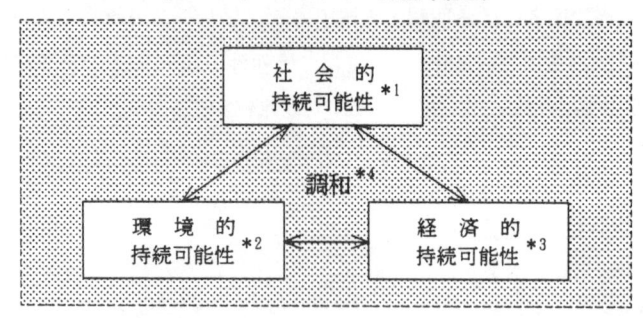

```
         社 会 的
         持続可能性 *1
            ↑
            │
        調和*4
       ↙     ↘
   環 境 的      経 済 的
   持続可能性*2 ←→ 持続可能性*3
```

＊1　社会的責任を果たしながらの発展
＊2　環境保全を行いながらの発展
＊3　利益を上げながらの発展
＊4　3者の調和のとれた維持発展が望まれている。

索　引

【あ】

IAS ……………………… 253, 257, 259
IASC …………………………… 253
後入先出法…………………………90
アメリカ会計学会 ………… 3, 104, 115, 195
アメリカ公認会計士協会……………… 3
アメリカ州証券監督者協会……………254
後給付説……………………………105
アラン・シャンド………………………35
アンソニー……………………………151

【い】

意思決定会計………………………12
委託販売……………………………65
一年基準……………………… 84, 106
一般監査手続………………………203
一般基準……………………………200
移動平均法…………………………90

【う】

ヴェネツィア式簿記…………………35
ウォール……………………………193
売上原価……………………………136
売上債権回転率……………………186
売上高売上総利益率………………183
売上高営業利益率…………………184
売上高経常利益率…………………184
売上高当期純利益率………………184
売上高利益率………………………183
売上値引……………………………60
売上戻り……………………………60
売上割戻し…………………………60

【え】

営業外費用…………………………73

営業外負債…………………… 105, 108
営業キャッシュ・フロー………………189
営業権…………………………………98
営業循環基準……………………84, 106
営業費用………………………………73
営業負債……………………… 105, 107
益金・損金の計算原則………………244

【お】

親会社………………………………207

【か】

ガーナー……………………………154
外貨換算会計………………………225
外貨建金銭債権債務………………230
外貨建デリバティブ…………………225
外貨建取引等会計処理基準………226
外貨建取引の換算…………………228
外貨建有価証券……………………230
開業費………………………………100
会計監査……………………………195
会計行為………………………… 33, 42
会計公準……………………………17
会計構造論…………………………22
会計主体論…………………………20
会計処理のルール…………………47
会計責任……………………………6
会計ビッグ・バン……………………253
解釈指針委員会……………………257
外国通貨……………………………230
開発費………………………………100
外部環境会計……………… 262, 264
外部監査……………………………199
外部経営分析………………………177
価格計算方法………………………89
貸倒引当金…………………………112

267

課税所得	239
課税範囲	243
課税標準	243
割賦販売	65, 68
合併差益	128
株式会社会計	5
貨幣性資産	84
貨幣評価の公準	17, 19
為替差異の処理	228
為替相場	227
為替変動の認識	228
為替レート	230
環境会計	261
環境負荷	263
監査基準	200
監査手続	202
監査法人	204
間接税	236
官庁会計	5
管理会計（論）	7, 8, 149

【き】

期間外費用	72
期間計画	163
期間費用	72
期間利益計算構造	23
企業会計原則	41
企業会計審議会	13, 248
企業実体	17
企業実体の公準	17
企業社会会計	6
企業主体理論	21
企業体理論	22
基準勧告委員会	257
規制ルール	42, 45
期中監査	199
機能的原因	94
期末監査	199
キャッシュ・フロー計算書	13
キャッシュ・フローの分析	188
強制低価評価損	91
業績評価会計	169
巨視的会計	6
金銭債権	87

【く】

偶発債務	118
口別計算	18
口別利益計算構造	23
組合企業	18
繰延資産	99
グループ企業分析	179
グレゴリー	151
黒字倒産	15

【け】

経営計画	163
経営分析	177
経過勘定	77
経過勘定項目	91
形式的減資	127
形式的増資	126
継続企業の公準	17, 18
決算配当	132
決算日レート法	233
ゲッツ	154
原価	135
原価管理	173
原価計画	174
原価計算	135
減価原因	94
原価差異	144
減価償却	93
原価統制	174
現金主義的利益計算構造	24
減資	127
減資差益	128
建設利息	101

索引

源泉徴収制度 …………………… 238
現物出資 …………………………… 93
現物出資説 ……………………… 128
減耗償却 …………………………… 97

【こ】

交換 ………………………………… 93
工業簿記 ………………………… 135
工事進行基準 ……………………… 64
構成ルール ………………………… 42
工程別総合原価計算 …………… 143
購入 ………………………………… 93
公認会計士 ……………………… 203
公認会計士制度 ………………… 204
公表財務諸表 …………………… 180
国際会計基準 ………………… 14, 253
国際会計基準委員会 …………… 253
国税 ……………………………… 236
固定資産 …………………………… 84
固定資産回転率 ………………… 186
固定比率 ………………………… 188
固定負債 ………………………… 109
個別計画 ………………………… 163
個別原価計算 …………………… 139
個別企業分析 …………………… 179
個別法 ……………………………… 90
コメンダ …………………………… 38

【さ】

債権者持分説 …………………… 104
財産税 …………………………… 237
財産法 ……………………………… 55
財産法的利益計算構造 …………… 24
財政 ……………………………… 235
財務会計 …………………………… 7
財務会計基準書 …………………… 14
財務会計基準審議会 …………… 105
債務保証損失引当金 …………… 113
差額原価収益分析 ……………… 147

先入先出法 ………………………… 90
残存価額 …………………………… 95

【し】

自家建設 …………………………… 93
自己株式 …………………………… 92
事後監査 ………………………… 199
自己資本回転率 ………………… 185
自己資本比率 …………………… 187
自己資本利益率 ………………… 183
資産安全性 ……………………… 187
資産会計 …………………………… 83
資産回転率 ……………………… 185
資産概念 …………………………… 83
市場価格 …………………………… 86
指数法 …………………………… 193
事前監査 ………………………… 199
自然的増加基準 …………………… 65
実現主義 …………………………… 61
実現保証主義 ……………………… 63
実現利益 ………………………… 222
実施基準 ………………………… 201
実質課税の原則 ………………… 242
実質的減資 ……………………… 127
実質的増資 ……………………… 126
実数分析 ………………………… 179
資本会計 ………………………… 119
資本回転率 ………………… 184, 185
資本金 …………………………… 124
資本修正剰余金 ………………… 131
資本準備金 ……………………… 127
資本的支出 ……………………… 97
資本等式 ………………………… 22
資本主理論 ……………………… 20
資本利益率 ……………………… 182
指名委員会 ……………………… 255
社会会計 …………………………… 5
社会関連会計 ……………………… 6
社会責任会計 ……………………… 5

269

社債	109
社債発行差金	101
社債発行費	100
収益	59
収益会計	55
収益的支出	97
収穫基準	64
収得税	237
取得原価	92, 95
シュマーレンバッハ	19, 105, 155
準備金	114
消極財産説	104
証券取引法	196, 203
証券取引法会計	9
証券法	196
少数株主持分	219
試用販売	65, 66
消費税	237
商法会計	9, 10
情報会計	12
情報開示	7
商法特例法	11
賞与引当金	112
人格継承説	129
新株発行費	100
申告納税制度	238

【す】

数量計算方法	89
ズンマ	35

【せ】

税効果会計	247
生産基準	64
生産性比率	191
静態論の会計構造	25, 28
静的貸借対照表	25
制度会計	9
製品保証損失引当金	113

精密監査	198
税務会計	9, 11, 235, 239
税務調整	245
設備投資計画	165
全部原価計算	139
全面時価評価法	216, 217

【そ】

総合原価計算	139, 141
増資	125
総資本回転率	185
総資本利益率	182
総平均法	90
贈与	93
贈与剰余金	130
創立費	100
租税	235
租税制度	235
租税特別措置法	115
その他の剰余金	130
損益計算原理	55
損益計算書監査	198
損益計算書原則	47
損益分岐点分析	147
損益法	55
損益法的利益計算構造	23

【た】

貸借対照表監査	197
貸借対照表原則	47
貸借対照表等式	22
退職給与引当金	112
耐用年数	95
代理人理論	21
多元的利益計算構造	24
棚卸資産	88
棚卸資産回転率	186
他人資本回転率	185
他人資本説	104

短期計画 …………………………… 169
短期利益計画 ……………………… 169
単式簿記 ……………………………… 32
単純総合原価計算 ………………… 142

【ち】

地域環境問題 ……………………… 261
地球環境問題 ……………………… 261
地方税 ……………………………… 236
中間配当 …………………………… 132
長期借入金 ………………………… 110
長期利益計画 ……………………… 164
直接原価計算 ……………………… 145
直接税 ……………………………… 236

【て】

定額法 ………………………………… 95
定期監査 …………………………… 198
定率法 ………………………………… 95
テーラー …………………………… 154
デリバティブ取引等 ……………… 230
テンポラル法 ………………… 231, 233

【と】

当期業績主義 ………………………… 72
当期未処分利益 …………………… 131
等級別総合原価計算 ……………… 143
当座比率 …………………………… 188
投資その他の資産 ………………… 98
同族会社 …………………………… 242
動態論的会計構造 …………………… 25
特殊原価調査 ……………………… 167
取替原価 ……………………………… 86
取替法 ………………………………… 96

【な】

内部環境会計 ………………… 262, 264
内部監査 …………………………… 199
内部経営分析 ……………………… 178

索　引

【に】

任意監査 …………………………… 200
任意積立金 ………………………… 131

【の】

納税義務者 ………………………… 243

【は】

売価還元法 …………………………… 90
売却時価 ……………………………… 86
配当可能限度額 …………………… 132
パチョーリ ………………………… 154
発生主義 ……………………………… 61
発生主義的会計構造 ………………… 26
発生主義的利益計算構造 …………… 23
発生主義の原則 ……………………… 94
バッター …………………………… 153
払込資本利益率 …………………… 183
販売基準 ……………………………… 62

【ひ】

非貨幣性資産 ………………………… 84
引当金 ………………………… 108, 110
微視的会計 …………………………… 6
費用会計 ……………………………… 71
評議委員会 ………………………… 255
表示のルール ………………………… 44
費用収益対応の原則 ………………… 79
標準原価計算 ………………… 144, 173
費用配分の原則 ……………………… 76
比率分析 …………………………… 179

【ふ】

フェース・メソッド ……………… 193
賦課課税制度 ……………………… 238
付加価値 …………………………… 191
複式簿記 ………………………… 32, 34
負債会計 …………………………… 103

負債概念 ………………………………… 103
負債比率 ………………………………… 187
普通税 …………………………………… 236
物質的原因 ……………………………… 94
部分原価計算 ……………………… 139, 145
部分時価評価法 …………………… 216, 217
分析目標 ………………………………… 178

【へ】

ベイヤー …………………………… 151, 158
ヘッジ会計 ……………………………… 229
返品調整引当金 ………………………… 113

【ほ】

包括主義 ………………………………… 72
包括主義損益計算書 …………………… 72
報告基準 ………………………………… 201
法人税 …………………………………… 243
法定監査 ………………………………… 200
法定資本 ………………………………… 120
法的権利 ………………………………… 97
法的債務説 ……………………………… 105

【ま】

前払費用 ………………………………… 92
マクロ会計政策 ………………………… 255
マクロ環境会計 ………………………… 262
マッキンゼー …………………………… 151

【み】

ミクロ環境会計 ………………………… 262
未実現収益 ……………………………… 222
未収収益 ………………………………… 91

【む】

無形固定資産 …………………………… 97

【も】

目的税 …………………………………… 236

【ゆ】

有価証券 ………………………………… 87
有価証券報告書 ………………………… 203
有形固定資産 …………………………… 92

【よ】

予算管理 ………………………………… 171
予約販売 …………………………… 65, 67
利益準備金 ………………………… 127, 129
理事会 …………………………………… 255
流通税 …………………………………… 237
流動資産 ………………………………… 84
流動比率 ………………………………… 188
流動負債 ………………………………… 107
臨時監査 ………………………………… 198

【る】

ルカ・パチョーリ ……………………… 35

【れ】

レーダー・チャート法 ………………… 193
連結会計 ………………………………… 207
連結会計手続 …………………………… 215
連結キャッシュ・フロー計算書 ……… 214
連結決算日 ……………………………… 212
連結財務諸表 …………………………… 207
連結範囲 ………………………………… 209

【ろ】

労働生産性比率 ………………………… 191

《編著者紹介》

松原成美（まつばら　しげみ）

略　歴　岐阜県に生まれる
　　　　明治大学大学院商学研究科博士課程修了
　　　　現在，専修大学商学部教授
　　　　ドイツ・ミュンヘン大学に留学客員研究員（昭和60年～昭和61年）

著　書　「簿記学詳論」税務経理協会
　　　　「現代簿記論」（共著）法学書院
　　　　「現代会計ハンドブック」（共著）新評論
　　　　「会計学概論」（共著）多賀出版
　　　　「実践合格簿記」（共著）税務経理協会
　　　　「会計監査の基礎」（共著）白桃書房
　　　　「会計実務の解明」（編著）同文舘
　　　　「現代会計学概説」（編著）中央経済社
　　　　「基本簿記精説（改訂版）」税務経理協会
　　　　「基本簿記練習」（共著）白桃書房
　　　　「基本現代会計理論」税務経理協会
　　　　など，その他多数

平成 8 年11月 1 日　初版第 1 刷発行
平成11年 2 月 1 日　初版第 2 刷発行
平成12年 8 月 1 日　改訂版発行

現代会計学概論
〔改訂版〕

編著者	松　原　成　美
発行者	大　坪　嘉　春
製版所	株式会社アイディ・東和
印刷所	税経印刷株式会社
製本所	株式会社三森製本所

発行所　東京都新宿区下落合2丁目5番13号　株式会社 税務経理協会

郵便番号　161-0033　振替 00190-2-187408　電話 (03) 3953-3301（編集部）
FAX (03) 3565-3391　　　　　　　　　　　(03) 3953-3325（営業部）
URL http://www.zeikei.co.jp/
乱丁・落丁の場合はお取替えいたします。

Ⓒ　松原成美　2000　　　　　　　編著者との契約により検印省略

本書の内容の一部又は全部を無断で複写複製（コピー）することは，法律で認められた場合を除き，著者及び出版社の権利侵害となりますので，コピーの必要がある場合は，予め当社あて許諾を求めて下さい。

ISBN 4-419-03606-0 C1063